影视传媒类专业“十四五”规划教材

21世纪广播电视专业实用教材

电视节目概论

/第二版/

孙宝国 ◎ 著

中国传媒大学出版社
·北京·

第二版修订说明

《中国电视节目形态通论》自2011年7月作为中国传媒大学出版社“新闻学与传播学名家论丛”之一出版以来,中国乃至全球的媒介生态都出现了显著的变化,中国电视节目形态的发展更是可以用日新月异来形容。因此,本书在《中国电视节目形态通论》的基础上,对内容进行全面更新,并将书名更名为《电视节目概论》(第二版),以便更符合实际情况。

本次修订的内容主要包括三个方面:一是对原有内容进行必要的校核和增删;二是补充2011年以来中国电视节目形态演进的基本情况;三是增加结语部分《全媒体时代与中国电视节目形态创新》。

本版还吸收了笔者作为课题负责人完成的2016年度国家新闻出版广电总局部级社会科学研究项目“融媒体时代电视节目创新创优研究”(项目批准号:GD1628)、2017年度上海市艺术科学规划项目“新时期以来中国农村题材影视剧创作研究”(项目批准号:2017C18),以及2020年度上海高校市级重点课程建设项目“新闻学概论”的研究成果。

孙宝国

2021年3月17日

于上海师范大学文馨楼

目　录

导 论

第一节 中国电视节目形态的概念界定>>>

一、定义

在界定中国电视节目形态之前,有必要简单回顾一下“电视”“电视节目”等相关概念。

英文“电视”(Television)一词由古希腊语词根 tele(“远”)和拉丁语词根 visio(“看”)复合而成,最早见于俄国科学家康斯坦丁·伯斯基(Constantin Perskyi)提交给 1900 年 8 月在巴黎举行的世博会电学大会的论文中。而最早将英语“Television”译为汉语“电视”的,则是国立中央大学理学院物理系教授杨简初,时间为 1934 年,他在这一年成功研制出中国第一台 Television 原理样机。[①]

“在电视作为一种技术出现之前,电视这一观念早已存在。”[②]而电视作为一种技术在发展过程中的每一次进步,都无一例外地成为电视技术先驱向民众大力宣传电视观念的“最广泛、最喧哗的一系列公关活动”[③]。在世界范围内的电视技术进步和电视观念的形成过程中,同时代的中国科技工作者在第一时间进行了跟踪和介绍,从而“构成中国电视发展史链条上重要的一环,于后来的电视事业的发展进行了铺垫,于后来人们对电视的

---

① 孙建三.在中国 Televison 为什么叫“电视”[J].中国广播电视学刊,2004(3):69.

② 埃杰顿.美国电视史[M].李银波,译.北京:中国人民大学出版社,2012:1.

③ 埃杰顿.美国电视史[M].李银波,译.北京:中国人民大学出版社,2012:3.

认识都存在着因果联系"①。

中华人民共和国成立后,对电视概念的界定经历了一个与时俱进的过程。1992 年 11 月,《中华人民共和国学科分类与代码国家标准》出台,广播电视相关内容被列为"艺术学""新闻学与传播学""电子、通信与自动控制技术"三个一级学科之下的二级学科,名称为"广播电视文艺""广播与电视""广播与电视工程技术"。教育部 2012 年 10 月 11 日公布的《普通高等教育本科专业目录》把广播电视新闻学调整为广播电视学,广播电视学的学科地位由此获得国家教育主管部门的正式认可。"广播电视"是广播电视学教学科研的主体对象和核心内容,而如何定义"广播电视",既是这门学科教学科研之起点,亦是构成整个理论体系之经脉。

从学理论证上看,1990 年出版的《当代中国广播电视学》一书就已经开启了中国广播电视理论体系创建之先河。该书给出了广播电视的新定义,即"通过导线或无线电波,向特定范围播送音像节目的大众传播媒介"②。这一定义反映了当时业界和学界对广播电视的基本传输手段、主要社会功能的认知和判断。2014 年出版的《当代中国广播电视学》一书进一步对广播电视理论创新做了梳理和归纳,并提出了广播电视的最新定义"以各种电子通信设备、技术为介质,将图像、文字、声音等信息广泛传播,通过多种终端为受众提供视听服务的大众传播媒介"③。

由上述"广播电视"定义,可以推演出"电视"的最新定义:电视是指以电子和数字通信设备、技术为介质,将图像、文字、声音等音视频信息通过多种渠道和终端传播给受众的大众传播媒介。电视节目可以概括为融合各种传播渠道和终端的由题材、叙事等元素构成的为受众提供服务的音视频内容和形式的有机体。电视节目形态则可概括为融合各种传播渠道和终端的由题材、叙事等元素构成具有某种限定性、周期性、复制性和流动性的为受众提供服务的音视频内容和形式的有机体。④

电视节目形态是电视节目外在表现与内在机理的统一,从哲学上讲,内容与形式本身就是辩证统一的,没有无内容的形式,也没有无形式的内容。正如英国文艺批评家克莱夫·贝尔在 19 世纪指出的那样:"特定的形式或形式关系是'有意味'的。"⑤

从字面上来看,"形态"一词中的"形"可理解为形状或形式,"态"可理解为状态或神态,"形态"可解释为"形式的状态"或"形式的神态"。

---

① 谢鼎新.民国时期国人对电视的认知[J].新闻与传播研究,2006(2):61.
② 张君昌.《当代中国广播电视学》推出广播电视新定义[J].中国广播,2014(8):101.
③ 张振华.当代中国广播电视学[M].北京:中国国际广播出版社,2014:4.
④ 孙宝国.媒体融合时代中国电视节目创新创优[J].上海师范大学学报(哲学社会科学版),2018(1):80.
⑤ 贝尔.艺术[M].薛华,译.南京:江苏教育出版社,2005:4.

从中国历史来看,“形态”一词取自文学艺术理论。在中国最早见诸唐代张彦远的《历代名画记》卷九:“(冯绍正)尤善鹰鹘鸡雉,尽其形态。”在这里,“形态”的意思是指画作中描摹对象的外貌形状及其所表现出来的神采情趣。

从外国历史来看,形态学最初只用于生物学研究,研究植物的外形、生长与内在结构的关系。达尔文曾说,形态学是“博物学的灵魂”[①]。

就当今而言,“形态”一词在社会诸领域特别是人文领域的应用十分广泛。其中,最司空习惯的用法莫过于以“形态”为主词的诸多专有名词,如“历史形态”“社会形态”“政治形态”“经济形态”“意识形态”“宗教形态”“文明形态”“文化形态”等。而将“形态”一词和形态学研究引入电视节目生产领域,目的在于借鉴“形态”一词所体现的样貌和所蕴含的神采,以及形态学研究的精髓和旨趣,从而将电视节目作为一个鲜活的生命有机体加以考察,以便更好地了解电视节目这一生命有机体是如何生长的,促进或制约其生长的机制是什么,进而建立一套对电视节目的演化进行科学分析的理论框架和实践路径。

20 世纪 90 年代以来,由于国内外媒介生态和观众需求的变化,国内学界和业界越来越认识到“研究节目实际上主要就是研究节目形态”[②]。可以说,电视节目形态概念在国内的出现,是在中国电视节目发展到新的历史阶段,即在电视节目极为丰富的时期应运而生的。

需要说明的是,在电视节目生活实践和学术研究活动中,除了电视节目形态这一概念外,还经常可以看到电视节目样式、电视节目模式等相近提法和表述。[③] 在多数语境下,几个概念可以作为近义词甚至同义词使用,通常不会产生太大歧义。但严格来说,电视节目样式、电视节目模式、电视节目形态这三个概念之间的差异还是显而易见的。

所谓电视节目样式,是指电视节目的式样和形式。随着“电视节目形态”和“电视节目模式”这两个更加专业化的相似概念的广泛应用,业界和学界已经基本上不再使用“电视节目样式”这一概念。

1960 年,美国作家协会将电视节目模式界定为“在系列节目中重复出现的节目框架结构”。一般来说,一个集纳概念、理念、素材、技术等创意在内的电视节目模式,要经过多次测评和试播并在商业播出中取得成功之后,才有可能成为可以在市场上打包交易的电视文化商品。[④] 但需要说明的是,作为“无脚本娱乐”[⑤]的载体,电视节目模式目前并没

① 达尔文.物种起源[M].苗德岁,译.南京:译林出版社,2013:434.

② 李幸.大众立场:李幸电视批评文集[M].北京:中国社会科学出版社,2005:91.

③ 孙宝国.电视节目三大概念[J].中国广播电视学刊,2009(10):33-34.

④ MORAN.TV formats worldwide:localizing global programs[M].Bristol and Chicago:Intellect,2009:80.

⑤ SIGISMONDI,The digital glocalization of entertainment:new paradigms in the 21st century global mediascape[M].New York:Springer,2011:48.

有一个公认的法律定义,这就客观上导致尚没有认定和保护电视节目模式的国际统一标准。根据中国现行法律,电视节目模式中具有独创性的文字脚本、舞美设计、音乐等,可以单独构成作品。但节目模式作为一个整体,却不能受到《著作权法》的保护。譬如,2005 年 11 月,英国电视节目制作公司 Fremantle Media 召开新闻发布会,宣称湖南卫视《超级女声》抄袭其 *Pop Idol*(《流行偶像》)节目模式,并准备提起侵权诉讼,但后来不了了之。目前,包括中国《著作权法》在内的各国法规只保护文字、图案、名称等有形元素,而属于创意和思维范畴的节目游戏规则、主持人形象等无形元素则不在保护之列。①

一般来说,个别的电视节目模式不会开创一种新的电视节目形态,只有以某个电视节目模式为样板的多个电视节目的累积,才有可能开创一种新的电视节目形态。电视节目模式可以千差万别,创意无限,而电视节目形态的演变则要相对稳定得多。

二、分类

作为时代的符号,“流行文化的文本吸引了大多数受众的注意力,凝聚了他们的想象力,成为记录当代社会品味、希望、恐惧和幻想的晴雨表”②。作为流行文化的重要载体之一,电视节目形态一直处于建构与解构的过程中,其分类只能是相对的合理,并取决于人们分析的角度和研究的范畴。譬如:根据来源,可分为联办、自办、交换、转播、联播等节目形态;根据选题范围,可分为综合、时政、经济、综艺、医药、文教、体育等节目形态;根据观众需求,可分为一般型、综合型、专题型、对象型等节目形态;根据观众是否参与,可分为有观众参与、无观众参与节目形态;根据是否有主持人,可分为有主持人、无主持人节目形态;根据传播区域,可分为国际、国内、地区节目形态;根据是否虚构,可分为虚构性、非虚构性节目形态;根据节目内容,可分为新闻、文艺、教育、服务等节目形态。

本书基于电视节目形态正从内容为王的时代进入元素为王的时代这一判断,③将中国电视节目形态划分为新闻、社教、文娱、剧情四大类,其中新闻类电视节目形态包括消息报道、连续报道、系列报道、专题报道、新闻调查、新闻述评、现场直播等,社教类电视节目形态包括谈话节目、体育节目、少儿节目、服务节目等,文娱类电视节目形态包括文艺节目、晚会节目、综艺节目、游戏节目、益智节目、真人秀节目等,剧情类电视节目形态包括直播剧、单本剧、连续剧、系列剧、情景喜剧、栏目剧、电视电影、电视动画片等。④

---

① MEADOW.Television formats:the search for protection[Z].California Law Review,1970:1169-1197.

② 凯尔纳.媒体奇观:当代美国社会文化透视[M].史安彬,译.北京:清华大学出版社,2003:21.

③ 孙宝国.关于电视节目形态的创新[J].现代传播,2007(2):61.

④ 孙宝国.中国电视节目形态通论[M].北京:中国传媒大学出版社,2011:4.

第二节　中国电视节目形态的主要特性>>>

中国电视节目形态具有限定性、周期性、复制性、流动性等四大特性。

一、限定性

中国电视节目形态的限定性，是指制作者通过自觉的设置，对节目内容和形式做出的比较明确的限制。它在节目创意阶段开始形成，在节目制作过程中为所有工作人员知晓，并在制作过程中予以贯彻执行。

这种限定性，可细分为内在规定性和外在指向性两个方面：内在规定性由一系列的理念、程序、结构和规则等构成，是形态生发审美空间与艺术创造的内在张力；外在指向性由时代精神、价值取向和生活变迁等构成，是形态实现与时代同行、与社会同步的外在动力。内在规定性和外在指向性共同构成的限定性规范着电视节目形态的创新品质。

当谈到电视节目形态时，人们首先想到的是各种限定性。限定性是形成电视节目形态的重要前提，没有限定性就没有电视节目相对固定的形态特征。电视节目形态的限定性有一个不能突破的极限，如果这个极限被突破了，这种形态也就瓦解了。从电视节目形态发展的实际情况来看，限定性在逐渐增强，这是电视节目工业化和市场化生产的客观需要，是电视传媒在信息时代的必然选择。

在今天，电视节目形态的空白领域越来越少，每一领域都有很多同题材的节目相互竞争，需要每个节目形态都具有自己的差异化优势。而且无论观众还是制作者，都很难等待一个电视节目形态自然形成差异化优势，所以，制作者在研发过程中就对电视节目形态加以限定，成为普遍的操作方法。

明确的限定性，有利于电视节目形态的标准化生产。如今的电视节目，大多属于一次性的文化消费品，一般水平的从业者经过短时间的训练之后就能够批量生产。如果有明确的标准化元素，对内容和形式有较强的限定性，电视节目的生产就更容易统筹和协调。

明确的限定性，有利于观众迅速形成对电视节目形态的辨识性记忆。在电视节目形态日益多样化的时代，观众面临的选择越来越多，一个面目模糊的节目形态既不容易识别，更不容易记忆。在电视节目市场供大于求之后，观众成为稀缺资源，电视节目形态要依靠品牌来吸引观众，因为如果不能被迅速辨识和记忆，便很难形成品牌，其核心竞争力的形成会较为缓慢。而在激烈的竞争环境下,等待一个节目形态逐渐成熟和稳定的机会已经很少了,一个不被观众识别的电视节目形态没有市场号召力,媒体经营者也不会给它足够时间去慢慢生长。相反,一个限定性较强的电视节目形态的内容和形式都极易辨认,获得市场的认可相对容易得多。

明确的限定性,有利于电视节目形态的多样化生存。众多的电视节目形态都在同一个大的范围内自由活动,仅仅依靠研发者的个人意愿来形成节目形态的特征,是不可想象的。每一个节目形态的限定性强一些,就可以有很多节目形态同在一个领域内共生,每个节目形态的限定性恰恰可以达到整体的多样化生存。

明确的限定性,有利于电视节目形态的差异化生存和竞争。按照切蛋糕的方式进行节目定位,可供划分的蛋糕终究是有限的。如果一个节目只是标定范围,而范围又比较大的话,节目形态之间的重复不可避免。所以,即便是非常小的题材领域,对于内容非常相似的内容,也要竭尽全力地加以区隔,明确各自的差异。

事实上,电视节目形态的创新,一定程度上就是寻找新的形态限定方式,使此节目形态与彼节目形态有所差异。

二、周期性

在市场经济条件下,品牌有其自身的生命运动规律,业界通常称这种规律为品牌生命周期。完整的品牌生命周期依次经历导入期、成长期、成熟期和衰退期四个阶段。品牌的更新换代和品牌创新,是企业竞争的核心内容。在品牌生命周期的各个阶段,品牌的认知程度各不一样。品牌认知可用在购买不同品牌的同类产品的消费者中优先选择该品牌的人数所占百分比来衡量。

与一般意义上的品牌相类似,电视节目形态演进也要经历导入期、成长期、成熟期和衰退期等四个阶段。一般情况下,在不同的发展阶段,电视节目形态及其观众有着不同的特征:在导入期,节目制作相对粗糙,不断改变设计,知名度低,观众规模小;在成长期,节目质量提升,节目影响提升,观众规模扩大,观众要求不高,忠实观众增多;在成熟期,节目质量稳定,节目风格定型,忠实观众规模不再增长;在衰退期,同类节目差异小,不能满足观众变化的需求,观众开始感到厌倦,流失增多。

电视节目形态的主创人员应该针对节目发展的不同阶段及各阶段观众的特点,进行节目形态创新:在处于导入期和成长期时,创新的重点在于节目形态的微调改进;成熟期是节目形态的辉煌阶段和收获阶段,观众收视规模和结构都进入了较为理想的状态,资源积累和价值积累也达到峰值,因此需要努力延长节目形态的成熟期,保持成熟期节目形态的内在生命力和外在吸引力，延续其在观众中的影响力和号召力；而当节目形态进入衰退期，无论节目形态知名度如何高，都应考虑适时终止播出或转型升级。

而从实际操作层面来看，一些电视节目形态的生命周期并不一定都能完整包括以上四个阶段，如一些电视节目形态直接从成长期进入了衰退期，另一些电视节目形态则直接从成熟期进入了转型期，而各个阶段的时间长短相差也比较悬殊。总体来说，大多数电视节目形态都有很强的可塑性，通常会在一个生命周期即将结束之际，通过扬弃新旧元素，转型进入新的生命周期，实现凤凰涅槃式的二次生长和多次生长。

中国电视节目形态的生命周期平均是三年时间，有的甚至不到一年。这从一个侧面提醒从业者，一方面要有锐意创新的激情和容忍失败的胸怀，另一方面不能把“变”作为包治百病的灵丹妙药。

需要指出的是，不少中国电视节目形态是属于引进境外成熟的电视节目形态。这就需要在一个非常短的时间内，把收视率急速拉升到一个较高的水平。境外电视节目形态可能与本土观众的收视习惯和收视心理之间有一定的差距，而这个差距的大小，就有可能决定了这种节目形态的生命周期。譬如，中国内地从境外先后引进的一些电视真人秀节目形态，尽管有可能在较短时间内迅速从导入期过渡到成长期乃至成熟期，但衰退期往往也来得很早。一般说来，越是本土的和原创的电视节目形态，其生命周期就有可能越长。

三、复制性

一般说来，在经过一系列测试和实际播出之后，一个电视节目形态异地复制之后往往也能够获得成功。因此购买和引进电视节目形态已经成为电视业界普遍的操作行为。

需要指出的是，并非所有的电视节目都具有形态意义。有些电视节目一诞生可能就意味着一种新的节目形态的出现，而那些复制的电视节目只是增加了同形态节目的数量而已，至于那些粗制滥造的电视节目，则对同形态节目的良性发展构成严重危害。先进的形态设计本身就是电视节目生产经验和创意的精华所在。

四、流动性

虽然具有复制性和限定性，但电视节目形态不是固定不变的，而是具有流动性，各种节目形态之间是可以相互渗透交融的：母形态在改变着，子形态在衍生着，新形态在生成着。“在某些时候那些看起来‘标准的’、‘可接受的’和‘常规的’东西，几年以后就会变得陈腐、过时,不再能被接受。”①

电视节目形态从来就是一个动态的概念。随着全媒体时代的到来和新兴媒体的不断涌现,一个融多种视听手段于一体的大电视节目形态的概念正在形成。

进入21世纪以来,中国内地电视节目形态大都引入了互联网元素。譬如很多电视节目形态中都辟有网络新闻版块,将互联网数据、图像和互动等引入节目,增加信源的宽泛度和信息的综合性。再譬如将互联网的点击引入电视屏幕,在节目中利用互联网与观众进行即时互动,增强节目的交互性和选择性。

而以电脑屏幕为视听界面的网络电视新媒体,更是频频牵手传统电视。虽然网络电视节目形态的内容大量取自传统电视,但在传播方式上实现了从以台网为核心的中心辐射式传播,转变为以每位观众为节点的互联式传播,从而形成了对网民特别是年轻网民更具吸引力的网络电视节目形态。

随着中国移动通信从4G向5G的全面演进,手机迅速成为继电影屏、电视屏、电脑屏之后的第四屏。

2004年4月,中国联通在全国推出“视频新干线”移动流媒体业务,与中央电视台新闻频道、中文国际频道、英语频道和凤凰资讯台等12家电视频道达成内容提供协议。随后天津联通开通基于CDMA手机的掌上电视,在手机上成功实现流畅清晰的视音频传输效果,用户可以轻松收看中央电视台、天津卫视以及其他省市级电视台近20套节目。

2007年12月18日,中央电视台在北京正式与国际奥委会签约,宣布中央电视台的新媒体平台——央视国际成为北京奥运会官方互联网移动平台传播机构。这是国际奥委会在百年奥运历史上首次将互联网、手机等新媒体作为独立传播机构,与传统媒体一起列入奥运会的传播体系。

央视国际全力打造的“CCTV奥运手机电视台”,通过手机流媒体平台、WAP平台、客户端交互平台和手机视频杂志平台,推出了视频直播、图文报道、互动社区和手机杂志等多种视频节目形态参与北京奥运会赛事转播。这是奥运会历史上首次出现手机电视服务。2008年8月8日开幕式当天,有近20万用户涌入中国移动手机电视奥运专区,比前一日陡然增长了一倍多。

通过电子方式和数字方式进行奥运赛事转播是北京奥运会的首创。它依靠网上高清视频和手机电视等新途径转播奥运赛事,为全球观众观看奥运比赛提供了更多选择和便利。

在中国内地,有超过1.02亿观众在网上收看相关赛事,还有约1.46亿观众通过网络

① 麦克奎恩.理解电视:电视节目类型的概念与变迁[M].苗棣,赵长军,李黎丹,译.北京:华夏出版社,2003:24.

点播方式收看了赛事。而在世界范围内,国际奥委会也首次向终端用户直接提供赛事视频,多达77个国家和地区的观众可以在网上直接观看实时直播,而就在4年前,全球只有8个国家和地区可以收看到雅典奥运会延时的互联网转播。在美国,通过全国广播公司网站观看奥运赛事的人数是雅典奥运会的30倍,手机视频下载量是都灵冬奥会的20倍。

以传递信息和观念为目的的简短资讯化的消息和以休闲娱乐为主的综艺节目已成为手机电视、网络电视、IPTV和移动电视等新媒体的热门节目形态。但把传统电视节目经过简单的剪辑就搬到新媒体上,不利于充分发挥这些新媒体在信息获取即时性和信息交流互动性方面的特点,因此,我们应该综合新媒体的特性,不断改进和重构电视节目形态。

总之,随着数字技术的发展,传统的电视概念将加快向包括传统电视、手持电视、网络电视、IPTV、移动电视等在内的大电视概念过渡,传统电视节目形态与新兴媒体节目形态将日益呈现融合之势,大电视概念背景下的电视节目在数量上会以几何级数增加,在节目形态上亦会以几何级数衍生,不断发生质变。

第三节 中国电视节目形态的创新方式>>>

所谓创新,意指"当一个观点、方法或物体被某个人或团体认为是'新的'时候,它就是一种创新。创新的定义和它是否为客观上的新、是否为第一次使用等关系不大"①。就电视节目形态而言,只有内容和形式元素相对稳定,才会有形态的稳定;就一个节目形态与其他节目形态的关系而言,只有内容和形式元素出现差异,才会有形态的差异。因此无论从哪个方面来说,都需要创新电视节目形态。

中国电视事业诞生60余年来,电视节目形态经历了一次次裂变。每一次裂变,都生动地反映了中国政治、经济、文化、社会日新月异的发展进步,深刻揭示了中国电视节目形态承前启后、逐代叠加的演化规律。但一种新的电视节目形态诞生,并不意味着万事大吉、一劳永逸。要想长久地吸引观众的眼球、赢得观众的美誉,电视工作者必须与时俱进地创新电视节目形态。

我们在对已知的、显在的电视节目形态的内容和形式元素充分认识、全面掌握和灵活运用的同时,还要对未知的、潜在的内容和形式元素进行充分认识和全面掌握。如新技术带来的新的制播手段、新媒体带来的新的呈现方式等,更具挑战性和创新性,更值得

① 罗杰斯.创新的扩散[M].唐兴通,郑常青,张延臣,译.5版.北京:电子工业出版社,2016:14.

电视工作者密切关注和深入开掘。

在创作实践中,中国电视节目形态的创新方式不外乎模仿、借鉴、孵化、嫁接四种。

一、模仿

广义的创新,包括模仿式创新和自主式创新。模仿是现实世界上广泛存在的现象,模仿不等于完全复制。事实上,人类大部分知识都是学习和模仿他人得来的。模仿式创新和自主式创新一样,都是电视节目形态创新的策略之一。采用模仿式创新的电视节目形态并不一定逊于采用自主式创新的电视节目形态,任何一种成功的电视节目形态都有其深刻的内在原因和独特之处。同时,与自主式创新相比,模仿式创新可以节省前期市场开发成本,降低市场风险,增强传媒产品竞争力。因此,模仿式创新是电视节目形态创新最常见、最有效的方式之一。

没有传承,自然谈不上创新;而只有传承没有进化,创新同样无从谈起。电视节目形态的模仿式创新,首先表现在电视传媒对电影、报刊、广播产品形态的传承和变异上。

在电视传媒诞生和发展的早期,电视节目的形态是简单粗糙的。它受电影、广播、报刊的影响很大,而体现自身传媒特性的东西还不多。后来,随着电视传媒的发展,电视从业人员开始根据电视传媒自身的特性,不断完善电视节目形态的内容和形式元素,变异出电视传媒特有的节目形态。

电视节目模仿电影、报刊、广播产品形态的事例不胜枚举。许多电视节目形态都有电影、报刊、广播产品形态的基因,如电视电影就是电视模仿电影的结晶。电视传媒通过对其他传媒的模仿,能够以较少的人力、财力、物力,迅速研发出新的电视节目形态,取得较好的传播效果,实现社会效益和经济效益的双丰收。

电视节目形态的模仿式创新,还体现在对其他电视节目形态内容和形式元素的传承和变异上。

信息全球化的时代,是资源共享的时代。境外成功的包括策划、制作、播出、营销等环节在内的电视节目形态设计模板,也是一种宝贵资源。譬如人们耳熟能详的电视节目形态,许多都是欧美日等国家与中国香港、台湾地区原创的。在世界范围内,电视节目形态的传播有个大致路径,即北欧——美国——日本——中国香港、台湾地区——中国大陆。不过,20 世纪 90 年代以来,中国电视媒体模仿欧美、韩国等境外新的电视节目形态的速度已几乎与母版同步了,换言之,中国电视节目形态的发展变化已经与国际接轨。

中国电视节目形态的模仿式创新,首先表现在剧情类电视节目形态上。曾经留学美国学习戏剧的导演英达在 20 世纪 90 年代初便走上了制作模仿剧这条捷径,并且很受欢迎。他并不讳言其制作的每一部作品都是以国外成功的案例作为模板,如《我爱我家》的模板是《全家福》,《家有儿女》的模板是《成长的烦恼》,《闲人马大姐》的模板是《罗珊妮》,《欢乐青春》的模板是《朋友们》等。除了英氏影视艺术有限责任公司模仿美国情景喜剧外,在中国电视系列剧创作中,也有一些带有明显模仿色彩的电视剧,如《永不放弃》模仿《急诊室的故事》,《危情 24 小时》模仿《24 小时》,《好想好想谈恋爱》模仿《欲望城市》,《美丽主妇》模仿《疯狂的主妇》等。

而在中国文娱类电视节目形态中,模仿式创新的例子也是不胜枚举。譬如,1997 年 7 月 11 日,湖南电视台的《快乐大本营》开播,同类节目迅速在全国遍地开花;1999 年 1 月 2 日,北京有线电视台的《欢乐总动员》开播,全国各级电视台竞相模仿;1998 年 1 月 24 日和 7 月 16 日,上海东方电视台和湖南电视台先后推出全国婚恋交友类节目《相约星期六》和《玫瑰之约》,全国随后涌现了 30 余档类似节目,如北京电视台的《今晚我们相识》、海南电视台的《男女当婚》、陕西电视台的《好男好女》、重庆电视台的《缘分天空》、福建有线电视台的《真情相约》、武汉有线电视台的《相思树下》、辽宁电视台的《一见倾心》、吉林电视台的《浪漫之旅》、河北电视台的《心心广场》、河南电视台的《谁让你心动》、北京有线电视台的《浪漫久久》等。这些电视节目形态与母版模式不仅节目内容和环节设置类似,甚至连节目名称都大同小异。对于中国电视节目模式的这种亦步亦趋的模仿之风,有学者曾有如下评价:“浮华有余,真趣奇缺,资源浪费不少,价值创新无多,过眼即成烟云,隔年不如鸡肋。”①

需要指出的是,模仿式创新与全盘照抄的单纯仿制或克隆是有区别的,单纯的仿制或克隆通常不含有自己特有的创新成果,而模仿式创新虽然不是从零开始,但有自身的创新和独到之处。

二、借鉴

中国电视节目形态的借鉴式创新主要体现在电视传媒对文学、艺术或其他传媒的借鉴上。这种创新使电视传媒有可能以较少的人力、财力、物力,取得较好的传播效果。

中国电视节目形态对中国文学的借鉴以电视剧最具代表性。中国文学在长期发展过程中,形成了多种题材类型,如传奇小说、武侠小说、神怪小说、公案小说等,这些类型都被移植到中国电视剧创作之中,其中传奇题材如《曹雪芹》《荀慧生》、武侠题材如《射雕英雄传》《神雕侠侣》、神怪题材如《西游记》《封神榜》《聊斋志异》、公案题材如《包青

① 崔保国.2009 年:中国传媒产业发展报告[M].北京:社会科学文献出版社,2009:229.

天》《神探狄仁杰》《大宋提刑官》等。在具体表现手法上,中国电视剧节目形态对中国文学的借鉴就更多,比如在情节设置上强调悬念、巧合、冲突,在叙事策略上注重“起承转合”“先抑后扬”“花开两朵,各表一枝”“大团圆结局”等。

中国电视节目形态对以曲艺和戏剧为代表的传统艺术的借鉴主要体现在各类栏目中。一些电视节目吸收了传统艺术的精华,在现实与历史的交汇中吸引观众的目光。譬如,重庆卫视的电视法制栏目《拍案说法》借鉴了明代小说家冯梦龙“三言二拍”的名称和结构:“节目巧借‘一刻拍案’‘二刻拍案’‘三刻拍案’的形式,将故事划分为三个阶段,进行章回体编排。三个阶段环环相扣、层层递进,每到关键处,适时的中断又起到了延宕和刺激观众收视兴趣的作用。在节目中,主持人以说书人的身份引领观众,形成了一个有画面配合、真实再现的书场。”①吉林电视台文体频道的《老乡话东北》的特色是将反映关东自然风光和风土人情的电视纪录片与吉林省著名评书表演艺术家焦宝如独特的主持风格较好地结合起来,“一位年近六旬的男人,身着中式对襟夹袄,一张毫不装扮的脸,嗓音浑厚而深沉,让人们真正感到这是一位见多识广、阅历丰富、平实质朴、亲切可信的‘东北老乡’”②。

中国电视节目形态借鉴电影、广播、舞台剧等其他传媒内容和形式元素的事例不胜枚举。譬如,电影中的蒙太奇技巧和文学化的叙事方式自然而然地被各种形态的电视节目传承和发扬光大;早期的电视直播剧从广播节目中引入串讲方式以衔接情节;中央电视台经济频道《为您服务》的系列剧《骗术侦探在行动》借鉴了舞台剧的表现方式。这些新元素为电视节目形态创新带来了活力。

三、孵化

新的电视节目形态或多或少地遗传了一些传统电视节目形态内容和形式元素的基因,许多新的电视节目形态就是由传统电视节目形态孵化或派生出来的。

中央电视台经济频道的电视游戏节目《超市大赢家》,本是《生活》和《前沿》栏目在2004年五一节、国庆节、春节期间联合推出的假日特别节目。由于收视效果好,《超市大赢家》于2005年3月28日改为一档70分钟的周播节目。常态化播出后的《超市大赢家》继续倡导“健康生活、理性消费”的理念,充分展现普通老百姓在生活中的购物技巧和智慧,释放百姓的购物激情,展示不同职业、不同文化、不同地域、不同家庭的消费技巧和

① 韩鸿.法无定法 创新为本:浅析重庆卫视法制节目《拍案说法》的三个创新点[J].中国电视,2009(5):30.

② 刘逢亮.以小见大 千变万化:看吉林电视台《老乡话东北》有感[J].当代电视,2003(11):41.

消费观念。2007 年,《超市大赢家》启用新名称《快乐主妇》,进一步突出了“主妇”元素,同时很好地延续了原有的“超市”元素,设置有趣、实用的环节,不断对电视游戏节目形态进行创新。

2005 年春节期间,中央电视台新闻评论部倾力打造了五集新闻人物类特别节目。该节目以灵活多变的方式挖掘人物、解读人物,形成了自己独特的风格:既有新闻人物类节目的特质,又“寓访于乐”,给节日中的新闻节目增添了喜庆色彩。节目一经播出就在观众中引起较大反响。2005 年 5 月 1 日,在新闻频道开播三周年之际,这一特别节目被打造成该频道一档常态化播出的周播节目,名字就叫《人物秀》。

中央电视台经济频道 2006 年推出的《购物街》是由《幸运 52》2005 年的五一长假特别节目《购物街》孵化出来的。该节目以价格体验为卖点,结合频道的经济服务特色,把看商品、猜价格的价格游戏与丰富的商品、价格知识结合起来,兼顾娱乐和经济服务的功能性要求。该节目推出一个月后,便出人意料地迅速跃升至中央电视台经济频道的收视榜榜首。

四、嫁接

新的电视节目形态,也可能来自旧有的不同节目形态元素的嫁接,即旧有节目的交融和整合,而这很有可能导致质变,实现创新。

中央电视台综合频道 2004 年 4 月 3 日开播的《电影传奇》将电影艺术元素与电视艺术元素巧妙地嫁接在一起,自然而然地凸显了该节目形态的独特审美价值。正如有研究者指出的:“《电影传奇》是电视传媒表现电影的独特形态,电影的专一艺术表现被电视传媒杂糅多样的特性所包容,成为新鲜样式的杂烩传奇。”①

电视剧方面,也出现了各种亚形态之间相互嫁接的趋向,譬如《激情燃烧的岁月》是军事题材剧与家庭题材剧的嫁接,《幸福像花儿一样》是军事题材剧与言情题材剧的嫁接,《武林外传》是武侠题材剧、家庭题材剧、情景喜剧的嫁接。

在中国内地,新闻类电视节目形态曾一度与文娱类电视节目形态界限模糊。如浙江电视台钱江都市频道的大型日播情景喜剧将情景剧和新闻节目进行嫁接,每天播出一集,以钱塘江畔、老墙面内儿户普通老百姓的家长里短为表演内容,表现出与《我爱我家》等北方情景喜剧截然不同的定位和风格。

湖南卫视的“大型礼仪公德脱口秀综艺节目”《天天向上》通过嫁接各种节目形态元

① 周星.《电影传奇》的四个传奇性特色[J].电视研究,2004(7):45.

素,传播中国千年礼仪之邦的礼仪文化。每期节目既有嘉宾秀融合脱口秀的节目形态元素,又有用来演绎常见礼仪知识的栏目剧节目形态元素,还有跨国界的嘉宾访谈节目形态元素。

此外,几乎所有形态的电视节目都在不同程度地采用真人秀元素,以至于服务、教育、财经等节目也与真人秀产生了千丝万缕的联系。譬如将游戏与纪实这两个过去界限分明的元素嫁接在一起,就诞生了生存挑战类的电视真人秀节目形态,而这类节目既可以被视为一部画面优美的电视纪录片,也可以被看成富于戏剧冲突的电视连续剧,还可以被当作生动有趣的电视游戏节目,因为它充分调动了电视的各种表现手段,从而开创了一种全新的节目形态。

值得注意的是,中国电视节目形态的演进与创新并非单一的替代关系,而是彼此嫁接并在某一阶段呈现出一种螺旋式回归。譬如,在东方卫视推出《舞林大会》后,湖南卫视和江苏卫视也推出了《名声大震》和《名师高徒》,共同将才艺选秀类电视真人秀节目由平民秀回归明星秀。这种节目形态可以视为电视真人秀节目形态元素与电视综艺节目形态元素的嫁接,明星重新成为舞台的主角,并借助自身的明星效应吸引了更多的观众。

总之,中国电视节目形态一直通过模仿、借鉴、嫁接、孵化等方式处于不断创新的过程中,其意义主要有三:一是在于保证电视节目在市场上拥有容易被识别的差异性竞争力;二是在于培养职业电视人的品牌意识;三是在于推进电视传媒的进步与繁荣。

社会的发展变化催生了多姿多彩的电视节目形态创新方式。反之,也只有独具匠心的电视节目形态创新方式才能生动而准确地反映不断发展变化着的社会和时代。电视节目形态创新方式的发展变化是与社会和时代的发展变化同步的。然而,仅仅关注到这一层面是不够的,更重要的是,电视节目形态的创新方式总是随着观众日益增长的资讯和娱乐需求而发展变化的。观众不感兴趣,再高超的创新方式也没有生命力。这里之所以把观众这一元素特别提出来,是为了强调电视节目形态创新方式的发展变化要适应社会和时代的变化发展,关键在于不断地满足观众日益增长的资讯与娱乐需求。

目前,中国电视节目形态在创新方式上存在不同程度的同质化倾向,但这并不能完全归咎于电视从业人员。只有在一个创新行为受到鼓励、创新成果得到承认和保护的社会生态中,人们的创新热情才有可能得到真正的释放。

电视节目形态创新的专业环境包括良好的知识产权保护法规、完善的产业链条、有效的激励机制等。在目前条件下,对原创电视节目形态缺乏良好的保护机制,克隆者不用付出原创者那样的艰辛努力,同样有可能获利颇丰,这种情况在很大程度上抑制了研发者的创新热情。同时,中国电视节目的采编播体制整体上还不够顺畅,对节目采编播各环节利益划分不明确,没有形成一种鼓励创新的竞争机制,无形中抑制了从业者的创新动力。

就中国电视媒体而言,通过以内容元素和形式元素为核心的节目形态创新,不断推出更多思想性、艺术性、观赏性有机统一的电视节目形态,是新时代中国特色社会主义电视传播根本性质的必然要求,是建设社会主义核心价值体系、坚持正确舆论导向、满足广大人民群众文化需求、保障人民文化权益、维护国家文化安全、确保传媒产业健康发展的必然要求。

第一章

新闻类电视节目形态

第一节　概念界定>>>

一、定义

新闻类电视节目形态,是指以传播新闻为主要功能取向的电视节目形态。

中国新闻类电视节目形态是与中国电视传媒同时起步的。60余年来,特别是改革开放以来,中国电视新闻节目形态从无到有,从简单到复杂,不断发展,不断演变,如今已蔚为大观。

二、分类

目前国内关于新闻类电视节目形态的分类方法主要有以下十几种:

根据节目来源,可分为自办新闻节目、联办新闻节目、交换新闻节目、转播新闻节目、联播新闻节目等。

根据题材领域,可分为时政新闻节目、经济新闻节目、法制新闻节目、文化新闻节目、体育新闻节目、社会新闻节目等。

根据内容性质,可分为硬新闻节目、软新闻节目等。

根据内容时态,可分为史态类新闻节目、现态类新闻节目、拟态类新闻节目等。

根据播出时段,可分为早间新闻节目、上午新闻节目、午间新闻节目、下午新闻节目、傍晚新闻节目、晚间新闻节目、夜间新闻节目等。

根据播出周期,可分为定期新闻节目、特别新闻节目、插播新闻节目等。

根据传播区域,可分为地区性新闻节目、全国性新闻节目、国际性新闻节目等。

根据传播对象,可分为大众化新闻节目、分众化新闻节目等。

根据传播理念,可分为传统新闻节目、民生新闻节目、公共新闻节目等。

根据制播方式,可分为现场直播新闻节目、实况录像新闻节目、素材编辑新闻节目等。

根据报道形式,可分为口播新闻节目、图片新闻节目、影像新闻节目、字幕新闻节目、现场报道节目、连线报道节目等。

根据播报语言,可分为汉语普通话新闻节目、汉语方言新闻节目、民族语言新闻节目、外国语言新闻节目等。

根据编排方式,可分为系列报道节目、连续报道节目、组合报道节目、新闻杂志节目等。

显而易见,上述很多分类法都是相互交叉的,譬如中央电视台的《新闻联播》,既属于全国性新闻节目、综合性新闻节目、联播类新闻节目,还属于主持人新闻节目、普通话新闻节目、晚间新闻节目,这种节目如何归类,取决于采用什么分类标准和视角。

基于以上分析,本书本着实践第一的原则,从不同的核心元素出发,着重对中国电视屏幕上发育得比较成熟且居于主导地位的 7 种新闻类电视节目形态进行探讨,它们分别是电视消息、电视连续报道、电视系列报道、电视专题报道、电视新闻调查、电视新闻述评、电视新闻现场直播。

第二节　电视消息>>>

一、定义

电视消息是以现代电子技术为传播手段,以图像、声音、文字等为传播符号,迅速、简要、广泛、新颖地报道新近、正在或即将发生的事件事态的新闻类电视节目形态。

电视消息可进一步细分为电视短消息、电视长消息两种形态。

电视短消息是指长度 1 分 30 秒(含 1 分 30 秒)以内的电视消息节目形态。其特点为“五个一”:一个空间、一个时间、一个事件、一个过程、一个主题。以小见大、视角独特、主题鲜明、视觉冲击力强,是电视短消息的魅力所在。

电视长消息是指长度1分30秒(不含)至4分钟的电视消息节目形态。电视长消息具有四个特点:题材重要、内容浓缩、立意深远、手段丰富。具有历史感和时代感,是电视长消息的魅力所在。

二、源流

(一)导入期(1958—1975)

1958年5月1日,北京电视台试播成功,并于当天播出了中国电视史上的第一个新闻节目——由中央新闻纪录电影制片厂摄制的新闻纪录片《到农村去》。1958年5月7日,北京电视台播出德意志民主共和国电视台寄来的电视新闻片,这是中国首次播出国际电视新闻节目。

1958年5月15日,北京电视台第一次自办电视新闻节目,播放了4分钟的《图片报道:东风牌小轿车》,反映了中国自己生产的东风牌小汽车的情况。图片消息是中国电视新闻节目的最初形态,它将新闻图片分切组合再加上解说,而图片大多来自新华社。从1959年1月1日开始,《图片报道》成为常规栏目,每周播放三次。

有据可查的北京电视台拍摄的第一个电视新闻节目,是1958年5月29日播出的新闻片《朱德副主席到石景山钢铁厂为扩建工程剪彩》。1958年6月1日北京电视台播出的由"本台记者"孔令铎和李华拍摄的新闻片《中共中央机关刊物〈红旗〉杂志创刊》也是早期电视新闻节目的代表作。

1958年9月2日19时30分,北京电视台《电视新闻》开播,这是北京电视台当日播出的第一个节目,也是北京电视台历史上首档完全自办的新闻节目。自1958年9月30日起,《电视新闻》改为19时播出。《电视新闻》播出的主要是"本台记者"拍摄的新闻片,内容为发生在北京的时政要闻以及工业、农业、文化、教育新闻,后来又加入了由地方电视台提供的新闻。该节目的播出时间、时长和频次起初并不固定,直到1960年1月1日才相对固定下来,即每周播出三次,每次3—4条,每条2—3分钟,总计约10分钟。

1960年5月13日,中央广播事业局党组决定成立中央电视台新闻部,新闻部开始时只设新闻组和社教组,1962年按行业分工调整为经济组、政文组、编辑组,1963年增设国际组和出国片组,1965年成立军事组。

1966—1976年,北京电视台和各地方电视台对一系列重大成就和国事活动进行了及时的报道,如1967年6月17日播出了《欢呼导弹发射成功》《第一颗氢弹爆炸成功》,

1968年9月播出了《南京长江大桥建成通车》,1970年4月播出了《成功地发射第一颗人造地球卫星》,1972年2月21日—28日协助美国三大广播公司记者和技术人员通过国际通信卫星向世界全方位地报道美国总统尼克松访华活动等。

1974年10月1日,经过一年的试播,北京电视台彩色电视节目正式播出。当天上午播出了首都人民庆祝中华人民共和国成立25周年游园实况,晚上播放了焰火晚会。当晚还播出了9月30日周恩来总理举行盛大国庆招待会的电视新闻片,并全文播放了周总理在招待会上的讲话,而这是周恩来最后一次举行国庆招待会。

除了报道重大成就和国事活动外,北京电视台对一些重大突发自然灾害也进行了比较及时的跟进式报道。譬如,1966年3月8日,河北省邢台地区发生强烈地震,北京电视台于3月11日派出穆中里、朱宏等三名记者前往地震灾区拍摄电视片,3月17日播出《支援地震灾区人民重建家园》,3月20日重播一次。再如,1976年7月28日凌晨,河北省唐山发生强烈地震,北京电视台在29日早上就派出记者刘效礼、许佑宁与司机李永生、史家琪驱车深入震区,在余震不断的情况下抢拍实况,向中央汇报灾情。

(二)成长期(1976—2002)

1976年3月29日,全国电视工作会议先后在北京和上海召开。创办全国电视新闻联播节目,成了这次会议的一个议题。技术条件的进步、电视队伍的扩大,成为《新闻联播》创办的有利条件,也为电视消息的发展搭建了更大的平台。1976年7月1日,根据全国省级电视台共同协商的意见,北京电视台第一次试播全国电视新闻联播节目,向全国十余个省(市)电视台传送信号,由这些电视台同时转播,该节目成为《新闻联播》的雏形,但当时仍叫《电视新闻》,内容全部为国内图像消息,每天19时播出。1978年1月1日,《电视新闻》正式更名为《新闻联播》,恢复播音员出图像向观众播报节目,仍是每天19时播出,时长约为20分钟。40多年来,《新闻联播》以客观纪实手法记录了中国每一天的变化,堪称央视版的系列新闻纪录片。目前,《新闻联播》是中国收视率最高、影响最大的电视新闻栏目,同时也是全世界拥有观众最多的电视栏目。

除了中央电视台和全国各省市县级电视台的新闻联播类栏目外,其他各种类型的电视消息类栏目也涌现出来,譬如:1984年1月2日,中央电视台《午间新闻》开播;1985年1月1日,中央电视台《经济生活》开播;1985年3月1日,中央电视台《晚间新闻》开播;1986年10月1日,上海电视台《英语新闻》开播;1986年12月30日,中央电视台《英语新闻》开播;1987年2月1日,中央电视台《综合经济信息》开播;1989年1月1日,中央电视台《体育新闻》开播;1989年5月7日,北京电视台《哑语一周新闻综述》开播;1989年6月14日,中央电视台《新闻简报》开播;1989年12月28日,中央电视台《经济半小时》开播；1992 年 8 月 31 日，中央电视台《经济信息联播》开播；1992 年 10 月 1 日，中央电视台《中国中央电视台新闻》开播；1993 年 1 月 18 日，上海东方电视台在国内首倡新闻滚动播出，《东视新闻》《东视夜新闻》《东视深夜新闻》每晚三次滚动播出；1994 年 4 月 1 日，中央电视台《世界报道》开播；1994 年 5 月 1 日，中央电视台《中国中央电视台新闻》改为《中国新闻》继续播出；1994 年 10 月 17 日，中央电视台《粤语新闻》开播；1995 年 4 月 3 日，中央电视台《新闻 30 分钟》开播，取代了原来的《午间新闻》；1995 年 5 月 5 日，中央电视台《早间新闻》开播；1995 年 9 月 1 日，中央电视台《晚间新闻》《世界报道》《体育新闻》合并成《晚间新闻报道》，播出时间增加到 45 分钟，成为当时中央电视台时间最长、报道量最大、报道面最宽的新闻栏目；1999 年 7 月 5 日，中央电视台《现在播报》开播；2000 年 11 月 27 日，中央电视台《国际时讯》开播；2002 年 8 月 5 日，中央电视台《午夜新闻》开播。

（三）成熟期（2003—）

随着 2003 年 5 月 1 日中央电视台新闻频道的开播，中国电视消息的发展进入成熟时期。

中央电视台新闻频道每逢整点都有电视消息播出，突出时效性和大信息量，实现滚动式、递进式、更新式报道。整点消息后的分类消息主要有财经、体育、文化、国际四大类，时间长达 200 分钟，是对整点消息的有效补充和深化。在此后的一系列重大事件，特别是“非典”疫情、禽流感疫情、南方雨雪冰冻灾害、汶川大地震等重大突发性事件报道中，中央电视台新闻频道传播消息的优势日益凸显。

以汶川大地震报道为例，2008 年 5 月 12 日 14 时 28 分地震发生，14 时 50 分，中央电视台新闻频道即以滚动字幕“四川汶川发生 7.6 级地震”作了报道。10 分钟后，新闻频道值班主播耿萨在 15 时的整点新闻中头条口播：“来自国家地震局的最新消息：今天 14 点 28 分，四川省汶川县发生 7.6 级地震，具体位置在成都附近温江西北 55 公里（北纬 31 度，东经 103.4 度）。而我们刚从各种渠道得到消息，重庆、湖南、湖北、山西、陕西、河北、北京等地都有震感。有关地震的最新消息，我们将随时为您进行报道。”[①]15 时 04 分，该档新闻配发了汶川的简易图板。15 时 08 分，该档新闻又推出“突发事件”片头，主播耿萨连线重庆电视台记者苟海东，重点询问了当地建筑物的损毁情况。15 时 20 分，新闻频道打破正常节目播出流程，推出特别直播节目。

① 中央电视台新闻中心.震撼：电视档案——5·12 汶川大地震备忘[M].北京：中国民主法制出版社，2008：7.

三、主要特征

(一)时效的快速性

电视消息以快取胜。它在时效上的要求是刚刚或是正在发生和发展的事实。为此，电视记者应有抢新闻的意识，尽量以最快速度把事实性新闻信息和意见性新闻信息传播出去。一条新闻信息，如果报刊、广播、网络都已报道过，电视再进行动态式的消息报道，价值就不大了。

在新闻传播的竞争中，时效性处于首要地位，因为人们对新闻信息的要求总是先知为快。在快节奏的社会生活中，人们接收新闻信息的时间有限，因此新闻的首要因素是满足观众先知为快的心理。电视消息对时效性的要求是时新性和时宜性兼具，即新闻既是时间上的最新报道，亦是适宜当前形势需求的报道，是两者的有机结合。

(二)内容的简要性

快和简是相辅相成的关系。电视消息的任务是迅速、简要地报道国内外大事，至于事实的来龙去脉，前因后果的详尽分析、解释则是电视深度报道的任务。由于要求时效，每条电视消息只能立足事件和事态发生的现在来报道，即使用背景材料，也要用最简练的语言与最典型的画面形象来说明问题。

电视消息的文字稿也应言简意赅，高度浓缩。在实际工作中，电视消息的长短与信息量并不完全成正比。优秀的电视消息应该做到字字珠玑，句句精练。

(三)题材的广泛性

电视消息的题材十分广泛，涵盖经济、政治、文化、社会、生态等诸方面。

电视消息节目不仅要力争在节目时间内容纳更多的消息，提供更多的新闻信息，而且要拓宽视野，扩大报道范畴，广泛反映各个领域的发展变化。譬如，中央电视台《新闻联播》曾根据观众的意见，扩大报道面、加强可视性，增加与观众密切相关的新闻信息，使其真正成为观众喜闻乐见的国内外要闻总汇类的集纳式电视消息节目。

(四)表现的鲜活性

鲜活，即活泼、生动，有较强的可视性。要使电视消息"活"起来，必须强调遵循新闻的基本规律，即用事实说话。新闻是事实的报道，事实是新闻的基础，这不仅体现在事件性新闻信息的消息中,同样也体现在非事件性新闻信息的消息中。在一些有关经验、成就的报道中,有的消息仍存在典型事实和画面少、空泛概念和画面多等问题。优秀的电视消息必须用事实说话,既要有交代总体样貌的概括性材料,又要有反映具体事例的典型性材料,还要用恰当的电视语言来呈现这些材料。

随着社会的进步,现代人生活节奏的加快,人们对电视消息的需求也在不断加大。观众总是希望迅速及时地获得最新鲜的新闻信息,并要求在同一节目时间内获得更多的新闻信息。因此只有用准确、精练、鲜活的电视语言,提供新、异、快、多的新闻信息,电视消息才具有竞争力。

第三节　电视连续报道>>>

一、定义

电视连续报道,是以现代电子技术为传播手段,以图像、声音、文字等为传播符号,在一定时期内,围绕某一新闻事件事态,进行多篇跟踪式深度报道的新闻类电视节目形态。

电视连续报道各单元之间联系紧密,互为因果,由于报道持续时间长,可以形成浩大的声势和强大的舆论力量。

电视连续报道中的每个单元都在披露事件的最新变化。记者不必等待事件的结局,而是以事件的变动趋向为依据,就其变化的各个阶段随采随报。电视连续报道的特点是报道层次上的递进性。电视记者可以利用阶段的不完整性,在上一单元的结尾留下悬念,引导观众关注并追踪谜底,在下一单元释疑,并再推出一个悬念,使报道向展现事态的全貌方向不断深化。

电视新闻传媒通过连续报道发挥其优势,围绕一个事件,不断地推出后续报道,引进新的进展内容和观众的反馈,形成一个长长的信息链,人们追根溯源的天性可以在其中获得极大满足。

需要注意的是,观众的接受有一个“度”。对于电视新闻记者而言,一方面需要从社会整体效益出发,将对个人需求的满足与社会价值结合在一起,坚守住电视连续报道的度;另一方面则需从传播学基本原理出发,把握好电视连续报道的最佳时间。

电视连续报道的题材通常是重大的新闻事件,它追踪事件的最新动向,连续地做深入详尽的报道。一旦发生为广大观众所关注的、能引起社会反响的重大新闻事件,电视新闻记者就应立即出动,千方百计地追踪事件,连续不断地进行报道。

电视连续报道可进一步细分为进行式电视连续报道、反应式电视连续报道、追溯式电视连续报道三种形态。这三种形态往往你中有我、我中用你，彼此补充，相得益彰。

二、源流

（一）导入期（1963—1983）

中国电视连续报道发轫于电视新闻纪录片。如 1963 年 12 月至 1964 年 3 月，周恩来总理、陈毅副总理访问亚洲 14 国，电视记者李华以《电视通讯》为题进行了连续报道，北京电视台先后播出了 26 次。

（二）成长期（1984—1986）

中国电视连续报道的真正发展始于 20 世纪 80 年代的新闻改革。

1984 年广东电视台采制的《广州市民争相献血抢救受伤工人》是中国内地最早出现的电视连续报道之一。1984 年 2 月 28 日，广州市自来水公司工人王世德遭遇车祸生命垂危，被送到广州军区总医院抢救。当时医院没有 AB 型血浆，不能做手术。医院急告电视台为病人呼吁。为了抢救这位工人，当晚 7 时，广东电视台中断正常节目播出，插播了“求血”的紧急呼吁。电视记者预感到将有感人的事迹发生，立即去医院采访拍摄，并随着事件发展连续追踪采摄，做连续报道，引起了社会广泛关注。

从 1984 年 7 月起，中央电视台《新闻联播》把连续报道作为新闻改革的一种尝试，有计划、有组织地采访一些典型单位、典型事件和带倾向性的问题，分别进行连续报道。先后报道的有《北京蔬菜供应中的问题》《北京夜市》《北京食品卫生》《北京煤炭一厂改变落后面貌，建成花园式工厂》《北京崇文区集体企业越办越兴旺》《北京乘车难》等。其中，10 集电视连续报道《北京乘车难》因为涉及北京大多数百姓的切身利益，电视记者又深入现场，在报道中加入了大量的同期声，因而播出后产生了很大影响，受到中央领导的充分肯定。同时新闻报道的内容还引起北京市有关部门的高度重视，对促进问题的解决起到了督促作用。

在 1984 年度第二届全国优秀电视新闻节目评选中，首次设立连续报道评奖项目，《广州市民争相献血抢救受伤工人》荣获特等奖。在 1985 年度第三届全国优秀电视新闻节目评选中，广东电视台的系列报道《广州市两万多名学生入学难的问题亟待解决》荣获一等奖。在全国各级电视新闻节目评选中，电视连续报道的获奖数量一直都占有较大比重，这为促进电视连续报道的发展起了重要作用。

1986年,四川电视台记者跟随洛阳长江漂流探险队,从长江源头到长江入海处吴淞口,采访长达半年之久。四川电视台连续播发了48条新闻,中央电视台采用了其中的28条。

(三)成熟期(1987—)

1987年中央电视台对大兴安岭火灾的报道,把连续报道推向了一个新的高度。1987年5月6日,东北大兴安岭地区发生了新中国成立以来最大的一起森林火灾。5月8日,中央电视台《新闻联播》播发了对火灾的第一次报道。此后,随着火情和灭火工作的进展,中央电视台进行了长达一个多月的连续报道,共播发新闻一百余条,既有每天的火情动态和军民奋力扑火的可歌可泣的事迹,也有灾后重建工作的报道和大火留给人们的教训。这组连续报道规模之大、影响之广,在中国电视新闻发展史上都是罕见的,同时也标志着电视连续报道已走向成熟。

1988年湖南电视台的连续报道《长沙工商银行金库被盗》是新闻报道与破案同时进行的范例。

1988年上海电视台关于沪杭列车重大事故的报道,也是一组非常成功的连续报道。1988年3月24日14时30分,上海电视台接到通报事故的电话后,马上派记者赶到现场,抢拍下事故现场的景象,并于当天20时24分插播新闻。此后的10天里,上海电视台连续报道了清理现场、调查原因、抢救伤员和处理善后等一系列工作,把这一新闻事件发生发展的过程完整地呈现给了观众。

1992年以来,电视连续报道已经成为全国各级电视台自觉使用的新闻类电视节目形态,时效性更强,报道方式也更加多样,不仅仅是事实信息的传播,还加入了调查元素和评论元素。

1993年10月21日下午,金陵石化南京炼油厂310油罐发生重大火灾事故。事故发生之后,江苏电视台记者很快赶到现场,不断发布消息,并且利用几个新闻时段连续播发事件的全过程,不到一天的时间,连续派出5批20多人次轮番采访,进行了3次报道。11月初,又就油罐起火原因及查处情况进行后续报道。在报道事实的过程中,加入调查元素和评论元素,使《军民奋力扑救南炼310号油罐大火》这一系列报道具有丰富的信息量,并给人以启迪。

1995年5月,中央电视台记者采访广东珠海一家公司被湖北汉川县第一织布厂骗买了质量低劣的工业滤网布的事件之后,采制了消息《广东珠海发现一起骗销事件》,播出之后,全国十余家被骗单位纷纷向中央电视台记者反映他们受骗的经过,记者对他们反馈的信息分析后发现,他们的受骗方式一样,而且欺骗一方都是汉川县第一织布厂,于是及时发出第二篇消息《全国多家企业在"湖北汉川骗买骗销事件"中受骗》。随后又在各个时段连续播发了26篇报道。从这一新闻事件出发,相关的报道通过对法律界、金融界和经济界专家的采访,对案件进行全方位的分析,形成一时的舆论中心,产生了较为理想的传播效果。

2007年10月24日至11月20日,中央电视台《新闻联播》推出"嫦娥一号"系列报道,陆续播出《我国首颗月球探测卫星"嫦娥一号"发射升空》《"嫦娥一号"卫星第一次变轨成功》《绕月探测工程负责人表示:"嫦娥一号"成功发射为探月工程打下坚实基础》《"嫦娥一号"卫星近地点变轨成功》《高质量 高标准 高要求 确保"嫦娥一号"正常运行》《圆满完成"嫦娥一号"发射任务 火箭试验队员返京》《"嫦娥一号"卫星第二次近地点变轨成功》《"嫦娥一号"卫星飞行 远地点高度首创我国航天飞行测控新纪录》《"嫦娥一号"上第二个科学探测仪器开机工作》《"嫦娥一号"卫星第三次近地点变轨成功》《专家高度评价"嫦娥一号"卫星顺利进入地月转移轨道》《国防科工委宣布"嫦娥一号"卫星各系统状态正常飞行轨道正常》《远望二号测量船圆满完成"嫦娥一号"测控任务返回祖国》《中国航天发射进入快速发展期》《"嫦娥一号"飞行良好 探测仪器明起开机》《"嫦娥一号"卫星首次开启16项有效载荷》等27条关于"嫦娥一号"最新情况的跟踪报道。

2016年9月15日22:04,"天宫二号"空间实验室在酒泉卫星发射中心发射成功。中央电视台关于"天宫二号"的连续报道同样内容丰富,层次清晰。实际上,从2016年6月开始,中央电视台新闻中心就组建了"天宫二号"报道团队。9月9日,新闻频道推出《筑梦天宫》特别报道,技术团队增设全景摄像头,用无人机全景呈现火箭垂直转运现场,并进行新媒体VR直播。虚拟演播室用短片全景展示了整个空间实验室任务及细节,观众可通过扫描电视屏幕上的二维码参与网络答题,实现了手机屏和电视屏的实时互动。①

如今,随着通信技术的进步和电视记者图像采集设备的简单化和小型化,对重大新闻事件的连续报道已经越来越成为电视新闻报道中的常态化行为。②

三、主要特征

(一)时间的时新性

新闻事件是客观事物发展变化的一个过程,随着时间的推移而移形变态。从事件发生的那一刻开始,电视连续报道就会对事件的每一个新动向、新变化进行跟踪报道,让观

① 肖振生,崔霞.《筑梦天宫》央视新闻连续报道天宫二号发射[J].电视研究,2016(10):2.

② 李峰.电视新闻连续报道的采制[J].记者观察,2020(6):32.

众获知最新信息,并用这些不间断的报道完成对事件全貌的描述和解释。与等待新闻事件尘埃落定才能最终完成的电视新闻专题相比,电视连续报道的时效性更强,篇幅更短,更符合新闻的特性。

(二)内容的广博性

电视连续报道是围绕同一新闻事件进行的多次报道,因此在传达信息方面,比单篇的消息报道更具有广博性。整个节目也因其内容之广博、挖掘之深刻,新闻价值大大提高。

从广博性这一差异元素出发,电视连续报道每次都应以事件的最新动向为主要内容,后一次报道尽管内容上紧接着前一次报道,但也不能有太多重复。可以把前一次报道作为背景来简要介绍,重点放在事件新的进展上,尽可能把事件的纵向进展与横向拓展联系起来,向观众提供更多的新闻信息。

(三)叙事的悬念性

电视连续报道的悬念与文学作品中的悬念并不完全相同,其悬念是由新闻事件发展的进程决定的,而不是记者刻意制造的。新闻事件被时间分割为一个个片段,这些片段自然地构成了连续报道的悬念。而后续报道对前面报道的新闻信息进行补充,可以满足观众被吊起的胃口。但新闻事件的延伸又决定了这种满足不可能是彻底的。这种补充在解释了旧悬念之后,往往又会产生新悬念。因此,一些精彩的电视连续报道不看则已,一看就令观众欲罢不能。

电视连续报道,尤其是跟踪重大突发事件的电视连续报道,最能满足观众求知、求新、求奇、求特等迫切需求。如果某种暧昧不明的事物正得到逐渐的展示,或者某一新闻人物处于结局不明的状态之中,又或者某一事件处在结局逐渐到来之际,那么电视连续报道就会具有更大的吸引力,会使传受双方形成情感上的联系。在电视连续报道中,悬念往往蕴含在事件发生的突然性、事件进展的曲折性和事件结局的突兀性之中。

(四)结构的完整性

电视连续报道从事件的产生一直追踪报道到事件的结束,从总体结构上来说具有完整性。而这种完整性又是通过对事件发展过程中的多次及时传播最终完成的。因此,其完整性是随着事件发展的最新动态而逐渐显现的,不是一下子就显现出来的,也不像电视系列报道那样,在报道构思之初就已形成了。

电视连续报道的完整性和所报道事件持续的时间跨度有关系。如果事件持续时间短,在数天或一两个月内就能结束,其完整性就能显现出来。如果事件旷日持久,何时结束还难料定,或因事件进展太慢而无法激起观众的兴趣,节目的完整性就会有所减弱。

(五)节奏的变化性

电视连续报道的节奏往往由事件发展的状况决定,而不由记者或编辑的整体策划来决定。尽管电视媒体在部署采制连续报道时,会对每一条报道的任务和风格进行构思,从而使整个采制和播出过程更富有条理和内在节奏,但这种构思建立在预测基础上,而不是事件发生以后对报道内容的一种详细安排,因此通常会随着事件的发展而变更。所以,电视连续报道常常时断时续,没有一定之规,篇幅也可能时大时小,容易湮没在众多其他新闻信息中。最糟糕的是,有许多事件最后不了了之,无法进行后续报道,对于这种虎头蛇尾的电视连续报道,观众会产生反感。

第四节　电视系列报道>>>

一、定义

电视系列报道,是以现代电子技术为传播手段,以图像、声音和文字等为传播符号,在一定时期内,围绕某一新闻主题或已经发生的某一事件,进行多角度、多侧面、多层次、多方式的多篇式深度报道。

电视系列报道一般不刻意追踪和描述事件的发展过程,而是深入分析报道对象,有较强的透视力和思想性。电视系列报道的各个单元一般是预先策划布置的,相对独立且各有侧重,虽然没有电视连续报道那样层层递进的关系,但也要对主题形成呼应,从而构成一定的体系。

电视系列报道可细分为三种形态:

一是纵深式电视系列报道。这种形态是围绕一个新闻主题或已经发生的某一事件,深入挖掘新闻背后的新闻,逐步呈现事件全貌,挖掘事件内在本质,使人们的认识不断深化。

二是并列式电视系列报道。这种形态是对某一新闻主题或已经发生的某一事件的不同侧面,进行全方位、多角度的报道,使问题的多方面联系充分显露出来,以便观众对事件进行判断。

三是追踪式电视系列报道。这种形态是围绕某一新闻主题或已经发生的某一事件，以时间为脉络，不断挖掘事物的本质意义，从而深刻地揭示事件内涵，为观众提供结果或更多的思考空间。

电视系列报道和电视连续报道都具有多集、深入、持续播出的特点，有着明显的内在关联。鉴于精简评奖项目的要求，目前许多电视新闻节目评奖都把电视连续报道和电视系列报道合并为一个项目。尽管如此，两者还是有着明显的差异：

一是题材选择的差异。电视连续报道的题材大多为事件性新闻，特别是重大突发灾难性事件；电视系列报道的题材大多为典型经验报道和反映各方面成就的非事件性新闻。

二是报道时效的差异。电视连续报道重视时新性，即每条新闻都是时间上的最新报道；电视系列报道重视时宜性，即每条新闻都是适合当前情势需要的报道。

三是报道顺序的差异。电视连续报道追踪事件的发展，不可更改报道顺序；电视系列报道反映的是同一主题的不同侧面，可以根据实际需要调整播出顺序。

四是传播功能的差异。电视连续报道多是不可知未来、无法预测结果的事件性新闻；电视系列报道的题材多是反映主旋律的，具有很强的导向性和宣传性。

二、源流

(一)导入期(1962—1983)

与电视连续报道一样，中国电视系列报道也发轫于电视新闻纪录片。1962 年 4 月 23 日起，北京电视台连续十余次播出记者李华在老挝拍摄的新闻纪录片，然后又选择其中 11 个进行精编后，分为上下集，定名为《老挝在前进》，分送参加日内瓦 14 国会议的越南代表团、富马亲王和苏发努冯亲王。这是国际上最早对老挝的电视报道。① 1963 年年底—1964 年年初，李华又跟随周恩来总理访问非洲 14 国，拍摄了约 7.3 万米 16 毫米胶片的素材，编成 20 条 10—20 分钟的《电视通讯》，先后播出 26 次，并汇编成《周总理非洲之行》上下集。

(二)成长期(1984—1986)

中央电视台 1984 年推出的反映新中国成立 35 年来建设成就的系列报道《光辉的成

① 刘习良.中国电视史[M].北京：中国广播电视出版社，2007：37.

就》和《“六五”成就》，真正体现了电视系列报道的规模化优势。

电视系列报道多为配合党和政府中心工作的成就报道。在这段时间里，这类报道内容多是宣传成就，譬如某部门或地区的工作业绩，某个单位或个人的先进事迹等。结构多是画面加解说的模式，解说词概括性较强，但缺乏吸引人的内容。

(三)成熟期(1987—)

1987 年 9 月 30 日至 10 月 24 日，中央电视台联合山西、广东、广西、北京、江苏、黑龙江、上海、陕西、大连、安徽、天津、山东等地电视台，在《新闻联播》中推出反映改革开放初期成就的 25 集大型系列报道《改革在你身边》。主创者改变了以往这类报道宣传的老套路，而从老百姓身边的事情入手，讲老百姓挂在嘴边的话题，说老百姓看得到的实惠事儿。报道客观真实地反映了改革开放以来国家、社会和人民物质生活和精神面貌的巨大变化。节目播出后，受到社会各界的广泛好评。《改革在你身边》把电视系列报道推向了一个高潮，此后各地电视屏幕上相继出现了一批平易近人、易为观众接受的反映成就的系列报道，譬如上海电视台的 8 集系列报道《橱商十年话改革》和浙江电视台的 10 集系列报道《浙江工业企业在困境中前进》等。

电视系列报道的又一个高潮是反映新中国成立 40 年成就的《弹指一挥间》，这也是电视系列报道从同一主题的每条新闻发展到栏目化、以集为单位播出的开始。《弹指一挥间》从 1989 年 9 月 10 日首播到 11 月 7 日结束，共播出 57 集，180 条新闻，总长 500 余分钟，是中央电视台建台以来消息类电视新闻节目中时间最长、内容最多、反响最大的一次电视系列报道。播出后受到邓小平、江泽民等中央领导同志的赞扬和亿万观众的欢迎，被誉为催人奋进的精神食粮、爱国主义教育的好教材。《弹指一挥间》的成功，标志着中国电视系列报道已经发展到一个新阶段，为此后大型电视系列报道开拓了新领域。

此后，中央电视台每年都配合形势需要，独立或联合地方电视台推出一批电视系列报道，如 1990 年的《看今朝》、1991 年的《祖国大家庭》《共产党人》《振兴之路》、1992 年的《神州万象新》、1993 的《风雨兼程话京九》、1994 的《沧桑巨变》、1995 年的《张家港市精神文明建设》、1996 年的《边疆行》、1997 年的《来自黄河断流的报道》、1998 年的《’98 抗洪系列报道》、1999 年的《南联盟科索沃危机》、2000 年的《安徽省农村税费改革》、2001 年的《新世纪 新中国》《一个活在人民心中的共产党人——记湖南省委原副书记郑培民》《海尔阔步走向世界》、2002 年的《走向辉煌》《关注黑土地》、2003 年的《抢救石缝中的家园》、2004 年的《经典中国》、2005 年的《落实科学发展观》《创新中国》、2006 年的《建设新农村》、2007 年的《喜迎十七大——经典中国 · 辉煌成就行》、2008 年的《经典中国 辉煌三十年》、2009 年的《共和国从这里走来》《北约空袭南联盟》、2010 年的《我的这五年》、2011 年的《走基层》、2012 年《变化 · 十年》《新春走基层》、2013 年的《丝路新发现》、2014 年的《大国工匠》、2015 年的《重读抗战家书》《"一带一路"共建繁荣》《突破结构之困》《改革"最后一公里"观察》、2016 年的《新的改革 新的跨越》、2017 年的《践行新理念　激发新作为》《中国经济的历史跨越》《晒晒我这行》、2018 年的由《还看今朝》《筑梦中国行》《这五年》《我是党代表》《砥砺奋进构筑未来》《十九大时光》六组综合报道组成的十九大系列报道、2019 年的《领航新时代》《履职一年间》等。

全国地方电视台也独立制作了许多系列报道的精品佳作,如河北电视台制作的《燕赵儿女抗洪歌》、辽宁电视台制作的《投资不增,成本不升,效益提高缘何而来?》、大连电视台制作的《劳动力市场有个戚大姐》、山西电视台制作的《山西假酒案》、黑龙江电视台制作的《消失的哈拉海》、北京电视台制作的《守望家园——"三北"生态纪行》、北京电视台制作的《非凡抗击》、内蒙古电视台制作的《党员领导干部的楷模——牛玉儒》、浙江电视台制作的《新长征路上的浙江人》、陕西电视台制作的《决战"109"》、杭州文化广播电视集团制作的《"最美司机"吴斌》、浙江广播电视集团制作的《寻找可游泳的河》、湖南广播电视台制作的《绝对忠诚》《为了人民》等。

三、主要特征

(一)选题的计划性

电视系列报道在播出之前已经有了完整的选题计划。它不是伴随着新闻事件的发生而切入的,而是在新闻事件发生以后,制作方站在一个统观全局的高度,用分析和综合的手段对新闻事件的各个重要方面进行全面的报道。

电视系列报道一般是把深度报道分割成篇幅相近、内容均衡和风格相似的几个部分后,有计划地连续播出,各播出单元之间存在着篇幅、内容和风格上的一致性。由于能够对报道进行整体策划,电视系列报道的布局一般来说比较精致,后一播出单元与前一播出单元很少出现信息上的重复,能够避免因为信息分布不均匀而出现虎头蛇尾的现象。

(二)主题的同一性

主题的同一性是电视系列报道的灵魂,决定着电视系列报道的品质。没有一个深刻的主题,各报道单元内容上的联系便会被削弱,直接影响电视系列报道的宣传目的和效果。

电视系列报道的题材大多具有主题性和思想性,着重通过多次报道突出体现某种主题和思想,反映具有普遍意义的状况或趋势,以引起社会舆论的重视。可以说,电视系列报道是由各集报道贯穿起来的主题性报道。所以,电视系列报道并不限于客观描述具体事件的现状,也不满足于单纯揭示具体事件的发展变化,而是通过对具体事件的叙述和议论,达到宣传某种主题和思想的目的。

(三)信息的密集性

电视系列报道就整体来说,同样具有信息广博和密集的特点。电视系列报道各集之间主要是横向的、空间上的联系,但每个报道本身又要注意纵向的开掘,用新的视角开掘和整理过去的事实,从而提炼出新的信息。

电视系列报道由于各报道单元之间没有明显的承上启下的关系,有时改变播出顺序也不会影响人们对报道主题的理解。

电视系列报道的内容多为非事件性新闻,报道的领域具有广泛性、日常性。其新闻价值持续时间长、影响力大,因此是常见的电视节目类型。

(四)传播的系统性

从表面上看,电视系列报道中的每一篇都是独立成章的,是围绕同一主题进行的多角度、多侧面的报道,因此播出的顺序安排可以根据需要进行调整。但实际上,电视系列报道都经过精心的谋篇布局,由主题、题材和内容等元素构成了整体报道的系统性和完整性。

第五节　电视专题报道>>>

一、定义

电视专题报道,是以现代电子技术为传播手段,以图像、声音、文字等为传播符号,对新近或正在发生和发现的事件进行单篇专题式深度报道的新闻类电视节目形态。

早期的电视新闻节目只有新闻片和专题片两种形态,前者是消息,是对新闻事件作简短、快速的报道,后者是用专题的形式对新闻事件作详尽而深入的报道,又称新闻专题。当电视发展到栏目化阶段,涌现出一批可作专题报道的新闻性栏目,就有了电视专题报道的称谓,它更强调专题报道作为节目形态的存在。

二、源流

(一)导入期(1958—1979)

中国电视史上第一个电视专题报道,是1958年10月1日,北京电视台记者摄制的新闻纪录片《首都庆祝建国九周年》,片长20分钟,内容是把首都各个点的重要庆祝活动报道汇总成专题。“据不完全统计,从1958年到20世纪70年代末,仅北京电视台新闻部拍摄的专题纪录片就将近500部(集)。”①

早期的电视专题报道除使用16毫米胶片外,与使用35毫米胶片的电影新闻纪录片在观念和创作手法上基本一致:电视专题报道一方面继承了电影新闻纪录片端庄、严谨、规范、干净等特点,另一方面也带有电影新闻纪录片面面俱到、千篇一律等程式化弊端。为了追求艺术效果,补拍、摆拍甚至导演,是电视专题报道经常采用的方法,并且报道面过于狭窄,几乎都是成就性报道,几乎没有社会新闻和批评报道。

尽管有各种各样的局限,但早期的电视专题报道仍然真实地记录了许多重大历史事件。譬如:1964年12月21日至1965年1月4日,第三届全国人民代表大会第一次会议举行;1964年10月16日,中国第一颗原子弹爆炸成功;1965年5月14日,第二颗原子弹爆炸成功;对新疆和西藏建设成就的专题报道;对王杰、焦裕禄、王进喜、郭凤莲等英雄模范的专题报道等。

除自己采制的电视专题报道以外,北京电视台还编辑了大量源自国外通讯社的电视专题报道,譬如20世纪60年代北京电视台播出的《美帝在越南的暴行》《斗争中的多米尼加人民》《美国黑人在觉醒》《五洲震荡风雷激》等。

(二)成长期(1980—2002)

进入20世纪80年代,中央电视台和地方电视台改进了摄录和编辑系统。电子新闻采集系统、现场制作设备、电子编辑设备的采用,改变了过去那种主要使用胶片的单一手段,电视专题报道逐渐摆脱电影新闻纪录片制作模式的影响,电视独有的现场感、参与性、兼容性等特点在实践中被探索应用。

中国革命的光荣历史,改革开放的伟大成就,社会主义现代化建设中涌现的新人、新事、新风尚、新成就等,都是电视专题报道的重要题材,如展现中国人民解放军60年历史

① 何苏六.中国电视纪录片史论[M].北京:中国传媒大学出版社,2005:15.

风云和光辉成绩的《让历史告诉未来》（中央电视台）、为配合党的十三大召开而制作的《改革——希望之光》（中央电视台）、介绍为祖国的气象事业贡献毕生精力的《知识分子的优秀代表——雷雨顺》（中央电视台）、反映山东牟平县宁海镇西关村搞活经济走上富裕之路的《渤海岸边的一颗明珠》（山东电视台）、反映中年知识分子先进代表李桂莲为改变贵州山区落后面貌而忘我工作的《江水河畔女财神》（贵州电视台）等。

1986 年 9 月，中央电视台播出了由中央电视台专题部摄影记者傅思和中国国际广播电台记者计三猛采制的关于六届全国人大审议《企业破产法》的电视专题报道《六届全国人大常委会第十七次会议采访纪实》。这是中华人民共和国成立后，新闻媒体第一次详细报道国家最高权力机关民主立法的讨论过程。

两位记者用22 盘录像带记录了 50 多位委员发言的同期声素材。委员们从更广阔的角度看问题，从各个侧面提出问题。他们既全力推动经济改革的进程，又热切要求民主政治的进步。1986 年 12 月，六届全国人大常委会第十八次会议批准试行修改过的《企业破产法》。这一电视专题报道既是一次关于改革的报道，又是一次对报道的改革，在中国电视新闻史上留下了浓墨重彩的一笔。

1987 年两会期间，中央电视台以最快的速度播出了 8 场记者招待会和中国领导人会见人大代表、政协委员、记者的实况电视专题报道。这种打破常规的做法在中国电视新闻史上也是第一次，在新闻界产生了广泛而深远的影响。

（三）成熟期（2003—）

20 世纪末 90 年代初，以中央电视台《焦点访谈》为代表的一大批以深度报道见长的电视栏目播出了大量专题报道，标志着中国电视专题报道的发展进入成熟期。

譬如，《焦点访谈》播出的《重庆针织厂破产一年半——对一起企业破产的报道》和《难圆绿色梦》就是典型的电视专题报道。前者在题目中就直接点明是对一起企业破产的报道。后者在 1996 年度中国广播电视新闻奖评比时，报送的是新闻评论奖，结果却得了新闻专题一等奖。该节目的主创人员解释说，他们只是充分发挥了电视新闻评论的特点，始终不脱离具体的事实，而观众也喜欢事实的报道，不喜欢媒体评头品足。从获奖情况也不难看出，这期节目确实发挥了电视直观形象的叙事特点，淡化了评论特质。

再譬如，2007 年 11 月 6 日至 8 日，中央电视台播出了 3 集系列专题报道《纪录中国》，以此纪念中华全国新闻工作者协会成立 70 周年和新中国第 8 个记者节。该片以严谨的态度和独特的视角，带领观众走进了中国革命新闻事业不同寻常的历史，用无可辩驳的事实阐释了新闻事业始终是中国共产党领导的中国革命事业的重要组成部分。《纪录中国》以重大新闻事件的先后顺序为经，以不同时代著名记者的活动为纬，选取五四运动以后中国共产党领导下的新闻事业的艰难初创、新中国成立后中国共产党领导下的新闻事业空前发展、改革开放以来中国共产党领导下的新闻事业兴旺繁荣三个重要历史阶段,对中国新闻事业的发展脉络进行了系统梳理,对中国共产党根据不同历史任务所制定的新闻政策进行了精准阐释,对新闻工作在革命进程中所起的重要作用进行了客观总结,这在电视作品中,还是第一次。①

三、主要特征

(一)题材的重要性

与电视消息题材面广泛不同,电视专题报道的题材需要精选。抓准题材,不仅指重大题材,也指人们关心的热门话题和人们实际生活中迫切需要解决的问题。正确判断和选择题材,需要记者有较高的新闻业务水平,善于发现,能从看似平常的事物中,挖掘出有重大价值的新闻。电视专题报道的题材注意要有社会性和群众性,主题要有思想性和导向性。

对题材是否重大的认定,可以从两个方面来考察:一是新闻事件本身的影响面比较大,关注的人很多。如2000年12月,韩朝离散家属的第二次会面经过两国领导人的会晤终于确定。这次会面对于韩朝离散了50年的众多家庭来说,无疑是一个重大新闻事件;对于推动世界局势走向和平来说,无疑也是一个重要的契机。这是一个典型的重大题材,中央电视台以《重逢——韩朝离散家属》为题进行了报道,并毫无争议地获得了中国广播电视新闻奖2000年度电视新闻专题一等奖。二是虽然新闻事件属于局部性的,直接影响不大,但意义重大,对全局有借鉴价值。如江西电视台2003年做过一期电视专题报道《“双汇风波”始末》。河南“双汇”品牌冷鲜肉进入江西南昌市后,遭到南昌市商贸委和市肉品稽查大队的封查和处罚,直到南昌市政府介入,这场历时两个多月的风波才得以化解。事件虽然只涉及南昌一地,但在全国大力推进统一开放、公平竞争的市场经济的大背景下,“双汇”风波背后地方保护主义的危害却是非常值得其他地区警觉的,这正是节目的重大意义。

(二)内容的深度性

电视专题报道是单篇式电视深度报道的重要形态之一,是电视消息的延伸和拓展,

① 孙金岭,张晓明.一部爱国主义教育的生动教材:专题片《纪录中国》观后感[N].人民日报,2007-11-10.

具体表现在：(1)报道时间的延伸。根据2003年度中国广播电视政府奖评选拟定的标准，电视短消息时长在1分30秒以内，电视长消息在1分30秒至4分钟之间，而电视专题报道可以达到20分钟，信息容量更大。[①] (2)报道内容的延伸。电视专题报道不是加长版的电视消息，而是电视消息的深化，能够在提供简单信息的同时，进一步提供原因、过程、结果和意义等复杂信息。(3)传播形式的延伸。电视专题报道通常在固定新闻栏目中播出，有时也可作为特别报道节目播出。

电视专题报道强调深度，内容全面、详尽而深刻。它不是简单地介绍事件的经过或结果，而是多角度、多层次地展现新闻事件的相关背景，使观众了解新闻事件的来龙去脉、前因后果和现象背后的本质。总体说来，衡量电视专题报道一般从深度、高度和广度三个方面来考察：深度是对事物原因规律方面的把握，高度是对事物意义价值方面的把握，广度是对事物相关因素的把握。

电视专题报道可以从电视消息中选取有价值、有影响的素材，增加背景资料，补充相关事实，对内容进行横向的扩展和纵向的挖掘，将其置于整个社会大环境和历史发展中进行审视，从而体现深度性。

(三)报道的时宜性

电视专题报道不仅要报道真实、确定的事件、时间、地点、人物和过程，还要报道必须待事物发展到一定阶段才能逐步显现出来并被人们认知的原因、结果、影响、意义和走势，这就需要经过一个深入挖掘和理性分析的过程。因此，与电视消息相比，电视专题报道的时效性要弱一些，更讲求时宜性。

电视专题报道的时宜性不仅表现在记者对事物发展进程的先知先觉和总体把握上，也体现在其政治敏感、全局意识和对事物的认知上。1998—2002年，黑龙江省累计投入250亿元实施粮食保护价收购，对种植业进行补贴。然而，巨额的补贴却被消耗在中间环节，在省财政资金捉襟见肘的同时，农民的收入持续减少，种植面积持续下降。不改革没有出路，2003年1月，中央电视台农村工作会议提出，将“三农”问题作为全党工作的重中之重。2003年3月，黑龙江省开始实施改革，逐步取消粮食保护价收购，把给农民的间接补贴调整为直接补贴，但这就意味着粮食部门将损失巨大的利益。因而在省里召开的粮改会议上，省政府领导的讲话受到“粮食人”的冷遇，破天荒地连一次掌声都没有。面对这场注定不平静的改革，黑龙江电视台记者感到了记录改革过程的社会意义和价值。他们确定了8个县的近20家粮食企业为采访对象，并选取相关地区的50多位农民进行了

---

① 江欧利.中国广播电视新闻奖2003年度新闻佳作赏析[M].北京：新华出版社，2005：471.

近一年的全面跟踪采访。2003 年 12 月 22 日,黑龙江电视台播出了《艰难的“粮改”》,对粮改第一年进行全面分析和总结,深刻揭示了粮改过程的种种矛盾和阻力,上至省级领导,下至普通农民,在社会各界和各阶层中都引起了很大反响。

(四)表现的多元性

电视专题报道应根据主题的需要,运用多种表现方法和播出方式,尽可能鲜明、生动地传达主题思想。电视专题报道在力求图像、解说和同期声完美结合的同时,要适当采用字幕、特技、动画和音乐等视听元素,增强节目的感染力。

电视专题报道承载着深度报道的大题材和大容量,有很强的现实针对性,采摄制作时间也较电视消息报道长,因此需要有完整的构思,在采编播各环节上要更加充分地运用各种结构方式,在画面编辑上也要更精致些。总之,电视专题报道要求节目内容与形式的完美结合。

第六节 电视新闻调查>>>

一、定义

电视新闻调查,是以现代电子技术为传播手段,以图像、声音、文字等为传播符号,对一些人或组织未知的事实真相进行单篇调查式深度报道的新闻类电视节目形态。

中国电视新闻调查节目形态是西方调查报道理论与中国电视新闻实践结合的产物,在内容和形式上都是对西方新闻界传统的揭丑型调查报道的拓展和扬弃。其调查内容除追踪某一特定罪犯或揭露丑闻黑幕外,还可以系统地调查研究政府机构、公司企业以及整个社会体制中存在的问题和缺陷。调查的手段可以为秘密探访,也可以通过搜集公开的资料文件,对其加以组织、归纳和分析,从中发现问题,促进社会发展。

一些电视记者将电视新闻调查等同于电视深度报道,这是没有理解电视新闻调查核心和内涵的表现。一些电视媒体更是动辄将节目命名为电视新闻调查,这种做法不利用电视新闻调查的发展。

电视新闻调查节目形态的优势主要表现在证据确凿、直观生动、可信度高、影响力强等方面,劣势主要表现在采访取证难、影像制约大、制作成本高、连续报道少等方面。

从不同的角度,电视新闻调查节目形态有不同的分类方法:按照调查内容,可分为人物类、事件类、主题类等三种形态；按照调查目的，可分为揭露性、揭示性等两种形态；按照调查方式，可分为探访式、记录式、访谈式等三种形态。

二、源流

（一）导入期（1980—1993）

中央电视台 1980 年 7 月 12 日开播的《观察与思考》虽被公认为中国电视新闻评论节目的鼻祖，但其中不少节目都具有电视新闻调查的品质，如《北京居民为什么吃菜难》《包产到户之后》等。1988 年 7 月由《观察与思考》与《社会瞭望》合并后组建的《观察思考》，虽然产量屈指可数，但采制了一些更具有新闻调查品质的节目。

《观察思考》1992 年 9 月 6 日播出了一篇令人难忘的新闻调查《迟发的报道》。它是围绕一个被开除女工与企业领导之间的纠纷展开的。记者最初打算把此事当作企业负责人加快用人制度改革的典型事例报道，但当调查深入下去以后，他们发现事实与厂方宣传有很大出入，当他们再想深入调查时，盛情款待就变成了威胁和阻挠。尽管如此，《观察思考》先后派出了四批记者，经过八个月的艰苦调查，冲破了重重阻力，终于揭开了事实真相，完成了这篇出色的新闻调查。

（二）成长期（1994—2002）

随着 1994 年中央电视台《焦点访谈》的开播，电视新闻调查节目步入成长期。《焦点访谈》使用个案访谈的调查方式，以单一事件报道加简单评论的方式结构节目。“如果把《焦点访谈》的调查手段看作是社会调查的一种的话，它的确运用了各种经典方法：比如观察，包括公开的与隐蔽的、探索式的与验证式的；访问，以个别访谈为主；搜集资料，以及对资料的查证和比对；体验，包括介入式与非介入式的。”①

自开播以来，《焦点访谈》播出的《雄县追车记》《惜哉，文化！》《管文物还是吃文物》《仓储粮是怎样发霉的？》等千余期具有新闻调查品质的节目，基本上经受住了当事人的质疑、有关部门的调查、司法部门的检验。

1994 年 6 月 19 日，《焦点访谈》播出了《沉重的棉花》，对国内棉花市场上掺杂使假的现象做了报道。国务院据此展开了全国范围的棉花市场专项整顿。《焦点访谈》又对这次整顿进行了追踪报道，分别在 8 月 5 日和 10 月 10 日播出了《让棉花不再沉重》和

---

① 上海文广新闻传媒集团节目研发中心. 黄金制造：十五位电视制作人访谈[M]. 上海：上海人民出版社，2008：61-62.

《收棉季节再访棉区》。后一个节目播出时,正值国务院召开棉花收购工作会议,恰好为有关部门决策提供了最新的情况参考。

1998年11月12日,《焦点访谈》播出的《粮食“满仓”的真相》更是一篇典型的新闻调查。1998年5月22日,时任国务院总理朱镕基前往安徽省南陵县视察时,在鹅岭粮站看到了粮食满仓的情景。但朱镕基总理走后,《焦点访谈》就收到群众举报,声称其中有假。《焦点访谈》记者迅速赶到南陵。先通过暗访的手段,获知事实真相:粮仓不满。因此,粮食满仓有假便是千真万确的了。那么,他们欺骗总理的目的又是什么呢?在记者的一再追问下,当地领导承认,是为了面子。按说,这个官僚主义的理由是可以搪塞过去的。然而,记者却敏锐地发现与事实不符,问题背后有大文章。最终,由于记者的穷追不舍,当地官员终于承认,由于当地未按政府规定以保护价收购粮食,而是压低粮价,导致农民不愿卖粮,造成粮仓不满。在总理视察前夕,他们就从其他粮站急调了1031吨粮食以掩盖真相。这样,随着记者层层深入的调查,整个事件的全貌就一步一步清晰地呈现在观众面前了。

尽管有《焦点访谈》这样优秀的代表,中国的电视新闻调查节目仍然有拓展与创新空间:其一,《焦点访谈》在时长上只有十几分钟,记者在调查中记录下来的曲折过程、生动细节、丰富场景、鲜活形象,很难在这么短的时间内充分展现出来;其二,节目制作周期相对较短,前期拍摄和后期剪辑中的专业水准仍有较大提升空间;其三,对复杂事件的调查,需要有更加理性的态度和科学的手段,以呈现出事件的真相。

在《焦点访谈》开播两年之后的1996年5月17日,《新闻调查》在中央电视台第一套节目开播。该栏目被视为“继《东方时空》《焦点访谈》之后,央视新闻改革第三阶段重要标志”①,同时也正如中央电视台原台长杨伟光所言:“创办《新闻调查》是中央电视台成为国际大台的必然需要。”②

《新闻调查》借鉴调查性纪录片的节目形态,用纪实的方式拍摄,展现对新闻事件的调查过程。栏目的追求就是调查,通俗地讲,就是用“讲述老百姓自己的故事”的手法,报道《焦点访谈》的选题内容。就社会性和新闻性而言,《新闻调查》与《焦点访谈》在选题上有共同之处,都关注在社会转型期出现的具有普遍意义的事件。两者最大的不同之处是:《焦点访谈》的时长只有十几分钟,而《新闻调查》的时长为45分钟。后者是对前者的充实、放大和改造,这就要求《新闻调查》有更大的容量、更多的层次和更多的变化。

《新闻调查》播出的第一期节目为《宏志班》,反映贫困学生的求学和生活状况。主

① 孙玉胜.十年:从改变电视的语态开始[M].北京:生活·读书·新知三联书店,2003:222.

② 杨伟光.新闻改革的可喜收获[J].电视研究,1998(7):3.

创人员采用双机拍摄，记者现场采访、现场评述，对事件进行多角度分析、递进式探究，让人感到既丰富饱满，又入情入理，闪现出理性的光辉。

《新闻调查》的内容始终与中国社会经济发展中出现的问题密不可分。中国正逐步向一个民主和法治国家迈进，而一个民主和法治国家，意味着权力受到有效监督，资源得到有效配置，公民的财产得到应有的保护。在这种环境下，公民对知情权和话语权提出了更高的要求，而这些问题也成为《新闻调查》关注的焦点。

权力监督成为《新闻调查》关注的重要内容，《厦门远华特大走私案》《与神话较量的人》《命运的琴弦》等节目揭开了不同领域存在的腐败现象。《新闻调查》第一个完整具备调查报道品质的节目是《透视运城渗灌工程》，记者独立展开的调查揭露了该工程实质上是一个劳民伤财、坑国害农的形象工程，也首次实现了对滥用公共权力的地级政府的真正监督。《新闻调查》早期制作的节目《西古县村纪事》《大官村里选村官》《红星村的故事》《村官的价格》等关注的是中国农村的民主进程。《新闻调查》还有一些节目带有鲜明的时代特征，报道的新闻事件能给人们的意识和观念带来冲击。譬如：一个医生未经死者家属同意，为抢救病人独自到太平间尸体上偷取眼角膜，引发了法律和道德争议；一个按传统习俗举办婚礼却没有按法律程序领取结婚证的农村新娘状告丈夫强奸等。环保话题是节目关注的另一个焦点。1996—2001 年，《新闻调查》先后五次调查淮河水污染的情况，以及在淮河两岸生活的近两亿民众的饮用水状况。

《新闻调查》还制作了大量访谈式新闻调查节目，取得了良好的传播效果，在一段时间内甚至成为该栏目相对主流的选题方向。

《新闻调查》第一个访谈式新闻调查节目是 1998 年 4 月 17 日播出的《从市长到囚犯》，记者钱刚采访了因受贿罪被判刑 12 年的河南省鹤壁市原市长朱振江。钱刚的提问十分到位，富有思想含量，朱振江的不少回答都被认为是“腐败者的内心独白”。2002 年播出的《贪官胡长清》《与神话较量的人》等访谈式新闻调查节目都为《新闻调查》赢得了良好的口碑。

（三）成熟期（2003—）

2003 年 5 月 1 日，中央电视台新闻频道开播。2003 年 1 月 11 日，大型新闻人物专访节目《面对面》正式开播，而其核心形态正是从《新闻调查》中剥离出去的访谈式新闻调查模式。这个被动的放弃，恰恰从另一个角度使《新闻调查》的定位更加明确和单一。

2003 年 4 月，《新闻调查》明确提出将调查性报道作为栏目发展的终极目标，这样就解决了栏目的核心竞争力问题。此后《阿文的噩梦》《“非典”突袭人民医院》《张润栓的年关》《派出所里的坠楼事件》《无罪的代价》《迟来的正义》《命运的琴弦》《山阴的枪声》

《钟祥投毒案再调查》等产生广泛社会影响的节目相继播出。

从1997年“正在发生的历史,新闻背后的新闻”,到2000年“探寻事实真相”,再到2003年“做真正的调查性报道”,每一次变化都体现着《新闻调查》对调查报道理解的深化——用调查的手法挖掘新闻背后的故事和内幕成为自觉的追求。

但《新闻调查》的转型之路并不平坦,由于媒介生态的变化,栏目几度陷入了英雄无用武之地的尴尬境地。这也契合了《新闻调查》原制片人张洁的判断:“调查性报道是个奢侈品、易碎品,风险比较大。”①尽管如此,作为中国电视新闻调查节目形态的旗舰节目,《新闻调查》仍无愧“是时代的记录者、思索者,它以高度的责任感和时代同行,其新闻专业主义理念的实践,使其选题的重量、思想的分量和整体的质量,在国内的新闻深度报道中无人望其项背,成为中国电视新闻改革进程中的一座里程碑”②。

除《焦点访谈》和《新闻调查》外,中央电视台等国内各级电视媒体也采制了一批颇见功力的电视新闻调查节目。如中央电视台《经济半小时》播出的《矿难后小煤窑在李毅中眼皮下挖煤》《围剿“传销白区”》《致命的电池》《“叫不停”的项目(一)(二)(三)》、中央电视台《法治在线》播出的《洋县高考替考事件调查》《口说无凭》等。

三、主要特征

(一)题材的揭秘性

电视新闻调查的特征是事实真相并非一目了然,需要记者通过调查去挖掘,批评性新闻调查这一特征更为显著。

采访时,记者打交道的采访对象多是些不合作的甚至有敌意的人,因此事先深入采访,掌握材料更为重要。记者在开机前,要深入了解事件背景、成因及其内部错综复杂的关系,努力把握事件的脉络和真相。只有胸中有数,采访调查时才能有的放矢地选准采访对象和问题。

记者要有捕捉社会热点、焦点、难点的敏感性,学会在宏观与微观的结合处做报道。既要做到宏观上有全局的整体把握,又要选择关系全局、反映全局的微观事实作为切入点。

记者要研究观众最关心的问题,研究实际工作中亟待解决的问题,使电视新闻调查能拨动社会上绷得最紧的弦。为此,记者要深入生活、深入实际、深入群众,有针对性地

---

① 张志安.报道如何深入:关于深度报道的精英访谈及经典案例[M].广州:南方日报出版社,2006:14.

② 崔保国.2007年:中国传媒产业发展报告[M].北京:社会科学文献出版社,2007:230.

选择主题。党性和人民性从来都是一致的、统一的,凡是群众高度关注的问题,必然也是党和政府关心的问题。

(二)采访的过程性

成功的电视新闻调查要层次清晰地通过记者的采访来展现调查过程,记者的采访必须有所准备,有的放矢,要做到层次清晰、层层剥笋地展示事实真相。因此,新闻调查成功与否,关键在于采访的成败,因为采访是展示调查的过程。

电视新闻调查是一个寻求真相、寻求结论的过程。观点和结论是随着过程的进展,由观众自己得出的。电视新闻调查的魅力,体现在观众收看节目时被吸引,从而参与其中。观众一旦全身心地收看节目,必然会产生联想和想象。曾有人把观众的这种参与称为二度创作。成功的电视新闻调查必然会吸引观众投入二度创作。电视新闻调查不是以结论为出发点,而是以观众想了解事实真相的渴望为出发点。其结果具有不可预知性,观众看重的是过程的展示,而不是结论。

电视形象化的特点要求记者的采访展现出事实的调查过程,不是将结论灌输给观众,而是让观众看到记者在调查过程中展示的事实,从事实的逻辑中得出自己的结论。这是对新闻本质的尊重与回归。新闻报道手法是客观的,是用事实说话、展现记者调查过程的报道,不带任何主观倾向。采访过程就是调查过程,是记者通过调查来展示事物真相和本质的过程。这样的调查报道因其客观性和真实性而具有令人信服的魅力。它把观众带到事件现场,让观众随着记者一起调查,共同思考,共同感受。现场性极强的电视新闻调查缩短了电视与观众的距离,既符合新闻传播规律,又能充分发挥了电视的优势,因此具有极强的可视性。

(三)质疑的透彻性

电视新闻调查重在通过由表及里的层层剖析,最终揭示事实真相。质疑的透彻性是电视新闻调查的重要特点。

电视新闻调查要层层展示,步步取证,就需要记者下真功夫。问题性电视新闻调查较之正面报道在揭示事实真相时困难更大。一个要揭,一个要捂,面对重重阻力,要求记者有强烈的社会良知,以对公众负责的精神,深入到错综复杂的社会矛盾中,冷静、勇敢地对各种问题做深入透彻的调查。

中国正处在社会转型时期,现实生活中不可避免地存在个别不合理、不正常的问题和现象,如何准确地认识这些问题和现象,如何透过这些问题和现象的表面去探寻事实真相,是记者必须思考的。探寻那些由于各种原因被遮蔽的真相需要有强烈的社会良知和激情。没有社会良知的人往往会被那些表象所蒙蔽,只能蜻蜓点水,触及皮毛,只有那些真正有激情、有良知的记者,才能不断提出质疑,直至探寻到事实真相。

第七节　电视新闻述评>>>

一、定义

电视新闻述评,是针对具有普遍意义的新闻事件、热点话题和社会现象等缘事立论、因事说理的新闻类电视节目形态。

一般来说,电视新闻评述以新闻事件为报道和评析对象,以画面和声音为主要表现手段,以字幕为辅助手段,以记者或主持人的解说、评析为主线,按照事件发展的逻辑顺序来分析和认识事物的规律,将权威人士、专家学者和各界群众的分析议论加以恰当的剪辑组合,在节目结尾处予以画龙点睛式的点评或提炼,视听结合,事理交融,使观众获得事实性信息和意见性信息的双重满足。

在处理述与评的关系上,述是服从和服务于评的。所以要以评带述,以说理文字为节目的骨干,画面和声音可作为评的视听论据和补充。

电视新闻述评与电视专题报道在理论上的划分是清楚的,即电视新闻述评能够深刻地揭示新闻事件的本质,重点表达的是意见性信息;而电视专题报道是对新闻事件做尽可能详尽、深入、系统和全面的报道,着眼于事实性信息的挖掘。

但在实践中,由于题材和内容上的诸多相似性,电视新闻述评与电视专题报道的划分常常莫衷一是,含混不清,给相关从业者带来了诸多困扰。

实际上,电视新闻述评在新闻事件的叙述报道方面并不比电视专题报道逊色,因为电视新闻述评真正的力量“在于新闻报道展示了什么样的事实和以怎样的方式展示事实”①。所以在节目创作实践中,不必拘泥于节目形态学术层面的定义,而应该根据题材和内容的不同,灵活选择表现方式,从而更充分地挖掘事实,更深刻地表达主题。

---

① 蒋为民.辨析电视新闻评论节目的主客观形态[J].现代传播,1999(4):56.

二、源流

（一）导入期(1980—1992)

1980 年 7 月 12 日，中央电视台《观察与思考》正式播出，它不仅标志着中国电视史上第一个电视新闻述评节目的问世，也标志着一种不同于报刊和广播新闻评论的电视新闻评论节目形态的出现。该节目的宗旨是：通过对具有普遍意义或群众关心的事件、问题、人物进行介绍、分析，说明某种道理，引起观众的思考，起到影响舆论和引导舆论的作用。

《观察与思考》播出的第一期节目为《北京居民为什么吃菜难》，由粟于钊任编导，庞啸为节目主持人。节目通过现场拍摄的画面，让观众看到了记者直接采访北京市民和有关领导，并借众人之口分析热点问题，评论新闻事实。这样，《观察与思考》集画面、声音和文字于一体，融纪实性和思辨性于一炉，开始尝试合乎电视传媒特点的新闻评论之路。其后，《观察与思考》连续推出了一批较有影响的节目，如《包产到户之后》《谁是失主》《冯大兴的下场》《一个"不可思议"的企业》等。

《观察与思考》的开播，顺应了观众的收视需求，很快成长为一档品牌节目，收到观众的大量来信，以至于不得不在后来的节目中专门回答观众来信。但由于当时的电视新闻述评还处于尝试阶段，《观察与思考》仍存在以下两点不足：一是节目播出有较大随意性，稳定播出程度不高；二是选题范围有限，有的节目缺乏深度或层次感，样式也比较单调。特别是由于一些选题涉及敏感问题，到 1983 年节目已经难以为继，只好停播。

1985 年，《观察与思考》恢复播出，重点放在经济领域，紧扣时代脉搏，其中比较有影响的节目有《菜篮子里看改革》《鸟是怎样起飞的》《小纽扣和大市场》等。

1988 年 7 月，为了进一步加强电视新闻述评，中央电视台重新组建评论组，划归总编室领导，将《社会瞭望》与《观察与思考》合并，充实加强评论组力量。1988 年 11 月 13 日新节目《观察思考》正式播出，时间固定在每周日晚上 19 时 49 分，时长 20 分钟，并设立了固定的主持人肖晓琳，节目的风格和包装也相对稳定，以培养较为固定的收视群体。

《观察思考》从开播到 1994 年 3 月 27 日停播，在 5 年多的时间内，共播出节目 260 期，其中不乏精品力作。该节目既关注新近发生的新闻事件，又重视配合重大节日和纪念日的宣传；既突出社会上的热点、焦点、疑点，又抓住与百姓密切相关、在社会上引起共鸣的问题。在表达方式上，该节目采用记者现场采访与即兴评点、主持人演播室评论相结合的方式，既增加了电视新闻述评的纪实性，又强化了报道与评论的融合性。

1989 年 8 月，中央电视台新闻中心成立，评论组划归新闻中心。此后，评论组加强了编辑部意识,既注意发挥记者的主动性和创造性,又注意发挥团队的智慧,定期进行节目观摩和业务探讨,使节目质量不断提高,涌现出一批较有深度的优秀节目,如《凝聚力之谜》《丰碑的启示》《对一起热水器事故的调查》等。

从20世纪80年代末到90年代初,不少省市级电视台也相继推出了一批各具特色的新闻述评节目,如福建电视台的《记者观察》、安徽电视台的《社会之窗》、上海电视台的《新闻透视》、广东电视台的《社会聚焦》、北京电视台的《18分钟新闻·社会》《BTV夜话》、山西电视台的《记者新观察》、深圳电视台的《一周述评》和湖南电视台的《焦点》等。

上海电视台的《新闻透视》开办于1987年7月5日,时长30分钟。从第一期开始,《新闻透视》便以弘扬正气、针砭时弊的报道宗旨,快速、敏锐、简洁和泼辣的报道作风,成为上海电视台的品牌节目,并与久负盛名的综艺节目《大世界》和《大舞台》一起,成为上海观众最欢迎的上海电视台三大自办节目之一。[①] 北京电视台的《18分钟新闻·社会》较为关注纪实风格、思辨色彩的融合和隐性采访的应用,《BTV夜话》则常用演播室访谈或座谈的方式编排节目。

这些节目的尝试为后来电视新闻述评的繁荣提供了十分宝贵的经验,涌现出许多优秀的电视新闻述评,如浙江电视台的《桐乡"粪桶事件"留给我们的启示》(1990)、陕西电视台的《评评假冒伪劣商品》(1990)、广东电视台的《刑场上枪声留下的警示》(1991)、浙江电视台和绍兴电视台的《让我们伸出双手》(1992)等。这些作品均从多层面和多侧面反映现实生活,以丰富的内涵和广阔的视野将电视新闻述评的社会功能拓展到更为深广的领域,有效地发挥了舆论监督的作用。

在同一时期,一些关于国际问题的电视新闻述评节目也相继出现,如中央电视台的《今日世界》、上海电视台的《国际瞭望》和广东电视台的《国际纵横》等。这些节目对新近发生的重要国际新闻事件进行综合报道,对新闻事件的前因后果进行评论。

(二)成长期(1993—1998)

1992年春天,中国掀起新一轮改革开放的高潮,各个领域的改革进一步走向深入。此时,中国电视新闻节目新一轮改革呼之欲出。1993年5月1日,中央电视台推出了大型早间新闻杂志栏目《东方时空》,其中《焦点时刻》版块继承并吸收了此前《观察思考》等节目的经验,以热点追踪与分析阐释相结合的特点和时事述评,吸引了全国观众的关注。1993年5月10日,中央电视台《一丹话题》栏目开播,这是中国第一个以主持人名字命名的电视新闻述评节目,而主持人敬一丹以及此前已具有一定知名度的安徽电视台记

---

① 叶子.电视深度报道的节目形态[J].现代传播,1991(1):52.

者汪清等人则成为中国最早一批集采编播于一身的具有鲜明个性特征的电视述评节目主持人。

1994年4月1日,中央电视台新闻评论部创办的《焦点访谈》开播。这是一档以深度报道为主,以舆论监督见长的电视新闻述评节目,每天19时38分在中央电视台第一套节目播出,每期13分钟。《焦点访谈》的宣传语开播时为"时事追踪报道、新闻背景分析、社会热点透视、大众话题评说"。2000年4月1日调整为"用事实说话",体现了节目定位的变化。《焦点访谈》创造性地提出了"政府重视、群众关心、普遍存在"[①]的选题标准三原则,采用演播式主持与现场采访相结合的结构方式,述与评相辅相成。

《焦点访谈》的第一期节目是由张恒主持、戴明编导的《1994国债发行第一天》,报道了1994年度国库券发行的情况、有关人士的评说和群众的反映。节目开播的第二天就得到了来自各方面的好评。《人民日报》在1994年4月2日的《今日谈》专栏中,发表署名文章《〈焦点访谈〉开了个好头》。之后,《焦点访谈》又趁势推出了一系列有社会影响力的新闻述评,受到了广大观众的欢迎。《焦点访谈》播出的第一期舆论监督类电视新闻述评是《北京郊区——耕地上修起的一座坟茔》(1994年4月)。节目播出后,国家有关部委迅速派出调查组前往查处,这一做法为《焦点访谈》以后的创作提供了更为广阔的空间,并探索出了较为成熟的节目形态。舆论监督逐渐成为《焦点访谈》最突出的节目特色。在开播后的第一个月,《焦点访谈》就播出了《价格没谱 质量没准——谁来管服装》《金奖的困惑》等多期舆论监督类电视新闻述评,节目内容涉及工业、教育、廉政建设、社会保障等诸多方面。

《焦点访谈》的舆论监督推动了中国的改革开放和民主法制进程,为政府决策提供了依据。1997年,中央政治局委员以上领导人对《焦点访谈》等节目的批示有63次,1998年达73次,其中江泽民10次,朱镕基10次,李岚清18次。[②] "1998年成为《焦点访谈》的'舆论监督年',那一年,被表述为'舆论监督'的批评性报道达到一个高峰,为历年之最。"[③]2002年,国务院办公厅正式开设了《焦点访谈》节目督察情况反馈机制,就中央领导同志每一次对《焦点访谈》节目作出的批示以及批示后的督察情况进行跟踪反馈。有专家将上述机制视为"新闻史上具有重要意义的举措"[④]。2003年4月1日,《焦点访谈》播出《竣工水库漏洞百出》后,时任国务院总理温家宝立即打电话给国务院有关部门,要

---

① 唐世鼎.中央电视台的第一与变迁(1958—2003)[M].北京:东方出版社,2003:28.

② 杨伟光,吕岩梅.从容"切换"人生精彩 激情"插播"事业华章——杨伟光纵论电视人生(上)[J].现代传播,2004(4):18.

③ 郭镇之.中外广播电视史[M].上海:复旦大学出版社,2005:291.

④ 孙玉胜.十年:从改变电视的语态开始[M].北京:生活·读书·新知三联书店,2003:27.

求尽快解决,并表示新一届政府将会和上一届政府一样,继续支持《焦点访谈》的舆论监督报道,希望《焦点访谈》越办越好。[①] 2006 年 5 月 12 日,《焦点访谈》播出《藕断丝连的"官煤勾结"》,报道了重庆市开县温泉镇大堰联营煤矿官股存在明退暗不退的情况。节目播出后,温家宝总理 5 月 15 日批示:"请监察部和安监总局查处。"[②]

《焦点访谈》以深度报道为主,以舆论监督见长,是中国新闻界开展舆论监督的典范之一,曾先后得到三任国务院总理的题词和赠言:1997 年 12 月 29 日,李鹏视察中央电视台时题词为"焦点访谈,表扬先进,批评落后,伸张正义";1998 年 10 月 7 日,朱镕基专程来到中央电视台,与《焦点访谈》编辑记者座谈,并郑重赠言"舆论监督,群众喉舌,政府镜鉴,改革尖兵";2003 年 8 月 26 日,温家宝视察中央电视台,在《焦点访谈》演播室赠言"与祖国同在,与人民同行,与世界同步,与时代同进"。

纵观中国电视新闻节目的发展历程,《焦点访谈》树立政府威信,赢得群众信任,成为迄今为止新闻舆论监督力度最强、影响最大和效果最好的电视新闻节目之一。它不仅为自身及同类节目的发展探索了一种成功的运作模式,也为在中国现阶段国情下如何有效而正确地开展电视新闻舆论监督,提供了很好的范例。

继中央电视台之后,全国各省市级电视台纷纷成立自己的新闻评论部,改版或开设与《焦点访谈》同形态的电视新闻述评节目,其中与《焦点访谈》同年开播的新闻述评节目有辽宁电视台的《新闻观察》、南京电视台的《社会大广角》、黑龙江电视台的《今日话题》、吉林电视台的《八点纪实》、四川电视台的《今晚十分》、江苏有线电视台的《公众视线》、云南电视台的《今日话题》、福建东南电视台的《东南纪实》、浙江电视台的《黄金时段》、深圳电视台的《今日视点》等。

为了进一步加强广播电视新闻述评工作,中宣部和广电部于 1995 年联合发文,统一要求各省级电视台成立新闻评论部。此举推动了电视新闻述评的大发展大繁荣,各地更多的新闻述评节目涌现出来。如江苏电视台的《大写真》、北京电视台的《今日话题》、福建电视台的《新闻观察》、福建有线电视台的《视点》、湖南电视台的《新闻观察》、南昌电视台的《今日视点》、上海有线电视台的《百姓话题》等。

(三)成熟期(1999—)

经过不断实践,不论是中央电视台的《焦点访谈》,还是其他电视台的新闻述评节目,报道手法越来越规范,越来越成熟。但与此同时,《焦点访谈》节目形态的局限性也日益

① 郭镇之.中外广播电视史[M].上海:复旦大学出版社,2005:293.

② 中国广播电视年鉴编辑委员会.中国广播电视年鉴(2007)[M].北京:中国广播电视年鉴社,2007:7.

显露出来，如纯粹依靠“事实”画面、主持人在节目头尾说些诸如“值得我们深思”之类的套话式新闻述评，已经不能适应一些更有深度的题材和内容的要求了。而当《焦点访谈》这种节目形态在全国普及之时，也是这种节目形态被过度使用和走下坡路之日。

于是，中国电视新闻述评进入了“后《焦点访谈》时代”，新的电视新闻述评节目形态出现。譬如，北京电视台1999年4月4日开播的《第七日》，针对一周重要的、有趣的和值得关注的新闻进行集纳和评点，以全新的视角、独特的编辑思想和编辑手法，将新闻进行二次传播，形成多信息、多角度、有深度的栏目风格。《第七日》根植于普通百姓的生活，在北京人中间极具亲和力，播出伊始，便以鲜明的特点赢得了观众的认可。主持人元元充满智慧而又不失幽默的点评，一时间成为不少北京人评判身边大事小情的依据，甚至在一定程度上影响着北京人的生活。

2003年5月1日，中央电视台新闻频道推出新闻述评节目《央视论坛》。这是中央电视台唯一以“央视”命名的新闻述评节目。该节目不采集新闻，而是对各种媒体提供的新闻事实中最引人注目、最具谈论空间的内容进行评论、分析和解读。在新闻频道中，它的功能相当于平面媒体的时评或评论员文章。如果用一句话来概括这个节目的宗旨，那就是“透过现象说本质”。然而，在具体操作过程中，这一宗旨未能得到很好的贯彻执行，主要表现在本台评论员的实质性缺位、述的成分远远大于评的成分、政策解读取代了思想交流等。2006年6月，随着中央电视台新闻频道节目改版，《央视论坛》停播。

2008年3月24日，中央电视台新闻频道又推出一档全新的新闻述评节目《新闻1+1》，周一至周五22时至22时30分播出。该节目通过一位主持人与一位新闻观察员在演播室展开双人谈话的方式，向观众展现当天新闻事件全貌、揭示事实真相，并对当天某一新闻事件进行深度观察、分析和评论。节目播出后，有关奥运与政治、西方媒体偏见、东航返航事件等一系列敏感热点话题的评析都引起了广泛的关注。2011年8月1日，《新闻1+1》全新改版亮相。节目在形态上寻求突破，由主持人与评论员的一对一谈话模式，改为由主持人承担评论员职能，对新闻热点展开个性化的评论与报道。

2013年1月1日，已经播出19年的《焦点访谈》首次改版，新主持人劳春燕在当天的节目中开门见山地点明改版的内容：“我们的包装和以前不一样了，节目时间比以前长了，内容也增多了。”从当天播出的节目来看，除增加时长为17分钟外，主持人劳春燕全程站立播报，节目中还加入了白岩松、杨禹两位评论员。除内容外，节目形式也有所创新，如以歌曲《常回家看看》作为背景音乐烘托敬老主题，用新闻漫画形象地解说新的交通法规等。

2016年3月20日，中央电视台新闻述评节目《中国舆论场》在中文国际频道首播。该节目通过大数据分析全媒体平台的舆论热点，并通过全媒体模式带动全民参与话题讨论。节目与央视网联合推出"中国舆论场指数",实时关注和盘点全网热点话题。每期节目请嘉宾现场分析和解读"中国舆论场指数"上榜话题,同时就不同话题采访政府部门管理人员和相关领域专家,及时回应事件的疑点和焦点。首期节目围绕"人类应如何驾驭人工智能?""网约车路在何方?""号贩子如何整治?"等话题,邀请四位嘉宾参与讨论,并设立虚拟观众席,引导观众使用智能手机实时发表评论。

三、主要特征

(一)论点点评化

论点在电视新闻述评中处于主导地位,肩负着集中、确切地概括对于事物的基本看法的任务,起着维系和统领所有述评元素的作用。同报刊、广播相区别,电视新闻述评的论点一般比较集中,由总论点统领若干论证层次。电视新闻述评的论点通常是立片言以居要,由主持人点评实现的。这种点评或在片首,开宗名义,提出看法和主张;或在片尾,简要精辟地归纳总结,得出明确的结论。所以说,主持人点评在电视新闻述评中担负着提出和归纳论点的作用,是整个电视新闻述评的点睛之笔。既然电视新闻述评的论点大都出自主持人的口播,又承担着揭示事物本质和提纲挈领的任务,因此,语言要求鲜明正确、流畅自然、通俗易懂、平易近人。

在一期《焦点访谈·"罚"要依法》节目中,曝光了309国道上乱收费的民警在罚款时"20""再来20""40"的吆喝,真实地记录了执法者知法犯法的丑行,而节目中间及结尾处插入的"文明路段"标语,"有困难找警察""视人民如父母"的宣传牌,与这些人的言行形成了鲜明的对比。主持人的点评更精彩:"法律是有尊严的,我们相信,每一个司机在出车的时候,都应该考虑到自己要严格遵守这些交通法规。因为只有这样,才是对自己,也是对他人生命的最好的保护。同时,法律也要求执法者必须遵守这些法律。执法者必须先遵守,这是公正、严格执行法律的一个最基本的前提。"主持人通过点评提出的这一论点,使采访报道成了论据,被包裹在一个展开的论证里。

(二)论据形象化

电视传播符号的形象化,决定了论据表达的形象化。论据形象化是电视新闻述评"述"的要求,也是电视新闻述评"评"的优势。论据一般分为意见性论据和事实性论据两种。意见性论据由专家学者和权威人士访谈出具,再由字幕、图表、音响、特技等加以凸显,这就具备了形象的可视性。事实性论据主要是现实中存在的客观事实,具有客观性和确定性，本身就适宜画面展示和形象表现。通过画面和声音，可以直接再现事物和场景，展现其发生和发展的过程，让人感同身受，赋予论据以强烈的视听冲击力。这种形象化论据给述评本身增强了说服力和吸引力。

《焦点访谈》播出的《想要通知书 先拿十万来》成功地体现了电视新闻述评论据形象化的特点。节目报道了在2004年高考招生中，北京航空航天大学下属北航天宏科技有限公司，向达到录取分数线的广西考生索取巨款，不交钱就不发录取通知书的事件。节目展示了丰富的现场第一手材料，如考生家长与北航招生负责人多次交涉的电话录音、手机短信，收取了考生家长的钱准备存入账户的招生人员被警方包围抓捕的画面，还有广西招生联络人被警方传唤的画面，从工作证上可以看出他是北京航空航天大学计算机学院的教授，还是北航天宏科技有限公司的经理。再如，节目多次对考生的母亲进行了访谈。画面中母亲的无奈和不平，只能让考了高分的孩子复读的辛酸，相当震撼人心。直观而形象的现场画面和必要的背景交代，有很强的感染力。

在论据形象化展示中，同样要重视论据的典型性。记者或主持人对事实和现象的观点和评论通常体现在论据素材选择的典型性上。典型性论据要能充分表达述评的思想和观点，因为它是论据形象化的基础。通过现场采访来获取材料与观点是提供论据的重要方式。在电视新闻述评中，采访的目的就是获得能作为论据的材料和作为论点的语言，即传递的是意见性信息，后期编辑制作时也要以此为标准严格精选。

（三）论证群体化

论证群体化是指各方面人士共同参与论证。电视新闻述评既有记者或主持人的论证，也有专家学者的论证，还有公众的论证。论证的群体是由记者或主持人、专家学者和公众三方面构成的。后两方面的论证，又都是通过记者或主持人的采访来实现的。

在《焦点访谈·执法的遭遇》中，记者围绕湖南省溆浦县公安局和县公路养路所到底是谁挑起了事端，并动手打人进行调查采访。作为当事者，县公安局对公安民警开着不交养路费的假冒牌照的车辆不以为然，也不承认带枪持械打人报复。记者不仅采访了被打的县公路养路所的工作人员，还多次采访了当时在现场围观的市民，市民的议论十分有力量地将事实真相一一揭开。同时记者采访了县中医院骨科医生，证明了公安民警并没有因为被打住进医院。节目最后言简意赅地归纳出深刻的主题："公安民警开着不交养路费的假冒牌照的车辆，已经是一种违法行为，然而自身不守法，还不服从管理，进而动手打人，这种行为不仅严重侵害了群众的利益，同时也违反了公安部的'五条禁令'。"

让观众参与评论，体现了新的电视新闻传播观念，即把公众作为主体，让观众参与到新闻节目采制中来，使电视与公众有高度的契合关系。电视新闻述评广泛的群众性，要求节目编导自觉地把公众参与纳入自己的创作意识中。公众的参与在屏幕上的体现就是大量展示人际交流,电视新闻述评中诸方面的人士参与论证就体现了这种交流性。

论证的交流性与群体性的优势,使电视新闻述评容易贴近观众心灵,引起共鸣,具有极强的说服力。譬如,《焦点访谈》播出的《铲苗种烟 违法伤农》的成功之处就在于充分发挥了群体评论的优势。节目报道了重庆市巫山县官阳区的某些干部带领下属乡镇干部铲除农民种的庄稼苗圃,强迫农民种烟,为达到目的,甚至殴打农民的事件。节目先以记者对被强迫种烟的村民的现场访问作为典型论据,中间穿插支持种烟的官阳区领导干部对此事的评论,以及反对种烟的村干部对事件的看法,几方面的论据加以印证,最后由演播室主持人作归纳点评,整个节目充分发挥了论证的交流性与群体性的优势。

为使电视新闻述评有深度和力度,在观众参与论证时,应选择好参与对象,既有信息源,又善言谈的人物。他们或是某个方面的专家和权威,或是有代表性的社会知名人士。根据传播内容和意图的需要,恰当地选择交流对象,对传播效果有直接影响。

论证群体化的特点,对前期采访策划和后期编辑也提出了更为严格的要求。电视新闻述评要求逻辑性强,条理清晰。在策划阶段,从哪几方面来述评,要做好总体安排;随着采访的深入,要注意提炼主题思想;在后期制作阶段,要通过剪辑增加评论的条理性,把现场采访、专家讲述、评论员的评说有机地组织在一起,使之形成一个整体。这就要求主创人员紧紧把握主题,把握表现主题的几个方面,注意几个方面的内在联系,按照一定的逻辑关系把几个部分组合起来。

论点、论据、论证各有分工:论点是解决“证明什么”的问题,要求观点鲜明;论据是解决“以何来证明”的问题,要求“持之有故”;论证是解决“如何证明”的问题,要求“言之成理”。论点、论据、论证三位一体:缺论点,无从立意;缺论据,无法布局;缺论证,无以谋篇。电视新闻述评要发挥电视传媒的优势,做到论点点评化、论据形象化、论证群体化。

第八节 电视新闻现场直播>>>

一、定义

电视新闻现场直播,是以现代电子技术为传播手段,以图像、声音、文字等为传播符号,将新闻演播室和新闻现场承载的事实性信息、意见性信息、情感性信息即时同步传递给观众的新闻类电视节目形态。

电视新闻现场直播同步播发正在发生、发展的新闻事件,集现场报道、背景介绍、事态分析等于一体。这里需要指出的是,纪念会、报告会、文艺演出、工程庆典、剪彩仪式、活动开幕式和以演播室直播谈话等为主体的电视直播,不属于电视新闻现场直播。

电视新闻现场直播是最具有电视特色、最受广大观众关注和最能发挥电视传播优势的节目形态。这也是电视优越于电影的一大优势。

在电视新闻现场直播中,直播的形式也是传播的内容。在这种节目形态中,直播形式的意义甚至超越了传播内容的意义,因为这是电视新闻本原的回归,表明电视媒体对公众知情权的充分尊重。

电视新闻现场直播主要有以下两种分类方式:根据题材内容,可分为突发性事件直播和可预知事件直播;根据播出频次,可分为间隔性新闻现场直播和连续性新闻现场直播。

二、源流

(一)导入期(1958—1983)

1958 年 6 月 19 日,北京电视台首次进行了电视实况转播——八一男篮与北京男篮表演赛。1958 年 10 月 1 日,北京电视台在天安门广场实况转播了庆祝新中国成立 9 周年阅兵式、群众游行和焰火晚会。

1959 年 4 月 18 日,北京电视台转播了周恩来总理在全国人大二届一次会议上做政府工作报告的实况。1959 年 10 月 1 日,北京电视台在天安门广场实况转播了庆祝新中国成立 10 周年阅兵式和 70 万人大游行。

1961 年 4 月 4 日至 14 日,第 26 届世界乒乓球锦标赛在新建的北京工人体育馆内 10 个赛场同时进行,30 余个国家的约 200 名乒乓球选手出现在中国的电视屏幕上。北京电视台实况转播 14 场比赛,约 35 小时,精彩场面无一遗漏。特别是男子团体决赛中,徐寅生的 12 大板通过电视传送到电视观众面前,更成为中国电视体育转播史上的经典时刻。

1967 年 5 月 23 日,北京电视台实况转播了首都纪念毛泽东《在延安文艺座谈会上的讲话》发表 25 周年大会。

需要说明的是,上述这些电视新闻直播,都是由于不具备录像播出技术条件而不得已为之的。但这种局面在 20 世纪 70 年代已经逐渐改善,如 1976 年 1 月 12 日、15 日和 16 日晚,北京电视台就通过印度洋、太平洋和大西洋上空的通信卫星,向世界播发了三部彩色电视纪录片《向周总理遗体告别》《首都人民吊唁周恩来总理》《追悼周恩来总理大会》,十多个国家和地区的电视台接收了这些节目。

(二)成长期(1984—2002)

1984年10月1日,为庆祝中华人民共和国成立35周年,天安门广场举行了盛大的阅兵式、群众游行、焰火联欢晚会。中央电视台出动了二百余人,动用5辆转播车、23套摄像机、14套微波设备,采用二级导播方式,利用微波干线和卫星向全国直播庆典实况,并通过印度洋、太平洋和大西洋上空的国际通信卫星向世界传送阅兵式和群众游行的实况。当天有12个国家和地区的电视台转播了这一盛况,北京大学学生突然打出"小平您好"横幅的场面,通过电视传播到海内外,更成为一个时代的经典。

1987年10月25日上午9时,邓小平宣布中国共产党第十三次全国代表大会开幕,中央电视台同步直播了开幕式盛况。这次报道准确及时,真实生动,现场感强,使观众有强烈的参与感,充分发挥了电视传媒的优势。据统计,接收并采用中央电视台直播信号的有美国三大广播公司、日本广播协会等16家电视台或新闻机构。从中央电视台当时对北京地区观众抽样调查的情况看,有关党的十三大的新闻来源,首先从电视里获得的受众占大多数,有88%的受众是从电视中看到大会开幕式的。这次开幕式直播开辟了党代会开幕式直播的先河,以后历次党代会对开幕式报道都采用直播的方式。

1988年3月24日至4月10日,全国人大七届一次会议和全国政协七届一次会议期间,中央电视台对阿沛和班禅副委员长答中外记者问,吴学谦、钱其琛答中外记者问,8个民主党派负责人会见中外记者,李鹏、姚依林、田纪云、吴学谦答中外记者问等4次记者招待会首次采用直播的方式进行报道。广大观众通过电视不仅听到不同新闻传媒记者的提问,从而了解到不同传媒的基本立场、态度和反应,而且通过记者招待会的直播,看到领导人回答问题的情况,直观地了解国家的大政方针,进一步增强了时政报道的现场感和参与感。电视新闻现场直播开始进入中国重大政治活动报道领域。此后,历届全国人大和政协会议都成为电视新闻直播的重要内容。

1988年5月5日,中央电视台从11时9分至17时35分直播了中、日、尼三国联合登山队双跨珠穆朗玛峰的全过程。

1990年9月22日,第11届亚洲运动会在北京召开。中央电视台从15时15分到18时29分成功地直播了开幕式实况。

1993年3月17日至18日,北京、广东和上海三家电视台合作现场直播了世界体操单项锦标赛,开创了地方电视台联手直播世界重大赛事的先河。

1993年8月29日,中央电视台与意大利广播电视公司达成协议,即日起至1994年6月17日,每星期日晚上现场直播1993—1994年赛季意大利足球甲级联赛,共32场。这是中央电视台历史上第一次定时直播一个国家的足球甲级联赛。

1995 年 5 月 1 日至 14 日，天津电视台对第 43 届世界乒乓球锦标赛的开幕式、闭幕式和比赛大部分场次都进行了直播，多达 68 场、102 小时，在全国创造了单项赛事电视直播的次数和时间的最高纪录。

中国电视新闻直播具有跨时代标志性的一年是 1997 年。

1997 年 1 月 1 日，中央电视台《东方时空》播出元旦特别报道《走进 1997 年》，通过演播室和三峡工地的电视连线，使观众看到 1997 年第一轮红日照耀在三峡工地上，听到记者来自三峡工地的现场报道和节日问候。随后，中央电视台在这一年里进行了一系列大型和超大型新闻直播报道，并开始尝试在直播题材和方式上进行拓展。这些直播节目分别是：

1997 年 3 月 9 日，“日全食——海尔波谱彗星天象奇观”直播。这是中央电视台新闻直播首次在高科技天文观测领域的一次尝试，也是一次典型的全方位异地多点直播。历时 142 分钟的节目直播了昆明、南京、北京的日偏食和黑龙江漠河的日全食，4 个地区 7 个地点同步，内容不断变化发展，卫星信号、地面微波信号切换频繁，全程记录，观众获得了多视角的共时满足。在这次直播活动中，中央电视台首次使用了移动卫星地面站。

1997 年 3 月 18 日，“南昆铁路全线铺通”现场直播。这是中央电视台新闻现场直播进入经济领域的一次尝试。南昆铁路全线铺通，是中国向贫困宣战，打开西部与南部铁路通道大门决策的实施结果。

1997 年 4 月 24 日下午，“中、俄、哈、吉、塔五国边境裁军协定签字仪式”现场直播。直播长达 1 小时 8 分钟，它试验性地改变了以往重大政治活动单纯记录的报道方式，首次引入演播室主持人串联和嘉宾评点的形式。同时，这也是中央电视台首次在国外对新闻事件进行现场直播。

1997 年 6 月 1 日，中央电视台与香港凤凰卫视中文台合作完成庆祝香港回归系列报道之一《飞越黄河》现场直播。

1997 年 6 月 30 日 6 时至 7 月 3 日 6 时，香港回归异地多点直播。直播长达 72 小时，中央电视台向全世界报道了香港回归的盛况，包括香港政权交接仪式、中国人民解放军驻港部队入港、香港特区政府宣誓就职仪式、首都各界庆祝香港回归祖国大会、庆祝香港回归大型文艺晚会《回归颂》等 25 次重大活动的现场直播。在这次报道活动中，中央电视台动用了 11 辆转播车、21 个卫星转发器、3 架直升机，在香港建起了 540 平方米的报道中心。整个节目以北京为中心，以香港为重点，以天津、上海、重庆、广州、深圳、南京和东莞等国内城市和洛杉矶、伦敦、里斯本等海外城市为直播点，形成全方位、多角度、立体式报道阵势，实现了以事件主会场为支撑、以事件背景和新闻故事为载体的现场直播形态。

香港回归直播报道创造了中央电视台重大政治活动报道的许多纪录,如持续时间最长、报道规模最大、新闻时效最快、覆盖面最广、收视率最高等。

1997 年 10 月 28 日,“黄河小浪底水利枢纽工程截流”现场直播。直播长达两小时 22 分钟,不仅真实展现了大坝合龙的动人场面,而且深入工地的各个现场,全面介绍了这个黄河治理史上的伟大工程。

1997 年 11 月 8 日,“三峡工程大江截流”现场直播。直播长达 14 个小时,是中央电视台对一个单一动态事件持续时间最长的直播。直播设置了 24 个机位,并动用了直升机进行航拍,阵容庞大、场面壮观。长达一小时的空中拍摄,第一次实现了新闻事件的空中直播。

这几次直播活动为 1997 年的中国电视新闻报道增添了浓重的一笔。这一年也因此被业内人士称为中国电视的直播年,同时也标志着中国电视新闻报道迈入现场直播时代。

1998 年 2 月 11 日至 3 月 1 日,中央电视台派出 8 人报道小组,赴伊拉克报道武器核查问题。这是中央电视台第一次向国际热点地区派出自己的摄制组做现场直播,改变了中央电视台报道重大国际事件完全采用境外信号的历史。

1998 年 6 月 3 日 6 时 07 分,中央电视台赴美国直播组对搭载阿尔法磁谱仪到太空寻找反物质和暗物质的发现号航天飞机发射升空进行现场直播,海内外电视观众共同见证了人类探索太空的又一辉煌瞬间。

1999 年 3 月 26 日,社会各界广泛关注的“重庆綦江虹桥垮塌案”由重庆市第一中级人民法院公开审理。中央电视台第一套节目当日起至 4 月 3 日直播了案件的宣判过程,累计直播 14 小时 45 分钟。

1999 年 10 月 1 日 8 时 30 分至 12 时 15 分,中央电视台圆满完成首都各界人民庆祝国庆 50 周年纪念大会和群众联欢晚会的现场直播工作,时长为 3 小时 45 分钟。第一套至第九套节目并机播出了纪念大会盛况,第一套和第四套节目同步播出了精彩的联欢晚会,高清晰度电视试验系统对两场活动进行了现场直播。

1999 年 12 月 19 日 9 时至 21 日 9 时,中央电视台第一套节目连续 48 小时对澳门回归庆典及相关活动进行全程直播报道。这次报道以现场直播为主,以背景性和时效性的专题节目为辅;实行滚动播出,并随时插播重要新闻;邀请境外嘉宾共同主持。这是中央电视台首次在重大政治事件现场直播中邀请境外嘉宾做主持。此外,从 19 日 10 时至 20 日 24 时,中央电视台国际频道和英语传送频道也进行了 38 小时的连续直播报道。

进入 21 世纪,共迎新千年、伊拉克战争等一系列全球性重大新闻事件都纳入了中国电视新闻直播的镜头。

21 世纪的第一件大事就是全球共迎新千年。1999 年 12 月 31 日 17 时至 2000 年 1

月1日17时连续24小时的多点多向直播节目《相逢2000年》，既是中国第一次与英国广播公司、美国移动通讯网等电视节目制作机构组成的全球直播联合体合作，同时在中央电视台内部也是首次全台总动员——新闻、社教、海外、青少、体育、广告、经济信息7个节目制作中心实现了历史性大合作。遍布五大洲四大洋的近40家通讯社和电视节目制作机构参与了此项目的全球性拍摄工作和节目提供，共有三千余台摄像机在全球两百余个现场取景拍摄。超过20亿的电视观众能够收看到中国各地跨越千年时欢腾、激动人心的场面。与此同时，中国的电视观众也可以看到地球上最早进入新千年的太平洋岛国基里巴斯的午夜庆典、汤加国王乘独木舟穿越国际日期变更线的奇观、新西兰查塔姆群岛的居民躬迎新千年第一缕曙光、埃及金字塔法老墓前的落日余晕、5万吨烟花照耀下的"奥运之城"悉尼的生命跃动、维也纳全城共舞华尔兹的壮观场景、纽约时代广场的彻夜狂欢等独具特色的电视新闻现场直播。

2000年9月16日，中央电视台第一套、第四套节目并机推出了《2000年钱塘江潮直播特别节目》。中央电视台和浙江电视台利用水陆空全方位的报道，对这一年中钱塘江最大的一次涌潮进行了全程现场直播，全球的观众首次从电视屏幕上观赏到了这一世界奇观。

2001年6月3日8时至10时45分，中央电视台、云南电视台共同推出《抚仙湖探秘》现场直播报道，实现了中国电视史上第一次水下活动现场直播。

2001年9月11日，美国多处受到恐怖袭击，8时45分(北京时间20时45分)，纽约世贸双子座大厦遭袭坍塌，轰动世界。当天北京时间21时10分，正在凤凰卫视中文台播报《时事直通车》的主持人吴小莉便插播了有关"美国纽约世贸大楼被袭起火"的消息及现场画面，使凤凰卫视成为香港和内地上千家电视传媒中最早播报此消息的电视台。《时事直通车》节目一结束，凤凰卫视便在荧屏上打出"美国遭受恐怖袭击"的字幕，切断广告改播新闻，并实行即时滚动式现场直播。21时33分，凤凰卫视中文台、资讯台和美洲台并机联播的特别直播节目正式开始。荧屏上不仅有现场记者、时事评论员、演播室主播的身影穿插切换，还不时播出曼哈顿街上的现场画面。观众不仅看到了恐怖袭击后的一幕幕惊人惨状，并且第一时间从凤凰卫视屏幕上亲眼目睹了世贸双子座大厦在浓烟烈焰中一座接一座倒塌。这次直播整整持续了35小时。"9·11"事件现场直播使凤凰卫视名声大噪。有业内人士甚至认为，"9·11"事件对于凤凰卫视来说，就如海湾战争对于美国有线新闻网一样，使它一夜成名。

2001年11月10日21时至11日凌晨1时52分，中央电视台播出《中国入世特别报道》。该报道时长5小时，包括35个段落、9次前方报道，融合了现场直播报道、新闻报道和演播室访谈等。

2002年9月17日上午7时至10时30分,中央电视台制作的三个半小时的大型直播节目《古文明新发现——金字塔考古行动》成功播出,这是中央电视台第一次直播世界重大考古活动。

2002年11月8日,中国共产党第十六次全国代表大会开幕。11月15日,新一届中央政治局常委与中外记者见面。中央电视台12套节目并机对开幕式和见面会进行了现场直播,全国1000多个电视频道同时转播,开创了中国电视史的先河。

(三)成熟期(2003—)

2003年3月3日至18日,第十届全国人民代表大会和中国人民政治协商会议第十次全国代表大会召开。中央电视台第一次采用双视窗直播,第一次引入同声传译,第一次现场直播国家领导人当选等重要日程。

以中央电视台2003年3月播出的《关注伊拉克战争特别报道》为标志,中国电视新闻现场直播步入成熟期。

北京时间2003年3月20日10时30分许,伊拉克首都巴格达上空响起空袭警报,美军开始对伊拉克发动攻击,伊拉克战争正式爆发。

10时33分50秒,新华社中东总分社发出第一条英文快讯《巴格达上空响起空袭警报》,时效领先于美联社(10时34分26秒)、路透社(10时34分26秒)和法新社(10时36分36秒)。10时34分11秒,新华网发出第一条快讯,并进行滚动报道,各大网站迅速转载。

新华社播发第一条消息两分钟后,中央电视台第四套节目《中国新闻》的主持人就向观众口播了战争已经打响的消息;10时41分40秒切出巴格达遭受空袭的现场画面,并同步映出“伊拉克战争打响,巴格达发出爆炸声”的字幕。同时,同声传译员开始直传CNN的报道。10时44分35秒,《中国新闻》正式推出《关注伊拉克战争特别报道》。

几乎与中央电视台第四套节目首开伊拉克战争现场直播的同时,中央电视台第一套节目在10时43分19秒中断正常播出,推出了《伊拉克战争直播报道》。

10时50分,中央电视台第九套节目也依照频道特点,全程同步介入战事报道。

在中央电视台为期32天的战争直播特别报道中,中央电视台第四套节目采用现场直播、卫星连线、同声传译、专家访谈和新闻综述等方式直播报道408小时,首播战事新闻2100余条,滚动字幕出现约1.5万条次。

在伊拉克战争直播报道中,中央电视台充分利用了自己的专家资源和信息网络资源,对战争背景、战争态势和战争影响等方面进行了深入的剖析,并及时回答观众提出的问题,开创了中国电视新闻全方位现场直播的先河。

中央电视台对伊拉克战争的直播报道，在报道推出的时效、报道持续的规模、报道品质的提升、直播节目的现场感、电视新技术的运用和组织运作等多个方面，超过了以往的国际新闻事件的现场直播报道，既体现了中央电视台按照电视新闻传播规律办事的专业风范，还体现出中央电视台在国际新闻舆论的竞争中取得了强有力的话语权。在总体把握上，既满足了观众的信息需求，又很好地把握了舆论导向，既客观准确地报道了我国政府的态度和立场，又快速充分地报道了战争的态势。

2003 年 5 月 1 日，中央电视台新闻频道开播当日，就推出了《抗击“非典”直播特别报道》。播出时间为 5 月 1 日至 4 日每天 14 时至 17 时和 5 月 5 日至 11 日每天 15 时至 17 时，累计 26 小时。尽管播出的绝对总时间不长，但因为其围绕突发的重点新闻事件展开，必须有效整合各种素材资源，使其成为“央视电视新闻直播史上一个非常典型的从‘阵地战’到‘遭遇战’，具有承前启后意义的现场直播报道”①。该报道通过政策发布、卫生常识介绍、典型塑造、专家访谈和观众热线等多种方式，使得关于“非典”的信息能第一时间为民众所知晓，有力地维护了民众的知情权，同时也稳定了民心，消除了种种谣言，显示出电视新闻节目的强大社会功能。

2003 年 7 月 10 日，中央电视台新闻频道在 16 时的整点新闻中，围绕淮河抗洪播出了《安徽蚌埠堤防加固工作紧张进行》现场直播。尽管只有 5 分钟，但这是真正依托前方图像信号进行的抗洪现场直播，也是中央电视台由可预知事件直播向突发性事件直播不断探索所迈出的坚实一步。

2003 年 7 月 25 日，中央电视台新闻频道在 10 时、11 时和 12 时的整点新闻中，递进式现场直播了伊布都台风在广东登陆的情况。此次现场直播真正检验了中央电视台与地方电视台的合作能力，再次凸显了中央电视台重大突发事件现场直播报道的能力。

2005 年 10 月 12 日 9 时整，举世瞩目的神舟六号载人飞船准时在甘肃酒泉卫星发射中心升空。这是继 2003 年 10 月首次载人航天飞行圆满成功后，中国进行的第二次载人航天飞行。中央电视台新闻频道首次采用了不延时现场直播，同时在全球设立了 26 个直播点、8 个演播室、73 个机位，现场直播达到 187 场次，时间长达 115 小时 32 分钟。

2006 年 4 月 24 日至 30 日，中央电视台新闻频道对全国 8 个大型城市进行了“高峰体验”现场直播，每天两个小时，首次引入交通广播电台与交管部门路面实时信号，有 18 个地方电视台共同参与。

2007 年 6 月 29 日至 7 月 2 日，中央电视台新闻频道以《十年回顾“一国两制”的伟大实践》《十年发展——探寻香港生命力》《香港展望——明天更美好》等为题分段进行了

---

① 韩彪.现场直播：新闻改革的标尺[M].北京：当代中国出版社，2006：193.

持续50小时的现场直播,把重大时政活动、重大庆典场面和庆祝活动第一时间展现给了广大的电视观众。

2007年8月1日12时,中央电视台新闻频道打破常规,现场直播河南陕县支建煤矿透水事故求援实况。这是中国电视史上首次直播矿难现场救人。这次矿难救援最终创造了奇迹,遇险的69名矿工全部获救。这次直播在呈现事件现场的同时,弘扬了党和政府对人民生命负责的态度和科学抢救的精神。有学者认为,这次直播“对于中国电视新闻直播理论研究和实际操作来说,具有开拓意义和深刻影响”①。

2007年10月24日,中国第一颗绕月探测卫星嫦娥一号顺利发射升空。2007年11月26日,嫦娥一号发回首张月球表面图像。在33天时间里,中央电视台综合频道、新闻频道、中文国际频道、英语国际频道、法国国际频道、西班牙语国际频道对嫦娥一号发射前后过程、三次变轨、三次制动、进入绕月工作轨道、传回的第一幅照片以及第一幅月面图像发布仪式等关键环节进行了现场直播,对整个过程进行了全方位、多角度追踪报道。其间,穿插播出大专题节目17集、小专题节目53集,还制作了大量的资料片和动画片,形成整合效应,使整个报道形式多样、内容丰富、信息量大、科普性强。

2008年1月24日至2月21日,中央电视台新闻频道推出《迎战暴风雪》直播特别节目,共派出35路60余名记者,调用十余家省级电视台及40家市县级电视台上百名记者、十余部直播车,联动23家部委信息资源,实时权威发布七部委直播报道点的最新信息,发挥了重大灾难事件报道公共沟通平台的作用。

2008年3月31日,中央电视台综合频道、奥运频道、新闻频道以及国际频道圆满完成北京奥运会圣火欢迎仪式暨火炬接力启动仪式直播报道。中央电视台在首都机场、天安门广场及圣火火种行进途中设置了24部直播机位,实时报道圣火火种动态行进过程,实现了圣火抵京暨火炬传递启动仪式的动态衔接。

2008年5月12日14时28分,四川省汶川县发生里氏8.0级特大地震。15时20分,中央电视台新闻频道就推出了直播特别节目《关注汶川地震》,并于16时与综合频道并机现场直播。从5月12日地震发生到6月3日,中央电视台各频道推出特别直播节目总时长达1400多小时,播出抗震救灾消息2.42万余条次。②

新闻史学者方汉奇撰文指出:“中央电视台对四川大地震的直播报道,可以称得上是中国新闻史和中国电视史上具有里程碑意义的一次突发灾难事件的报道”③,“从新闻史

① 赵淑萍.央视应对突发性灾难新闻的创造性举措[J].中国广播电视学刊,2008(2):51.

② 赵化勇.发挥电视媒体优势 凝聚抗震救灾力量——中央电视台抗震救灾报道的实践与思考[J].中国广播电视学刊,2008(6):6.

③ 方汉奇.赋到沧桑句便工——简论中央电视台里程碑式的汶川震灾报道[J].电视研究,2008(8):13.

角度来看，央视对这次四川大地震的直播报道可以算作新中国成立以来，乃至整个中国新闻史上对特大灾害报道最及时、最公开、最充分的一次。”①此次直播报道充分体现了信息公开的力量，以及电视传媒在整合国家功能方面发挥的巨大作用，其策略化的直播方式也为今后重大灾难性事件报道树立了典范。有学者因此认为：“汶川地震改变了先前直播的奢华之风，使新闻直播走上了小型化、常态化的道路；它也改变了先前直播的预置静止的状态，把直播投向了突发、变化、不可预见的新闻事件上。”②此外，中央电视台还在此次直播中首次采用直升机、滑翔伞等进行航拍，对地面无法达到的灾区中心进行直播报道，具有前所未有的高难度和危险性。

2008 年 8 月 8 日至 24 日北京奥运会期间，中央电视台投入电视频道达 14 个，奥运报道人员超过 3000 人，直播奥运赛事 809 场共 1208.5 小时，录播 1135 场共 1506.5 小时，播发新闻约 11,250 条次共 417 小时，播出专题节目近 250 期共 142 小时，播出奥运文艺节目 54 小时。同时，高水平完成 7 个项目的电视公用信号制作，向全球提供的公用信号达 780 小时，占全部 28 个大项的四分之一，这是奥林匹克转播公司成立以来，东道国参与制作公用信号最多的一届。

在北京奥运会相关节目中，收视率最高的是开幕式，收视率达 40.54%，收视份额高达 83.62%，收看开幕式的观众人数达 8.42 亿人。闭幕式的收视率是 33.12%，收视份额为 72.77%，观众人数达到 6.58 亿人。北京奥运会开幕式和闭幕式的收视率均超过了历届奥运会在中国的收视纪录，也超过了包括春节联欢晚会在内的中央电视台各晚会的收视纪录。

2013 年除夕，中央电视台《新闻联播》引入了十几路现场报道信号，对全国各地的春节景象进行实时展现，数量之多，前所未有。

2015 年 8 月 12 日晚，天津港“8·12”特别重大火灾爆炸事故发生后，中央电视台第一时间启动应急报道机制，电视和新闻客户端同步报道，及时播发最新救援进展，其间还采用无人机飞入爆炸核心区航拍，真实客观地记录爆炸现场，全景展现了极具视觉冲击力的现场画面。

2016 年 10 月 1 日至 6 日，中央电视台新闻频道推出 6 集大型直播系列报道《江山多娇》，央视记者登上名山之巅，探寻大川之源，深入大海之中，拍摄山河壮美的中国，记录走向复兴的中国，展示绿色发展的中国，抒发筑梦路上的爱国情怀。

2018 年 4 月 26 日，习近平在武汉主持召开座谈会，对深入推动长江经济带发展作出

① 方汉奇.中国新闻史上里程碑式的灾难直播报道[M]//中央电视台新闻中心.震撼：媒体回想——5·12 汶川大地震备忘.北京：中国民主法制出版社，2008：1.

② 高晓虹.电视直播报道常态化的重大进步：“汶川地震”电视直播报道带来的思考[J].现代传播，2008(3)：51.

重要部署。2018 年 4 月 28 日,中央电视台新闻频道推出大型特别报道《直播长江》,以连续 6 天、每天上下午两个时段各 45 分钟的规模和篇幅,分成 12 个专题,对长江流域进行了主题化、立体式、全方位和无间隙的新闻直播报道,“对万古奔腾的长江进行大型电视新闻直播,这在中国电视历史上尚属首次”①。

除了中央电视台以外,地方电视传媒也在积极探索利用自身资源进行直播报道。进入 21 世纪以来,中国各级电视媒体在直播常规化,特别是小型化方面进行了积极的尝试。

东方卫视提出要从时段性直播向频道化直播转化,通过对各栏目和各时段的系统运作,营造出一个能对新闻事件进行持续性和多角度报道的环境。基本模式是:一条线索经采访部初步核实后决定是否派记者赶往现场进行报道;新闻题材适合直播的立即和技术部门取得联系,或借用便携式卫星传输设备,或从当地借用卫星转播车,同时向上级报告直播计划。常常是上午得知新闻线索,下午直播车和设备就已开往事发地点。直播根据不同时期的情况,在各档新闻节目中插播,各档新闻节目相互呼应,形成报道合力,提升频道新闻节目的感染力和影响力,并充分利用新闻采访资源,最大限度地节约直播成本。

江苏电视台城市频道每天 12 时直播的《城市午间特快》和 16 时直播的《城市生活资讯》,都是用现场直播的方式向观众传递实用的生活资讯,在打造白天生活栏目带的同时,进一步突出频道“服务民生、传播资讯”的鲜明特色。

广东电视台新闻中心设有专门负责直播的科组,并配备了一台专用新闻直播车,使新闻节目由重大事件直播向常态直播靠拢。

湖南电视台都市频道的《都市一时间》、安徽电视台的《第一时间》和吉林电视台的《守望都市》等栏目,都已经成为直播常规化、小型化的行家里手,它们都以直播形态向观众进行鲜活生动的报道,取得了良好的传播效果。

三、主要特征

(一)现场的主体性

现场是电视新闻现场直播的主体元素,表现好现场是电视新闻现场直播最重要和最基础的工作。现场的主体性表现在以下三个方面:

① 孙金岭,于慧丽.拓展重大时政新闻报道新模式:以央视《直播长江》为例[J].电视研究,2018(8):81.

首先,现场是新闻原点。没有事实,就没有新闻。事实都具有一定的时空环境。在电视新闻直播报道中,现场是全部节目的精华。如果没有现场,直播报道就失去了意义。依托现场进行直播报道,不但能很好地表现事物的具体形象,还能展现现场气氛,表达采访者的印象和感受,从而具有独特的魅力。

其次,现场是直播起点。直播中,电视记者有没有进行独立的、不可替代的、有成效的工作,就看其是否从现场获得了第一手信息。记者在现场直播报道中随着事件发展的进程,边观察,边报道,由此被赋予了一种将目击转化为介绍的绝对权力,“我在场”的意识贯穿整个报道过程。对记者而言,其工作就是还原现场,深入现场采访,观察、捕捉事物的瞬息变化,并将其能动地反映出来。简言之,现场就是创作的源泉。

深入现场展开采访活动,是记者保持主动性和判断力的重要方式。如果对现场了解不够,记者的工作就会陷入被动。譬如,长江三峡大江截流现场直播中,在合龙口附近的记者除了根据现场的变化及时报道合龙的最新进展外,还对合龙口塌方、测流船被水冲走等突发情节进行了敏锐的捕捉和细致刻画。而这一切,都来自记者对现场的熟悉。

最后,现场是观众关注的焦点。在电视新闻现场直播中,现场产生的新鲜感和悬念感对观众而言具有强烈的吸引力。因此,现场无疑是直播中观众最关心的元素。电视传播要靠现场直播发挥最大效益,就必须在现场上下功夫。直播要在第一时间让观众知道现场发生了什么,事件可能会怎样发展,这个过程中有什么样的细节,等等。尤其是在现场信息量大、现场相对重要的情况下,这种观众关注的焦点效应就更为明显。

在电视新闻现场直播中,保证现场的收视效果是第一位的。只有满足了观众对现场信息的需求,才能谈进一步的创作。譬如在香港回归直播报道中,香港政权交接仪式取得了91.6%的极高收视率,正是这一现场使整个回归直播报道达到了高潮。

需要指出的是,电视新闻现场直播不等于电视连线报道,不等于百分之百的实时直播报道。电视新闻现场直播中的现场是第一位的,有现场的实时直播报道是最理想的状况。但假如直播车只能在一个地方找到卫星信号,而现场在几公里外,那么记者用直播的方式进行现场报道之后,迅速直传,就要比在卫星车前的电视连线报道有意义得多。当然,电视连线报道有其固有的价值,但是提前把相关的内容拍成画面回传插入或者做成影像嵌入电视连线报道中同样很有必要。毕竟,这里需要突出的是新闻事件,而不是记者本身。

(二)演播室的核心性

演播室是在节目中整合各类信息的“调度室”,也是保证现场直播有序进行的“安全岛”。

演播室的设立使现场直播有了一个调度中心,对于内容比较复杂、发生地点比较分散的事件,演播室的作用显得尤为重要。以香港回归现场直播报道为例,内容包括中央领导人抵港、政权交接、解放军进驻、特区政府成立、各地庆祝等十多个事件,地点涉及北京、香港和内地其他 8 个大城市、海外 15 个大城市,报道的复杂程度可想而知。这时候如果没有一个调度中心,要想顺利地组织报道几乎是不可能的。演播室的调度功能集中体现在主持人身上:一方面主持人要对现场信号进行调度;另一方面,主持人要调度演播室内的各个元素——嘉宾、短片、道具等。屏幕后的所有努力都需要通过演播室主持人在屏幕前体现出来。

通过这种调度,演播室在展示现场信息的同时,还要对其进行加工。这种加工主要表现在两个方面:一是对现场信息中不完整的部分进行补充,如背景资料等;二是通过演播室主持人和嘉宾的对话对现场信息进行评点。

除了信息的汇聚和整合,演播室还承担着保证现场直播安全的任务。它是所有工种的大后方,是所有信息的总出口,现场直播中的任何意外情况都要靠其来进行最后的弥补。

随着新闻竞争的日益激烈,电视新闻现场直播越来越重要,但在现场搭建演播室是一件十分困难的事情。针对这一问题,德国媒体技术工作者研制成功一种便携式演播室,除摄像机外,拆卸后的演播室可放入一个箱子里,重量只有十几公斤,总价格不到十万欧元。运到目的地后,这种便携式演播室可以很快重新搭建起来。

(三)现场记者的关键性

电视记者现场报道的出现,是电视新闻直播由单纯记录式向综合报道式转变的一个重要标志,借助于记者的现场报道,电视传媒向观众传达自己的声音,引导观众认识新闻事件,从而实现对新闻的有效传播。

现场记者的作用主要体现在以下五个方面:

一是展现传媒能力。省市级电视传媒的记者不可能出现所有重要事件发生现场,但在全国乃至世界各地,通常会有中央电视台记者出现在事件发生现场,这就是强势媒体的能力。

二是报道最新信息。最新信息通过演播室主持人来间接转达,与通过现场记者的直接报道相较,效果是完全不同的。譬如缅甸发生的昂山素季被军方扣押的事件,如果没有记者及时传递现场的第一手信息,新闻节目的真实感和表现力就会大打折扣。

三是表达媒体观点。现场记者的感受会让人觉得真实客观,因为这是记者在现场自己看到和感受到的。如 1999 年国庆阅兵直播报道,有人评价凤凰卫视的直播报道和中央电视台的直播报道有不同的特色。可是凤凰卫视一个转播机位也没架,用的全都是中央电视台提供的信号,其特色正是通过窦文涛和吴小莉的解说,还有现场记者出镜报道展现出来的。

四是采访现场人物。有时候需要对现场人物进行一些采访来丰富报道,如果现场没有记者就无法实现。

五是描述个人感受。记者能够表达现场的体验和感受。由于直播的共时性,现场记者的心理和观众的心理能产生某种共鸣,使观众产生一种错觉,如同身临其境。譬如中央电视台对云南抚仙湖水下考古的现场直播中,记者黄海波在湖底下呼吸困难,听到他呼哧呼哧的喘息声,观众仿佛也有一种喘不过气的感觉;他感觉到冷,观众也仿佛觉得冷。这种心理共鸣是现场记者报道功能的重要体现。

现场记者主要有以下两大任务:

一是随时追踪事件进程。记者活跃在各个现场,可以随时追踪事件的进程、发展和变化。长江三峡大江截流现场直播报道中设置了 7 名现场记者,他们都是围绕截流这一事件进行追踪报道的。譬如现场记者张恒站在合龙口的旁边,观众能够看清他脚下松动的土石和堤头塌陷的裂缝,从而感受到合龙的惊险。

二是抓取现场鲜活的事件。记者在现场直播中,可以随时抓取事件。虽然这些事件不可预知,可如果它们又是现场非常有价值的情节,那么记者就应该尽量捕捉到关键信息。及时抓住突发新闻事件能够有效丰富直播的信息量,给现场直播增加悬念,产生强烈的动态感。

(四)背景报道的必要性

一场新闻现场直播背景材料的搜集,一定要翔实、厚重、权威,要以丰富和深化直播的内涵为基准。

背景报道是对新闻事件的一种补充和说明。它展示了新闻事件自身无法展示的内容,能够丰富现场直播的信息量,给予观众广阔的思维空间,加深观众对新闻事件意义的理解。

电视新闻现场直播中文字、画面史料和人物采访等背景报道的运用,能起到延伸和拓展事件内涵的作用。譬如,中央电视台现场直播长江三峡大江截流时,在背景报道中设计了《新中国领导人与三峡》《三峡工程与生态环境》《三峡工程移民》等30个新闻短片,从不同侧面说明和深化了截流的影响和意义。

组织背景报道素材应注意以下三个问题:一是要注意把握现场直播的题材内容,使之与现场直播的整体风格协调一致;二是要紧扣事件主体,选材精当,不宜过长;三是组织和制作时应考虑周全,尽量避免浪费制作好的背景报道素材。

(五)机位设置的重要性

机位的设置是实现节目的总体构想、形成视觉语言的重要步骤,不同机位的设置,提供了多种镜头组合方式,从而为电视新闻现场直播提供了广阔的视觉表现空间。

如果说现场直播报道点的设立是为了更好地反映事件内容,那么机位的设置则更多是为了反映事件的外部场面;如果说现场直播的基本要求是让观众仿佛身临其境,那么由于机位设置而产生的多位置、多视角和多景别的感受,则能让观众获得即使身临其境也无法获得的视听体验。

在机位的设置中,位置、角度、景别三个影响画面效果的元素是最需要精心考虑的。电视新闻现场直播的力量就在于,通过多个机位同步拍摄事件中的人物或事物,一次性地完成多角度、多景别的摄制。

一些超常视点镜头的运用往往能产生特殊的视觉效果,譬如在中央电视台对飞行穿越太湖桥特技表演所进行的现场直播中,安装在机身上的一个主观视点镜头,就使观众仿佛与飞行员一起体验到穿越瞬间的刺激。

当然,机位的设置也不能一味求多求奇,而应当本着安全、经济、高效的原则,根据题材内容和表现形式的需要而设计。

(六)节目包装的标志性

片头的设计是电视新闻现场直播外包装的一种形式,它包括总片头、小片头两种:总片头是电视新闻现场直播的标志,一般只在报道开始时使用,长度不确定,一般在15秒左右;小片头亦称片花,是节目段落的间隔、转场、点缀,能够起到活跃气氛的作用,同时还可带来报道段落的层次感,在直播中使用得比较频繁,长度一般在5—10秒之间。制作片头时要依据现场直播的内容,精选最具代表性的画面;要注意画面含义与题材内容吻合,能够深刻体现报道的内涵意义;还要注意视觉的节奏、音乐的气势和解说的感染力等视听元素的综合效果。

宣传片是对电视新闻现场直播的一种预热，一般提前在电视台播出，主要起到提示内容、揭示意义、预告播出时间的作用。宣传片有长有短，常见的在30秒左右。

辅助手段包括对电视新闻现场直播中新闻短片的统一包装，体现报道特征和关键信息的角标、标题、图板、模型、道具，甚至是主持人的服饰等。譬如，在神舟六号、神舟七号航天飞行直播报道中，中央电视台新闻频道使用了演示文件和一些图板展示，标明飞船飞行及返回过程，再由专家在一旁解说，观众听起来就容易理解得多。

第二章

社教类电视节目形态

第一节　概念界定>>>

一、定义

社教类电视节目形态，是指以知识普及、文化传承和道德教化为主要功能取向的电视节目形态。

1950 年 2 月 27 日，中华人民共和国新闻出版总署召开京津新闻工作会议，认为“广播电台应以发布新闻、社会教育和文化娱乐为主”①。1958 年 12 月 15 日至 20 日，时任中央广播事业局局长梅益在北京召开的全国电视台基建工作座谈会上强调，电视广播节目应该是新闻性、知识性、文艺性三者并重。② 可以说，1958 年 5 月 1 日诞生的中国电视事业与广播事业一样，同样应以发布新闻、社会教育和文化娱乐为主，只是在早期阶段，其社会教育的功能主要体现在为刚刚发布的重大新闻配发背景资料和延展节目内容等方面，如专题片《兰考人民战斗的新篇章》《三口大锅闹革命》《铁人还在战斗》等，内容和形式都比较单一，而像《卫生常识》《国际知识》《科学知识》这类题材内容的社教节目仍屈指可数。③

20 世纪 80 年代至 90 年代中期，社教类电视节目形态得到全面发展。在节目设置

---

① 乔云霞.中国广播电视史[M].北京：中国广播电视出版社，2007：160.

② 《当代中国的广播电视》编辑部.中国广播电视大事记[M].北京：北京广播学院出版社，1987：113.

③ 刘习良.中国电视史[M].北京：中国广播电视出版社，2007：101.

上，除了每天固定播出的新闻类节目和每周播出一两次的文艺类节目之外，其他节目全部归属社教类电视节目范畴。这些节目内容包罗万象，形式丰富多彩，全面系统地宣传了改革开放以来全国各地的主要成就、典型人物和历史文化。这一时期的社教类电视节目不仅数量多，而且质量好，奖项数量和质量完全可以媲美新闻类电视节目和文娱类电视节目。

及至20世纪90年代中期，随着电视市场化程度的不断加深，电视节目与收视率的结合日趋紧密，以前只注重宣传价值和艺术品质的观念与做法已越来越不适应市场需求。收视群体的泛化、栏目设置的重复、创作手法的单一，使承载单一宣教任务的传统社教类电视节目难以为继，逐渐退出了各级电视台的黄金时段。但电视作为一种大众传媒，其社会教育的功能是不可或缺的，可以说“所有电视都是教育的电视，唯一的差别是它在教什么”①。因此，在新闻类电视节目、文娱类电视节目和剧情类电视节目中，社会教育功能相对隐性和间接一些，而在社教类电视节目中，社会教育功能更为显性和直接一些。从这个意义上讲，社教类电视节目是不可取代的。

二、分类

中国社教类电视节目形态的内容涉及政治、经济、文化、军事、历史等各个领域，取材广泛，且彼此有交叉现象。要想将其归于简洁清晰的分类条目中，是一件比较困难的事情。从全国历年电视社教节目评选情况来看，其分类也是在不断变化的。

1990年度全国首届优秀电视社教节目评选类别为栏目类、社政（社会政治）类、文教类、知识类和服务类。1991年度全国优秀电视社教节目评奖类别有了较大的变化，除保留1990年度的评奖类别外，又增加了经济类、科技类、教育类和系列片类。1998—2000年，电视社教节目评奖类别又有较大的改变，除保留栏目类、经济类、科教类、系列片类以外，其他均不作单独评奖类别，另增加了长片奖和短片奖项目。2004年，电视社教节目评奖项目变化最大，项目共有六个，即优秀专题、优秀纪录片、优秀科普节目、优秀少儿节目、优秀电视动画片、优秀电视广告。

本书将中国社教类电视节目形态分为六大类，即电视纪录片、电视谈话节目、电视体育节目、电视少儿节目、电视服务节目和电视广告节目。

---

① 施拉姆.传播学概论[M].陈亮、周立方、李启，译.北京：新华出版社，1984：174.

第二节　电视纪录片>>>

一、定义

电视纪录片源于电影纪录片,是指以现场实景和真人真事为表现主体的纪实风格的社教类电视节目形态。

"纪录片"一词起源于法文"docuemntaire",本意是指"具有文献资料价值的",到1906年,这个词开始用来指"纪录电影"或"纪录影片",并于1914年成为名词"documentary"。① "纪录片"作为一个翻译的西文名词,在中国的使用至少已有90年的历史。梁实秋在1931年出版的《实用英汉辞典》中已选入了"documentary 纪录影片"的条目。②

自纪录片诞生以来,国内外学者都试图对其进行概括。譬如,约翰·格里尔逊曾于1932年给纪录片下了一个定义,即"对事实的创造性处理"③。对于这一定义,英国早期电影理论家雷蒙德·斯波提斯伍德认为过于宽泛了,他质疑:"如果不'处理',还能做什么呢?如果处理的不是'事实',又能是什么呢?"④20世纪70年代,印度导演兼评论家萨提亚吉特·雷再次进一步指出格里尔逊定义的问题,认为"从某种意义而言,神话传说也属于对现实的创造性处理。实际上,所有非抽象艺术领域的艺术家无不在追求那个被格里尔逊专门赋予纪录片创作者的目标"⑤。为了克服格里尔逊纪录片定义的不足,威廉·斯隆提出:"纪录片是指主要用于非剧场放映的具有真实性并呈现现实的影片。"⑥理查德·巴萨姆完全赞同威廉·斯隆的定义,只是对纪录片的长度给出了"通常是30分钟"⑦的限定。

电影纪录片和电视纪录片主要是根据纪录片放映或播出的媒介加以区隔的,随着专为电影院线拍摄的纪录片越来越少,各种纪录片主要用于电视播出。"纪录片"与"电视纪录片"正趋于合二为一。

---

① 董学文,江溶.当代世界美学艺术学辞典[M].南京:江苏文艺出版社,1990:557.

② 方方.中国纪录片发展史[M].北京:中国戏剧出版社,2003:40.

③ GRIERSON.The documantary producer[J].Cinema quarterly,1932.

④ SPOTTISWOODE.A grammar of the film:an analysis of film technique[M].Berkeley:University of California Press,1950:285.

⑤ HARCOURT.The documentary tradition:from nanook to woodstock[M].2nd edition,New York:Norton,1979:381.

⑥ HARCOURT.The documentary tradition:from nanook to woodstock[M].New York:Hopkinson and Blake,1973:425.

⑦ BARSAM,ed.Nonfiction film:theory and critism[M].New York:E.P.Dutton,1976:4.

对于“电视专题片”和“电视纪录片”这两个概念,目前在中国电视学界和业界尚未能统一认识。

对于电视纪录片,《中国电视专题节目界定》一文的界定是:“电视纪录片是指纪录型的电视专题报道类节目。它继承了电影纪录片的基本创作原则和方法,但它又凭借电视传媒的优势,运用电视的先进手段,无论在反映生活的广度和深度方面,或是在形式、风格、技法的丰富多样方面,都已远远超越了电影纪录片,出现了不少的新品种和新样式。”此外,该书还附上了很多阐释性内容,如“电视纪录片,是以摄影或摄像的手段,对政治、经济、军事、文化和历史事件等做比较系统完整的纪实报道,并给人以一定的审美享受的电视作品。它要求直接从现实生活中取材,拍摄真人真事,不容许虚构和扮演。其基本报道手法是采访、摄像或摄影,即在事件的发生过程中,用‘等、抢、挑’或追随采撷的摄录方法,记录真实环境、真实时间里发生的真人真事,在保证叙事报道整体真实的同时,要求细节真实。真实是纪录片存在的基础,也是它最可贵的价值所在。”①

上述对电视纪录片的概念界定,在后来的实践中被证明仍有值得商榷之处。《纪录片编辑室》栏目在总结经验时说:“纪录片是那么一个丰富多彩的世界,观众又有那么多方面的需要,我们为什么要把路越走越窄呢?”②

中国广播电视新闻奖电视社教节目评选奖项设置的变化,也反映了业界和学界对电视专题片和电视纪录片这两种节目形态界定方面的困惑。

从 1982 年中国电视评奖开始,电视纪录片就作为电视社教节目的一个类别参加评选。2003 年度中国广播电视新闻奖电视社教节目奖评选,评委会将电视专题片和电视纪录片设置为两个并列奖项。也正是在这次评选活动中,电视专题片和电视纪录片有了比较明确的定义:电视专题片是以声画对位的解说词为主要表达方式的议叙结合的电视节目;电视纪录片是指以声画合一的现场实景为主体拍摄的纪实风格的电视节目。③

2005 年 3 月下旬,中宣部出台《全国性文艺新闻出版评奖整改总体方案》,国家广电总局原有的 15 个全国性奖项全部并入中国广播影视大奖中,下设电影华表奖、电视剧飞天奖、广播电视节目奖三个子项。2005 年 8 月 18 日—22 日,2004 年度中国广播影视大奖广播电视节目奖电视社教节目评选工作在湖北武汉举行。包括此次评选工作在内的历届中国广播影视大奖广播电视节目奖电视社教节目评选都基本延续了 2003 年度中国广播电视新闻奖电视社教节目奖评选中关于电视专题片和电视纪录片奖项的设置办法,分别设置了优秀专题(含专题片、系列片、特别节目)、优秀纪录片(含短纪录

---

① 刘习良.中国电视专题节目界定[J].电视研究,1994(9):21-22.

② 何苏六.中国电视纪录片史论[M].北京:中国传媒大学出版社,2005:111.

③ 郭宝新.中国广播电视新闻奖 2003 年度社教佳作赏析[M].北京:新华出版社,2005:451.

片、长纪录片)等奖项。

电视纪录片主要有以下三种分类方法:按照主要功能,可分为纪实性电视纪录片、宣传性电视纪录片、娱乐性电视纪录片和实用性电视纪录片;按照记录方式,可分为参与式电视纪录片、旁观式电视纪录片、超常式电视纪录片和再现式电视纪录片;按照结构方式,可分为电视短纪录片(15 分钟以内)、电视长纪录片(15 分钟以上)和电视系列纪录片。

二、源流

(一)导入期(1958—1978)

1958 年 7 月,北京电视台播放了中国第一部电视纪录片《英雄的信阳人民》,主要内容是河南信阳人民抗灾夺丰收的感人事迹。当时,电视纪录片还不能把音乐、效果、解说词直接转录在胶片上,而是一边通过放映机把无声影片的图像投放在白色的墙壁上,一边用录音机把合成的录音与影片同时播出的。

1958 年 10 月 1 日,北京电视台摄制并于当晚播出第一部记录重大庆典活动的电视纪录片《首都人民庆祝新中国成立九周年》。这部 20 余分钟的电视纪录片实际上是一部未经配音和拷贝的编成样片。在暗室里,工作人员用搪瓷盆手工冲洗黑白反转片,然后挂在自制的木架上自然晾干,逐段剪辑、审查。当晚播出时,几部录音机分段配音乐和音响,播音员对着画面解说。尽管制作方式十分原始,却保证了北京地区的电视观众看到了当天的庆典实况,充分显示出电视报道在时效方面的优势。

这段时期的电视纪录片节目的主要特征是:以颂扬独立自主、艰苦奋斗的精神为宣传主要基调;以国家重大政治事件、各条战线的先进典型为报道的主要内容;以运用综合艺术手段充分表现主题为基本创作方法和艺术特色。代表作品有《当人们熟睡的时候》《长江行》《美丽的珠江三角洲》《美丽的橄榄坝》《欢乐的新疆》《大庆铁人》《春到侗乡》《芦笛岩》《厦门风光》《苏州园林》《英雄的越南南方人民》《保卫越南北方》《收租院》《战乌江》《兰考人民战斗的新篇章》《三口大锅闹革命》《深山养路工》《成昆铁路》《大庆在阔步前进》《铁人还在战斗》《引黄上山》《太行山下新愚公》《放鹿》《泰山压顶不弯腰》《种花生的哲学》《新上海的主人》《壮志压倒万重山》《向青石山要水》《锦绣桃源》《沙石峪换新天》《大干颂歌》《金溪女将》《咱们的五个孩子》《戈壁红花》《伟大的战士白求恩》等。

(二)成长期(1979—1999)

1979年,随着改革开放新时期的开启,丝绸之路、长江、黄河、长城、大运河……这些携带着中华民族体温的记忆引发了一场文化寻根之旅。中国电视纪录片创作者敏锐地感受到这种时代的律动,在此后的一段时间里,《丝绸之路》《话说长江》《话说运河》等成为一个时代的经典。

1981年5月8日,中央电视台播出17集系列电视纪录片《丝绸之路》。该片由中央电视台与日本放送协会(NHK)合作拍摄,是中国内地第一部大型系列电视纪录片。

1983年8月7日,中央电视台播出25集系列电视纪录片《话说长江》。该片由中央电视台与日本私营的佐田企划社联合摄制。《话说长江》采用清晰明快的空间结构线索,从长江源头说到入海口,从天文地理说到风土人情,充满了对历史的沉思和对现实巨变的肯定。全片以浓墨重彩的翰墨华章、一泻千里的磅礴气势,书写了一曲祖国山河和民族历史的新篇章,在海内外产生了巨大反响。当时新华社报道说:"每到星期天晚上,数百万中国人便坐在电视机前,收看中央电视台播放的系列片《话说长江》。"①后来《话说长江》征集主题歌词,短短13天内,来稿达到4000余件。②

1986年7月5日至1987年3月28日,中央电视台播出35集系列电视纪录片《话说运河》。该片是中国内地依靠自身力量摄制的第一部大型系列电视纪录片。《话说运河》在节目形态方面做了更多的探索,具体表现在主持人的运用、边拍边编边播出方式的创造、与观众的交流贯穿节目始终等方面。

1988年6月11日,中央电视台播出6集系列电视纪录片《河殇》。该片采取新的表现角度和叙事策略,现实性极强。全片以"反思古华夏文明命运,揭示悲剧性民族心态"为创作意图,提出西方文明是蔚蓝色文明,中国文明是黄色文明的论点。解说词说:"蔚蓝色就像这小帆船,获得了现代世界命运的象征意义",而"黄河东流万里,最终还是流入大海,我们不再拒绝大海的邀请了"。在艺术特色上,《河殇》创造了一种政论与抒情相结合的风格。虽然历史的忧思引起很多观众的心理共鸣,现实的批判激发了观众的收视欲望,但尘埃落定,当人们再次冷静地思考这部电视纪录片的思想倾向时,却不难发现,斗室之中的愤懑和热情空洞的呐喊并不符合当时中国发展的客观实际。

1998年12月18日,12集系列电视纪录片《改革开放20年》在中央电视台第一套节目播出。该片围绕"真理标准大讨论""农村联产承包责任制""社会主义市场经济""思

---

① 杨伟光.中央电视台发展史[M].北京:北京出版社,1998:252.

② 石屹.电视纪录片:艺术、手法与中外观照[M].上海:复旦大学出版社,2000:70.

想解放”“精神文明建设”“法制建设”“军队建设”“科教兴国”等主题逐一展开,勾勒出中国改革开放20年间沧海桑田的历史变迁,揭示了中国社会发展和改革的真实历程。

这些大型电视纪录片占据了当时电视台黄金时段的重要一席,在社会上获得了持续性的轰动效应。《话说长江》《话说运河》播放时的收视率曾达到40%,这与同时播出的《四世同堂》《红楼梦》等热门电视连续剧不相上下。这些作品的成功,不仅因为它们传达的主题契合了当时观众的文化心理,也因为中国电视纪录片美学风格的转变。这些探索最终把中国电视纪录片引向了一条新的道路。

20世纪80年代,中国电视纪录片产量明显增多,每年近200部(集),但是播出的渠道还是很少。于是,中央电视台相继开设了《祖国各地》《兄弟民族》《神州风采》等短纪录片栏目。各地电视台也纷纷成立制作纪录片的专题部。

1989年1月9日,中央电视台开设了专门播出地方电视台优秀纪录片的《地方台50分钟》栏目,每周一期。1990年5月14日,《地方台50分钟》改名为《地方台30分钟》。这个栏目为中国电视纪录片的发展起到两大推动作用:一是为全国优秀电视纪录片提供了一个展示和检阅的平台;二是扶持了大批电视纪录片创作人才。

20世纪90年代,市场经济的车轮开始在中国大地滚动,大众文化日益取代精英文化成为主流,电视观众的喜好随之变化。于是,一些导演开始把目光投射到普通人的生存状态上,其中的作表作品有吴文光的《流浪北京——最后的梦想者》、康健宁和高国栋的《沙与海》、王海兵的《藏北人家》等。

1991年11月18日,中央电视台与日本东京广播公司(TBS)联合摄制的大型系列电视纪录片《望长城》在中央电视台开播。与此同时,该片以《万里长城》之名在东京广播公司播出。两台收视率均超过40%。《望长城》总片长为626分钟,由刘效礼担任中方总编导,分为《万里长城万里长》《长城两边是故乡》《千年干戈化玉帛》《烽烟散尽说沧桑》等四部,每部三集,围绕长城的军事功能、民风民俗、民族融合、生态平衡等四个方面做文章。

1989年初冬,《望长城》摄制组在八达岭长城脚下的康庄,就这部电视纪录片的拍摄样式和思路展开了长时间的讨论,最后形成了决定此后中国电视纪录片节目形态走向的共识:第一,所有的拍摄素材必须带有同期声和现场效果声;第二,要重视记录过程;第三,长城要拍,但更重要的是拍长城两边的人;第四,使用主持人;第五,对于宏大的题材要舍得用篇幅。就此而言,《望长城》堪称中国电视纪录片与电视专题片节目形态的分水岭。

1993年1月2日至15日,中央电视台播出系列电视纪录片《广东行》。这部作品继《望长城》之后又做了新的探索,让编导隐于幕后,以摄像机代替主持人,大量采用同期声，也就是后来常说的“跟拍”。

1993年2月4日，上海电视台设立了以“聚焦时代大变革，记录人生小故事”为定位语的《纪录片编辑室》栏目，这是中国第一个完全依靠自己的力量独立运作的电视纪录片栏目，每期40分钟，每周播出一次。该栏目立足于本地区观众，播出了《摩梭人》《德兴坊》《十字街头》《十五岁的中学生》《茅岩河船夫》《毛毛告状》《重逢的日子》《半个世纪的乡恋》《远去的村庄》等一批反映上海生活的精品佳作，在国内引起了很大反响。《纪录片编辑室》的探索与实践，标志着中国电视纪录片创作进入了栏目化阶段。

1993年5月1日，中央电视台杂志型栏目《东方时空》开播，其四个版块中有一个是《生活空间》。《生活空间》起初的定位是服务于烹饪、养生、美容、服饰等日常生活，但该版块推出后不久，主创人员就发现其与栏目整体风格相左。

1995年10月，《生活空间》改版，推出定位语“讲述老百姓自己的故事”。此时的《生活空间》与《纪录片编辑室》风格相似，“即通过长期播出一个又一个以‘真善美’为核心思想的短纪录片，‘润物细无声’地使受众的人文素质得以提高”①。二者不同的是，《生活空间》是一档早间日播电视纪录片栏目，它推出了连续性的短纪录片系列，每部2至6集，每天播出一集。这种章回体的形式既可以弥补因为节目时间太短（每集8分钟）导致的内容缺乏深度的不足，又能通过环环相扣、设计悬念的方式吸引观众连续收看。

2000年11月，《生活空间》改名为《百姓故事》，但其定位和风格基本没有改变。节目将普通人的生活以一种原生态的风格展现在观众面前，正是这种对普通百姓生活的关注，使得原本有些神秘的电视拉近了与观众的距离。

《生活空间》不仅开创了中国日播电视纪录片栏目的先河，而且使“讲述老百姓自己的故事”逐渐成为中国电视纪录片的一种潮流，激发了全国各地电视台开办纪录片栏目的热情。

1993年12月2日，黑龙江电视台推出《生活三原色》栏目，每周一期，每期30分钟。1994年7月1日，山西黄河电视台开办《黄河轶事》栏目，每期10分钟。1994年11月11日，山东电视台推出了《家》栏目，每周一期，每期20分钟。

1995年以后，电视纪录片栏目开始在全国普及。北京电视台的《第三只眼睛》、上海有线电视台的《寻常人家》、陕西电视台的《电视写真》、四川电视台的《写真世界》、湖州电视台的《湖视纪录片》等陆续与观众见面。

（三）成熟期（2000—）

进入21世纪，中国电视纪录片发展步入成熟期，具体表现在以下三个方面：

---

① 陈虻.《生活空间》的拍摄理念[J].电视研究，2000(9)：52-53.

1.栏目化

2000 年 11 月,中央电视台《纪录片》栏目开播,由当时的社教中心纪录片部承办,每周播出 5 期,每期 30 分钟。通过这一栏目,中国此前创作的一批无缘播出的电视纪录片得以与观众见面。2001 年年初,中央电视台推出由北京科学教育电影制片厂主创的《发现之旅》,这是中央电视台唯一一个定位于“科学”的电视纪录片栏目,也是一个与国际接轨的栏目,其创办填补了中国科学探索类电视纪录片的空白。2001 年 7 月 9 日,中央电视台推出中国电视史上第一个大型人文历史与自然地理类纪录片栏目《探索·发现》,该栏目运用生动的电视声画手段,向观众呈现出一部部既有较高文化品位、知识内涵,又有很强观赏性的电视纪录片。

据不完全统计,截至 2009 年,中国开路播出的电视纪录片栏目总计 83 档,主要集中在中央电视台和专业电视纪录片频道,其中中央电视台 19 档、上海纪实频道 20 档、湖南金鹰纪实频道 14 档、重庆纪实频道 8 档,占据全国纪录片栏目总量的 73%。其他如云南卫视、北京卫视、天津卫视、吉林卫视、广东卫视、内蒙古卫视等也有电视纪录片栏目,但数量较少。全国以自制为主的电视纪录片栏目约有 43 个,其他栏目以购买编辑为主。[①]云南卫视因日播栏目《经典人文地理》《自然密码》成为占全国卫视中纪录片份额最大的频道,吉林卫视的《回家》、天津卫视的《中国人》和《泊客中国》、内蒙古卫视的《蔚蓝色的故乡》、北京卫视的《档案》等一直保持着较高的文化品位。

2.大片化

在栏目化的同时,《故宫》《圆明园》《青藏铁路》《森林之歌》《敦煌》等一批纪录“大片”相继出炉。它们在履行记录时代进程的宏大使命的同时,引入新观念、采用新技术、尝试新方法,如大量运用超高清拍摄设备,加入航拍、电脑特技、三维动画等,显示了强大的时空再造能力。

2006 年 11 月 23 日,12 集系列电视纪录片《大国崛起》在中央电视台播出。该片以葡萄牙、西班牙、荷兰、英国、法国、德国、俄罗斯、美国等国崛起的大致时间为序,反映了在风云激荡的时代变迁中,推动国家发展的根本力量,以及各国在发展过程中创造的属于全人类的文明成果。

2006 年 12 月 11 日,10 集系列电视纪录片《跨国风云》在中央电视台播出。该片以世界不同区域的市场、文化为背景,通过典型人物的典型故事,展示中国企业“走出去”的曲折经历,并借助它们的视野,介绍了不同市场的特色和商务特点,解读和普及国际市场规则。

① 中国纪录片发展战略研究课题组.2009 年中国纪录片发展研究报告[J].现代传播,2010(10):133.

2007 年 6 月 23 日，8 集系列电视纪录片《香港十年》在中央电视台播出。该片用小切口突出大主题，以小人物展示大时代，呈现了一个真实而全面的香港，凸显了香港回归祖国 10 年后最大的变化——人民的变化。

2007 年 10 月 5 日，6 集系列电视纪录片《复兴之路》在中央电视台第一套节目黄金时段播出。作为《大国崛起》的姊妹篇，《复兴之路》全面系统地梳理了中国近现代历史，反映了 1840 年以后中华民族艰难曲折的复兴之路和新中国成立以来，尤其是改革开放 30 年以来取得的巨大成就。

2010 年 8 月 23 日，10 集系列电视纪录片《公司的力量》在中央电视台播出。该片以世界现代化进程为背景，梳理公司起源、发展、演变、创新的历史，讨论公司组织与经济制度、思想文化、科技创造、社会生活等诸多层面之间的相互推动和影响，旨在以公司为载体，探寻实现国家发展、社会进步、个人幸福的途径。

2010 年 10 月 2 日，12 集系列电视纪录片《当卢浮宫遇见紫禁城》在上海广播电视台纪实频道播出。该片分别演绎了古代中亚、埃及、希腊、罗马以及中世纪文艺复兴等不同时空背景下的东西方艺术演进历史，同时还呈现了卢浮宫和故宫依托宫殿建筑设立博物馆的精妙构思和创意。

3.频道化

在栏目化和大片化的推动下，中国电视纪录片的频道化也被提上了日程。

2000 年 8 月 8 日，亚洲第一个历史纪录片频道阳光卫视正式开播，其构想是：借助强大的纪录片节目资料库，通过自制、购入、结盟等多种模式，建立一个以传输历史、人物传记为主题的非戏剧类纪录片的强大节目资源库，并通过卫视宽频网站、电子商务、电视商务、数字卫星、录像带、光碟、书籍等多种渠道播出①。2001 年 7 月 9 日开播的中央电视台科教频道，虽然不是一个纪录片专业频道，却是中央电视台纪录片播出的主要平台，也是覆盖全国、以频道栏目集群出现的纪录片播出平台。其自制自播的电视纪录片栏目主要有 6 个，即《探索·发现》《人物》《大家》《重访》《绿色空间》《科技人生》。2002 年 1 月 1 日，上海电视台开办了中国第一个专业电视纪录片频道——纪实频道。2007 年 10 月 17 日，中国教育电视台第三频道在连续改版的基础上最终确立主推纪录片的发展战略，实现了向纪实频道的转型。2008 年 2 月 18 日，重庆电视台科教（纪实）频道正式开播。2008 年 4 月 9 日，湖南经济电视台金鹰纪实频道正式开播。

2010 年 10 月，国家广电总局印发的《关于加快纪录片产业发展的若干意见》指出："国产纪录片是形象展示中国发展进步的重要文化传播载体。纪录片产业是重要的文化

① 吴长生，刘泰山."阳光卫视"正式开播[N].人民日报(海外版)，2000(8)：5.

产业。大力推进纪录片产业发展,对于展现祖国发展变化,传承民族优良传统,建设社会主义先进文化,满足人民群众精神文化需求,对于促进国际文化交流合作,推动中华文化走出去,提高中国文化软实力,都具有十分重要的意义。”在这样的政策引导下,2011 年 1 月 1 日,中央电视台纪录频道正式开播,分中英双语版全天候 24 小时面向全球播出,这标志着中国电视纪录片的播出有了全国性的平台。2016 年 12 月 31 日,中央电视台纪录频道英语版更改呼号为中国国际电视台纪录频道。

三、主要特征

(一)非虚构的真实生活

电视纪录片是从真实生活中采撷素材,以生活自身的形态来阐释生活、抒发情感、升华哲理的。“它的基本手法是采访摄影,即在事件发生发展的过程中,用挑、等、抢的摄影方法,记录真实环境、真实时间里发生的真人真事。这里的‘四真’是纪录片的生命。”① 而且这种“真”具有如同生活一样丰富而完整的气息或情状,显示了生活的本来面貌。

电视纪录片对非虚构性的强调,体现了“美是生活”的美学精神内核;同时,其对日常生活审美化和艺术化表现,则是对“美是生活”的新的演绎。

综上,可以确认的是,电视纪录片不是虚构文学,而是一种非虚构性的电视作品。真实是电视纪录片的根本特性,也可以说,真实是电视纪录片最高的美学追求。此外,电视纪录片内蕴的人文精神能增强画面的真实感和感染力,从而彰显出电视纪录片的独特魅力。

当然,“源于生活”并不等于照搬生活,“纪录”不仅仅是“记录”。电视纪录片的价值不在于宣传说教,而是要反映历史、解释历史,要“载道”。这一切都需要艺术化地用视听语言呈现出来,这种呈现既要不失其真,又要不留痕迹,要隐藏于真实的声画之中。

(二)一体化的镜语方式

电视纪录片记录现实生活中真人真事的功能是通过摄像机这种特殊的电子工具来实现的,摄像机用一种特殊的镜语方式再现了客观事物的形声结构和运动过程。这种镜语方式强调记录行为时空的原始面貌,强调记录形声一体化的行为活动,使得电视纪录片中人和事物的活动具有一种符合人们日常生活经验的逼真感。正是这种纪实本

---

① 任远.电视纪录片新论[M].北京:中国广播电视出版社,1997:271.

性——客观物质现实的复原，使得电视纪录片有着其他电视节目形态所无法替代的价值和魅力。

电视纪录片对一体化镜语方式的运用，突出表现在电视纪录片对长镜头的情有独钟上。长镜头具有的时空完整性、统一性、多义性等特质，是电视纪录片完整再现生活、增强真实感的主要镜语方式，符合电视纪录片的美学思想和纪实原则。

电视纪录片运用长镜头推进叙事进程，把镜头中的各种内部运动方式统一起来，时间上保持了客观事物的流程完整，空间上保证了关系的整体性，自然流畅又富于变化，为画面创造多种角度和景别。电视纪录片尽可能多地运用长镜头，纪实性强，能给人逼真的参与感和现场感，客观地展现生活原貌，酝酿某种特定情感。当然，长镜头也可以作为一种在镜头内部进行场面调度的蒙太奇，在遵循真实自然的原则同时赋予其美感。

电视纪录片对一体化镜语方式的运用，还表现在对同期声的大量使用上。同期声加强画面的真实感，使画面具有可听性；现场画面为声音提供声源，使声音具有可见性。二者相辅相成，从而创造现实逼真感。电视纪录片在声画合一的镜语应用中，抓住了时间和空间上的现在进行时，给观众以大容量、全方位、多角度的感受，用独特的表现手法揭示深刻的内容，展现出丰富多彩的真实生活和人物的内心世界，自然而然地强化了烘托和渲染的效果。譬如，具有里程碑意义的电视纪录片《望长城》就打破了声画对位的早期电视纪录片的制作传统，其中长镜头、同期声的成功运用，彰显了电视语言的独特魅力，对此后的中国电视纪录片创作的影响是革命性的。

（三）情境化的叙事结构

电视纪录片的创作者既不能像电视剧的创作者一样用虚构的方法来安排情节，也不可能将生活完完全全地记录下来，而只能以真实自然的生活为素材，通过选择一个个有意义的瞬间和片段来再现生活的原貌。这种再现建立在完整的情境基础之上。所谓情境，包括三大要素：人物活动的具体时空环境、人物面临的具体事件、由此构成的特定人物关系。一部电视纪录片正是由多个具有一定逻辑关系的情境按一定的结构组织，从而达到叙事目的的。

电视纪录片的基本叙事方式就是纪实，其创作态度是客体性的，整个作品呈现出一种“无我”之境。电视纪录片寓论断于叙事，在发现和选择的影像背后，“我”的主体意识藏而不露，隐而不发。

电视纪录片的叙事流程如同铺展一条线，侧重于情境的线性发展，关注的是过程，是一段相对完整的时空流动，而编导的思想就隐藏在声画剪辑之中，隐藏在情境的叙述过程之中。所有的声画形象都蕴含着生活本身的动人力量，散发着生活本身的情感温度。

这是一种指向未知、指向无限领域的探索。讲故事是电视纪录片情境呈现的有效手段。电视纪录片的叙事讲求画面事实与话语事实的统一同构,其叙事策略是将内容寓于生动的声画载体之中,将观点隐于被摄者的动作、表情、言谈之中,给观众留下一个开放性的读解空间。

在中国,人们对电视纪录片叙事方式的认识有一个不断回归纪录片本体的过程。中国早期电视纪录片往往不是按生活的自然流程叙事,而是建立在观念表达的基础上,以横断面的生活方式为主题服务。随着时代的发展,中国电视纪录片开始关注生活和情感的自然流程,关注生活本身蕴藏的因果性和情节化过程,其叙事的情境是纪实性的,但这个纪实性除了它本身所特有的客体性色彩外,还是一种建立在感性叙事基础上的特殊编织。这种编织具有非戏剧性和非虚构性,它试图在内容意义与美学价值之间建立起一种特殊的关联,强调新闻意识和艺术感知的并驾齐驱。

第三节　电视谈话节目>>>

一、定义

电视谈话节目是把由公众关注的新闻人物、新闻事件、热点话题等产生的口头传播引入屏幕,并将这种传播方式直接作为节目的内容元素和形式元素的社教类电视节目形态。

根据传播学的一般理论,传播包括四个基本元素:传播者、接收者、传播环境和传播内容。对于电视谈话节目来说,其基本元素包括话题、主持人、嘉宾、现场观众、道具、环境等。

(一)话题

话题,堪称电视谈话节目的生命线。"一个有较高品位的谈话题材,应是主流文化与多元文化的和谐统一、世界文化与民族文化的和谐统一、现代文化与传统文化的和谐统一、大众文化与精英文化的和谐统一、高雅文化与通俗文化的和谐统一。"①

话题一般分为非常规性话题和常规性话题两种类型:非常规性话题针对的是当前发生的新闻事件和新闻人物,或者社会关注的热点和焦点,这种话题对电视谈话节目而言,

---

① 孙宝国.嘉宾一样是"传者"[J].新闻战线,2010(3):13.

可以增强其对舆论的引导力，长此以往，可稳步提升节目的品位；常规性话题是指选题主题化，即在一定的时间内，保持话题内涵的一致性。无论是非常规性话题，还是常规性话题，一个有较高品位的话题都需要至少具备如下五个条件：

一是普遍性。话题内容应能够引起观众普遍的兴趣，那些个别的或者是偶然的事情通常不应该成为话题选择的对象。譬如，经济与人们的生活息息相关，其中有意思、有意味的话题肯定不少，但只有那些对多数人的生活已经产生或可能产生影响的话题才能成为节目的选题。

二是贴切性。节目要根据自身的定位选择贴切的话题。譬如，即使同为电视谈话节目，《锵锵三人行》与《超级访问》的定位也有明显的区别。同为蒋方舟，在《锵锵三人行》中，她是作为窦文涛的同行一起讨论热门的新闻事件，而在《超级访问》中，她是被访问的对象，她更多谈的是她的事业、生活、感情。因此可以说，节目定位决定了话题的选择范围。面对一个嘉宾或事件时，节目应该选择既可以激发访谈者的积极性，又能调动观众兴趣的话题，而不应盲从，一哄而上。

三是时宜性。从理论上说，每一期节目都有一个最佳播出时间，在这个时间节点上播出，最有可能达到预期的传播效果。因此，编导在选择话题时应安排近期热点事件、纪念日、新闻人物等优先播出。同时，选择话题时还应具有前瞻性，提前做好相关的案头准备工作，确保这类话题在适当的时候能够顺利播出。

四是思辨性。话题应该是节目组多元思考后的结果，观点一旦失去了多样化，电视谈话节目的存在价值就大打折扣了。因此选题会一定要讨论起来，而且围绕这一话题应产生出不同的观点，不能搞“一言堂”。

五是操作性。话题准备进入正式实施前的最后一项工作就是考察话题的操作性。其中，政策的规定，嘉宾的邀请，节目组自身的人力、物力、财力状况都是要考虑的基本因素。只有充分了解了这几个方面的情况，并确定可行，话题才能进入实际操作阶段。

（二）主持人

节目主持人是在节目中，以个体行为出现，代表传媒群体观念，用有声语言和副语言能动地把控节目进程，直接、平等地进行大众传播活动的人。对于电视谈话节目而言，主持人是一个不可或缺的元素，主持人优秀与否，直接影响节目的播出效果。许多电视谈话节目是以主持人的名字命名的，如《一丹话题》《鲁豫有约》《杨澜访谈录》等。

1.主持人的角色定位

在大多数电视谈话节目中，主持人主要有四种角色：第一是提问者，要通过提问打开嘉宾的话匣子,使谈话有目的、有计划地顺利进行;第二是谈话者,要在做好采访提问的情况下,积极参与话题的讨论;第三是组织者,要主导节目流程和引导话题,营造良好的沟通氛围;第四是传播者,要起到作为节目乃至媒体品牌形象代言人的作用。在具体实践中,电视谈话节目主持人的四种角色是四位一体的。四种角色如何充分地协调和使用好,对节目主持人来说十分重要。

当然,在不同形态的电视谈话节目中,主持人的角色略有差异。譬如,在群言式电视谈话节目中,主持人主要是穿针引线者、现场控制者、气氛调节者;在对话式电视谈话节目中,主持人更像是调查者、挖掘者、印证者。再如,当面对配角型嘉宾时,电视谈话节目主持人必须具备更强的现场控制能力:首先,主持人要事先与嘉宾进行沟通,充分说明节目的意图,并在节目中通过提问的方式,引导嘉宾发表不同意见,最终达到预期效果;其次,主持人要尊重嘉宾,友善地与嘉宾沟通,有意识地将嘉宾的思路引入正确的舆论场;最后,主持人不仅要调动起嘉宾谈话的积极性,还要按节目的要求引导谈话的方向。

2.主持人的能力要求

一般而言,有影响力的电视谈话节目主持人大都是电视媒体中有内涵、有口才、有人缘、有特点的名牌主持人。

所谓内涵,主要是就综合素养而言的。电视谈话节目主持人要做到在精练中适度冗余,在冗余中追求精练,形散而神不散。临场应变和善于交流是其必备的素质,尤其是新闻时政类电视谈话节目主持人,还要有良好的政治理论修养、较深的文化底蕴和独特的个性气质。此外,新闻时政类电视谈话节目主持人还要注意以下几点:要客观,控制个人情绪,避免日常生活中特殊经历对情绪的影响,避免节目进行时突发事件对情绪的影响;要把握好访谈分寸,真诚、亲近、礼貌,因为这不仅关系到访谈对象的心情,更涉及谈话内容的客观公正;要严谨,保证用词准确,由于话题的敏感性,主持人一旦发生口误,就有可能造成无法挽回的后果。

所谓口才,主要是就语言功力而言的。电视谈话节目主持人应做到以下三点:一是知道“我是谁”,明确自己在节目中的地位和作用;二是知道“跟谁说”,确保话语与节目的定位及价值取向保持一致;三是知道“如何说”,要学会运用话语的层次性、冲突性、合适性和文化性,从而恰到好处地遣词造句,引导嘉宾畅所欲言。另外,主持人还要注意把握话语的“时空”,使话语与节目语境自然和谐。

所谓人缘,主要是就互动能力而言的。在电视谈话节目主持人众多能力中,主持人与嘉宾的互动能力是最关键、最重要的一种。可以说,与嘉宾的互动是电视谈话节目主持人必备的一种意识和能力。主持人与嘉宾的互动可分为内容互动、心理互动、情感互动等三种：通过内容互动为观众提供有用的信息，通过心理互动实现传受者之间心理上的动态平衡，通过情感互动使传受者之间产生情感上的共鸣与升华。

所谓特点，主要是就个性化而言的。电视谈话节目是真正的主持人节目，其成败在很大程度上取决于主持人的个性化。但需要注意的是，个性的追求不是单一的，而是综合的，是一种多元化的个性。一个优秀的电视谈话节目主持人在节目中展现个性化的同时，最好能积极参与到节目的选题、拍摄、剪辑等环节中。

（三）嘉宾

“嘉宾”在古代汉语中是对客人的尊称。一般而言，广义上的嘉宾，指的是被邀请到节目现场，参与节目的所有客人；狭义上的嘉宾，专指在主景区与主持人共同作为谈话主体的某位或某几位客人。

从传受双方的关系来说，在电视谈话节目录制现场，嘉宾既是传者，又是受者；而针对场外观众，嘉宾与主持人一样是传者。如果说主持人的作用主要是交代和引导话题，那么话题的展开、深入、升华，则主要是由嘉宾完成的。“访谈对象永远是风，主持人只是操帆的水手。无风则帆落空，风挟帆而远行。”①可以说，嘉宾的表现直接关系到电视谈话节目的传播效果。那么，在选择嘉宾时要注意哪些问题呢？

首先，嘉宾要有“谈资”。一个有谈资的电视谈话节目嘉宾要么本人就有故事，要么在某一领域具有权威性或发言权。譬如，中央电视台《对话》邀请的嘉宾大多是世界政要和行业领军人物，或者具有强势话语权的标志性人物，这些嘉宾的观点往往能给人以豁然开朗之感，原因就是他们有丰富的阅历、专业的知识和独到的见解。

其次，嘉宾要有“谈品”。一个有谈品的电视谈话节目嘉宾应注意与主持人和其他嘉宾之间的互动和协调，而不是一味地表现个人。嘉宾与主持人应该为呈现最佳的节目效果而共同努力。

最后，嘉宾要有“谈技”。嘉宾应能把握说话的时机，注意说话的场合和时间，嘉宾的话语与节目的语境应相得益彰。

而对于电视谈话节目的不同形态，嘉宾的选择标准应进一步细化。如在讨论型电视谈话节目中，嘉宾应具有严密的逻辑和清晰的条理，分析深刻到位，见解别具一格；在叙事型电视谈话节目中，不论是名人明星还是普通百姓，嘉宾要有与众不同的经历或者故事，以事动人，以情动人；在辩论型电视谈话节目中，嘉宾之间的观点应针锋相对，形成热烈的辩论，所以嘉宾要有缜密的思维、机敏的反应、犀利的风格，能一针见血地指出对方

① 王嘉钰，沈萌萌.曹可凡与《可凡倾听》[M].上海：复旦大学出版社，2008：1.

观点的破绽;在清谈型电视谈话节目中,嘉宾要见多识广、联想丰富、思维活跃、语言幽默、个性鲜明。

对于一档电视谈话节目而言,嘉宾的选择标准在很大程度上决定了节目的品位。因此,建立科学的嘉宾选择体系,对于储备电视谈话节目的嘉宾资源相当重要。如中央电视台的《艺术人生》曾经将寻找嘉宾的标准细分为四条,编导在报选题时,要填写一份选题意见表,除了嘉宾姓名和选题名称外,还要对嘉宾的以下四个方面进行介绍和评分,才能最终确定嘉宾人选:人生故事,占40%;艺术成就,占20%;观众期待,占20%;表达能力,占20%。[①] 最后描述对嘉宾的总印象,并计算总分。编导在逐条评价嘉宾的同时,也辅助主持人进一步了解嘉宾,减少沟通难度。

确定了选择嘉宾的条件和标准,接下来就是找到合适的人选。中央电视台《国际双行线》的编导道出了其中的艰辛:"每一个选题确定之后,我们都要反复斟酌嘉宾人选,在尽可能广的范围内进行严格的遴选。随着编导对选题思路的深入把握,话题涉及与先前计划之间往往有较大变化,这时的嘉宾人选很有可能发生变化。即使是那些量身定做的题目,在操作过程中也未必心遂人愿。某些嘉宾候选人初见面时尽善尽美,再接触几次却经不住推敲,甚至人不对题,只好拿下。"[②]所以说,寻找合适的嘉宾对于电视谈话节目来说是一件非常核心的工作,容不得有丝毫懈怠。

如何尽快找到合适的嘉宾呢?有的电视谈话节目建立了一套专门寻找嘉宾的机制,除了定期通过网络发布选题、通过有关机构寻找嘉宾外,最有效的方式是建立节目嘉宾资源库。譬如中央电视台《对话》栏目设有专门的策划人员,负责建立和丰富嘉宾资源库,了解各相关领域的资讯,不断发掘节目可能会邀请的新人物,及时把这些人的相关资料收集到嘉宾资源库。每过一段时间,策划人员就会对嘉宾资源库加以整理,按照一定的方式分类,并列出每个嘉宾的特色。栏目日积月累,储备了大量的嘉宾资源,既实现了资源共享,又避免了重复劳动。

(四)现场观众

一些电视谈话节目中有观众参与,一些则没有。在有现场观众参与的电视谈话节目中,现场观众是节目元素之一,而不是可有可无的看客。一方面,现场观众的出现可以增强谈话的现实感,营造谈话氛围;另一方面,现场观众的参与可以起到拾遗补阙、调整节奏的作用。

---

① 雷蔚真,邓力.电视品牌的策划与创建:《艺术人生》透析报告[M].北京:中国传媒大学出版社,2008:185.

② 《国际双行线》栏目组.对话与交流[M].北京:文化艺术出版社,2001:340.

有无现场观众参与节目的效果是不一样的。给现场观众参与的机会,既可以丰富谈话的内容和形式,也可以吸引更多电视机前的观众。

(五)道具

"道具"是从舞台艺术中借用的概念,指的是在舞台演出中,与表演者直接发生关系的用具和器物。不同于舞台道具的虚拟性,道具在电视谈话节目中多指与话题或嘉宾相关的各种真实的物件。作为电视谈话节目中的非语言符号,道具一方面通过形象具体的电视表现手段为观众传递有用的信息,另一方面作为悬念和戏剧化的元素来推动节目进程。一般来说,道具可分为功能性道具和情感性道具两种。

功能性道具既可以是节目组特意制作的图片、题板、漫画等,也可以是在节目中起解释作用的实物。譬如,在中央电视台《对话》栏目以美国维亚康姆公司总裁雷石东为嘉宾的那期节目《创业从六十三岁开始》中,主持人用题板展示了一幅漫画,内容是雷石东推着一辆购物车,里面装着三件商品,分别象征着维亚康姆公司的三次大收购。围绕这幅漫画,话题依次展开。

情感性道具往往与嘉宾的个人经历有着紧密联系,能激发嘉宾的情绪,促使他们敞开心扉,流露出真情实感,还能引起观众的好奇心,制造悬念,营造氛围。中央电视台《艺术人生》就比较擅长运用情感性道具。譬如,在以台湾歌手蔡琴为嘉宾的一期节目中,道具是一个装满小纸条的玻璃瓶。那些小纸条是蔡琴在孤独沮丧时写下的自我鼓励的文字,曾经支撑她一路走过来。这样一个小小的道具,让蔡琴潸然泪下,由此激发的内心告白,感染了无数观众。

(六)环境

电视谈话节目的谈话环境大多设置在专业的电视演播室,也可设置在普通的客厅、书房甚至户外等其他场所。

电视谈话节目的谈话环境设置要做到形式与内容相协调。譬如:重大的时政话题,谈话环境宜简洁明朗;深刻的经济话题,谈话环境宜朴实大方;轻松的社会话题,谈话环境宜动感活泼。主要原则有三:一是内容越深刻复杂,谈话环境就越要简单明了;二是尽可能地减少谈话环境与观众的疏离感;三是谈话环境的设计要给人以透明、开放的视觉感受。

二、源流

(一)导入期(1992—1994)

1992 年,上海东方电视台创办了中国最早的电视谈话节目《东方直播室》,该节目采用现场直播的方式,邀请嘉宾和观众来到演播室就某个话题展开讨论。在《东方直播室》播出后,各地方电视台也陆续出现过一些谈话节目,如黑龙江电视台的《北方直播室》、吉林电视台的《大家谈》、广东电视台的《岭南直播室》、广州电视台的《夜谈》等。但这些电视谈话节目由于传播范围较小,未能产生广泛的影响。

1993 年 1 月,中央电视台《东方时空》栏目《东方之子》版块采用了电视谈话节目形态,但它有两个局限:一个是谈话者的标准,他们必须是"东方之子",也就是说他们必须先符合入选《东方之子》人物的标准,才可以成为一个谈话人;另一个是节目只有 8 分钟,只能讲重点和要点,没有篇幅容纳其他有趣或有思想深度的东西。

(二)成长期(1995—2005)

电视谈话节目真正引起观众和理论研究者的关注并在电视节目制作中形成一股浪潮,是由《东方时空》孵化的《实话实说》的热播开始的。

1995 年 5 月 4 日,《东方时空》播出纪念创办两周年的特别节目,这是《实话实说》的雏形,为《实话实说》的开办打下了基础。1996 年 3 月 16 日,电视谈话节目《实话实说》开播。2000 年 12 月 22 日,中央电视台第三套节目推出著名演艺明星谈话节目《艺术人生》。2002 年 1 月 1 日,凤凰卫视向全球华人同步推出周播明星谈话节目《鲁豫有约》。2002 年 5 月 24 日,湖南经济电视台推出电视谈话节目《越策越开心》。据不完全统计,截至 2004 年年底,中国有电视谈话节目近两百个,可以说遍地开花。譬如,在参评 2004 年度中国首届十佳电视公共栏目的 33 件作品中,有 26 件是谈话节目。在"十佳"中,除了山西电视台的《黄土地》是对农杂志节目外,其余 9 席都是谈话节目,分别为中央电视台的《实话实说》(1996 年 3 月 16 日)和《相约夕阳红》(1999 年 1 月 2 日)、河北电视台的《真情旋律》(1999 年 3 月 5 日)、重庆电视台的《龙门阵》(1999 年 10 月 4 日)、中央电视台的《对话》(2000 年 7 月 8 日)、湖北电视台的《往事》(2000 年 12 月 31 日)、黑龙江电视台的《当事者说》(2001 年 3 月 5 日)、北京电视台的《真情互动》(2001 年 3 月 10 日)、安徽电视台的《记者档案》(2002 年 10 月 24 日)等。

(三)转型期(2006—)

随着大部分老牌电视谈话节目进入衰退期或停播,《波士堂》等一批保留了电视谈话节目的基本特征,又嫁接了综艺元素和真人秀元素的电视谈话节目从2006年开始亮相荧屏,中国电视谈话节目形态的发展也由成长期进入了转型期。

2006年6月10日,上海东方卫视、第一财经频道、唯众传媒联合出品的商业娱乐脱口秀节目《波士堂》在上海东方卫视开播;2008年8月4日,大型礼仪公德脱口秀节目《天天向上》在湖南卫视开播;2012年8月27日,以真诚分享和平等对话为特色的"中国首档青年电视公开课"《开讲啦》在中央电视台综合频道开播;2015年1月28日,大型时尚文化脱口秀《金星秀》在东方卫视开播;2018年1月6日,中央电视台中文国际频道推出了一档以展现全球华人家庭文化传承为主的季播节目《谢谢了,我的家》。

这些节目都以谈话为基本内核,同时融入了更丰富的表现形式,为电视谈话节目的发展注入了新的活力。

三、主要特征

(一)直接的人际互动

谈话是人们相互交流最直接的方式,它能调动人的整体感知,让人们获得超越语言的亲密感觉,是最人性化的交流方式之一。

由于技术条件的限制,以往的传媒使谈话这一人际交流方式得不到有效的发挥:印刷传媒只能以对话记录的形式将交谈加以抽象化;广播传媒虽然开创了谈话节目这一形态,但因为听觉的单感官满足仍然阻隔了这种传播的人本状态。

而在电子和数字技术的保障下,电视谈话节目具有最符合电视本质的传播状态。它能够以人自身作为传播符号,将谈话的完整状态加以保留、物化、传递,以人际交流的即时互动构成节目内容,满足并延伸了人们面对面交谈的愿望,而且将人际传播和大众传播结合起来,经由电视传媒的放大,创造了一种广域的人际传播空间,成为现代社会里人与人、人与世界建立联系、加强沟通的渠道,还原了生命本身的质感。

(二)完整的场式传播

电视谈话节目能保留谈话的完整性和动态性,进行场的传播。

人在谈话中进行的是一种包括语言、表情、姿态、动作、心态、氛围的整体传播,而人的接收也处于一种瞬间全盘吸纳的状态。由于谈话时,人的情绪、气氛处于相互的激发和生成中,因此整个谈话现场会随着谈话的进行而形成一种信息场。

电视谈话节目完整地保留了现场的人际互动情景,全方位展示了谈话过程中的语言、性格、心态、氛围等。导演现场即时的整体编排,可使在时间链条中绵绵不息的动态谈话形成一种人际传播的势态。譬如中央电视台《相约夕阳红》的一集是农村老汉谈大学生儿子回家办工厂。作为现场嘉宾的老汉愁眉苦脸地说,过去几亩地、两间房,雇了不过两三个人,就算是地主了。如今儿子雇了300多个工人,得算是什么呢?老汉的担心引来了大家的热烈讨论,有人疑惑,有人欣赏,有人不满……表情不一,各执一词。节目完整地展现了整个谈话过程所形成的场,情绪和信息的积累层层上升至高潮,社会转型期不同观点、不同心态、不同思想和不同年龄的交锋完整地展现在观众面前,不是戏剧却胜似戏剧。

在谈话场的传播中,会因为这种信息的完整和势态的延伸,让人获得诸多超越语言的感知,这也正是电视谈话节目的独特魅力。因此观众的兴趣虽然是由话题而始,却常常能在谈话中获得全方位的满足。

(三)个性的自然流露

电视谈话节目为个性的自然流露提供了良好的环境。电视谈话节目中的信息是个人发布的,它是“我”的声音,具有鲜活的生命力。在奥普拉·温弗瑞的《读书俱乐部》中,温弗瑞总是问:你能与主人公成为好朋友吗?你从小说中悟出了什么道理?如果你就是主人公,你会像他那样吗?上述谈话节目主要是借助个人的经历来评价某部著作。

电视谈话节目的话语空间能提供多样化的展示手段,让人可以采用语言、表情、动作等多种方式来进行辅助表达。譬如《实话实说》的一期春节特别节目,就安排了大家表演自己拿手的厨艺这一环节,有位参与的观众的绝活是擀超薄的面皮,主持人问:“擀这么薄是不是有欺骗顾客的嫌疑?为什么擀这么薄呢?”这位观众说:“做什么事都要有个性。”另一位参与的观众的绝活是反手包包子,主持人问:“你说这是不是自己和自己过不去,正着包多好。你怎么想起来反着手包?”结果引出这位观众非常精彩的回答:“想在工作中寻找一些乐趣。”

人的个性都是社会性的体现,人的语言因个人身份的差异而有不同的表达方式,在观点的碰撞中流露的实际上是不同的社会文化和心理的碰撞。节目中名人以自己特有的方式交谈,使节目更有看点。

(四)动态的情感碰撞

人的谈话具有动态性和偶发性,电视谈话节目在现场的特定空间里最大限度地刺激了人的交谈欲望,人的智慧、情感都会在语言中展现出来。主持人的适当引导可以激发现场嘉宾及观众的机敏对答,加速谈话中动态的情感碰撞,强化人际传播中的张力。

譬如在台湾一档畅谈百年历史的电视谈话节目《世纪末大对决》中,谈到酣处,黄安对李敖说:“我可能成为文坛的李敖,但你却永远成不了歌坛的黄安。”待李敖点头之后,黄安又说:“你以前是文坛才俊,现在只能算是文坛耆宿了。”李敖一听,差点儿跳起来。黄安又说:“你不要跳,你是老前辈,干吗要对后辈动气呢?”对于别人来说,这种对话可能张力过大,但对于惯发狂语的李敖来说,这种极具冲击性的对话恰恰激发出了人物的个性,也构筑了节目的亮点。在《相约夕阳红》的一期节目《老夫老妻》中,当观众中一位老太太夸奖作为现场嘉宾的老先生幽默时,谁也没有想到,老先生竟以与年龄不相称的动作,敏捷地跳起来,几个箭步跨过场地,扑到现场观众席与她热烈握手,全场为之鼓掌。电视谈话节目中意想不到的情感变化,常常会引发戏剧性的场面。

(五)优化的信息组合

现代传播技术的发展使得电视谈话节目能够在谈话的现场,通过大屏幕实时插入场内嘉宾和观众的谈话内容以及字幕、图表、三维动画等多重信息,不仅使各种素材贯通于具有实质意义的谈话现场之中,而且使人们在进行全息性的人际传播的同时,获得共时性的情感需求的满足。

虚拟演播室技术的发展为电视谈话节目开拓了新的信息结构方式,譬如凤凰卫视在《锵锵三人行》中运用虚拟演播室技术,不但提供了一个多维的谈话空间,可以随时无缝插入谈话涉及的影像及文字资料,而且可以将分散在世界各地的主持人、嘉宾、观众以及各种动态资料集结在一个电视空间里,使得谈话方式更为多元化,人物的交流具有超越时空的互动性。

(六)经济的成本结构

电视谈话节目有着相对经济的成本结构,对场地、制作人员、制作技术的要求都不太高。它只需要一个外景地或演播室、一两位主持人和几位现场嘉宾即可。同时,电视谈话节目的后期编辑也不需要复杂的特技处理,只要主持人发挥得好,现场录制完毕就能够迅速合成。有的电视谈话节目甚至采用直播形式,省去了后期编辑制作的时间和费用,这些特点使电视谈话节目成为电视节目中制作费用相对较低的一种形态。

以美国为例,在1992年,制作一集在黄金时段播出的电视剧至少要花费100万美元,而制作同样长度的电视谈话节目则至多花费10万美元。以投入与产出比来算,电视谈话节目无疑是经济效益较好的一种电视节目形态。琼尼·卡森是美国著名夜间电视谈话节目《今夜》的主持人,他在自己主持的最后一期节目中用30秒说了一个仅有75个单词的笑话,这个笑话价值近15万美元。因为广告商为这30秒支付的贴片广告费就是15万美元。平均算下来,每个词值2000美元。又如北京电视台的谈话节目《谁在说》曾以每集5000元的价格出售给其他电视台播出,创下当时30分钟专题节目的最高交易价。而高收益又能进一步刺激好的电视谈话节目出现,这种良性循环有力促进了电视谈话节目的发展。

所有电视节目形态都是在一定技术基础上社会心理的反馈,在直播卫星电视和网络技术迅速发展、全球政治经济形势不断变化的今天,电视谈话节目将具有更为广阔的发展前景。这个前景不再是用量的积累支撑起来的,而是电视谈话节目切实满足受众的收视需求,真正成为传播信息、表达观点、沟通情感、慰藉心灵的重要载体。

第四节　电视体育节目>>>

一、定义

电视体育节目是以体育运动为主导元素的社教类电视节目形态。

电视体育节目具有新闻类电视节目形态的基本特征,但总的来看,包含棋牌、田径、游泳、体操、球类、拳击、马术等比赛的电视体育节目,本质是向观众提供娱乐和消遣服务的。

作为人类体能、技巧、美感与电视艺术完美结合的电视体育节目,是中国电视节目内容和形式元素变化最多、观众规模增长最快的形态之一。观众在不经意间会发现,电视体育节目越来越新鲜、越来越有趣、越来越刺激了。电视体育节目催生了一个又一个体育明星,他们反过来又成为电视体育节目的看点,为电视体育节目赢得了收视率。从某种意义上说,体育赛事是生产明星的沃土,也是维系电视体育节目收视率的关键。其实,电视体育节目的这种变化和影响力,不过是体育运动本身的娱乐属性在电视传媒中的进一步开掘,是电视体育节目在市场规律作用下的必然结果,是当代电视观众追求轻松、休闲、趣味的必然要求。

体育赛事是电视传播的重要内容,电视传播是体育赛事的表达渠道。电视传播与体育赛事两种不同的社会现象结合在一起,焕发出巨大魅力。观众对电视体育节目的需求是一种精神需求,因为它承载着体育运动中的勇敢、顽强、超越等精神追求和审美价值,观众通过观看体育节目能感受到运动之美,得到精神上的愉悦和满足。

电视体育节目可分为电视体育赛事转播、电视体育资讯节目、电视体育谈话节目、电视体育游戏等四种形态。

二、源流

(一)导入期(1958—1979)

1958 年 6 月 19 日,北京电视台转播了八一男女篮球队与北京男女篮球队的表演赛。这是中国最早的电视体育赛事转播,标志着中国电视体育节目的诞生。1958 年,北京电视台开办了不定期播出的《体育爱好者》节目,并从 1960 年开始固定为每周二、周五播出。

1959 年 9 月 13 日至 10 月 3 日,第一届全国运动会在北京召开,北京电视台对开幕式和足球、篮球、排球等重要比赛进行了实况转播,这是中国电视台第一次实况转播综合性体育赛事。

1961 年 4 月 4 日至 14 日,第 26 届世界乒乓球锦标赛在新落成的北京工人体育馆举行。北京电视台实况转播了 14 场比赛,时间共约 35 小时,30 多个国家和地区的 200 余名乒乓球选手出现在中国电视屏幕上。北京电视台还使用了 62,542 米胶片摄制了 71 条新闻片,使用 19,063 米胶片编辑了 46 条专题片。除发送给全国各地方电视台外,还寄送给 13 个有交换关系的国家和地区,并以每米胶片 3 美元的价格向联邦德国、巴西、澳大利亚等国出售,这是北京电视台第一次向外国出售自己拍摄的新闻片,扩大了中国电视媒体的国际影响。比赛期间,北京电视台共收到 3000 余封观众来信和数千个电话。通过对此次赛事的全程报道,电视不仅成为真正意义上的大众传播媒介,而且后来居上,一举赶超报纸和广播。随后,北京电视台对在北京举行的亚洲乒乓球友好邀请赛、全国五项球类运动会、第一届亚洲乒乓球锦标赛、第一届亚非乒乓球友好邀请赛等陆续进行了报道。

1967 年 1 月 6 日,北京电视台停播了包括体育节目在内的所有电视节目。1970 年 8 月,北京电视台转播了中朝乒乓球友谊比赛的实况,恢复了传统的体育比赛实况转播。

1973 年 10 月,北京电视台与武汉电视台合作,第一次利用微波干线把全国乒乓球锦标赛的信号从武汉传到北京,然后向全国播出。

1975 年 9 月 12 日,中华人民共和国第三届运动会在北京开幕。北京电视台除每天播出全运会的专题报道外,还转播了开幕式、闭幕式、民族传统体育表演以及足球、篮球、排球、乒乓球、羽毛球、手球、体操、艺术体操等比赛的实况。

1978 年 6 月 25 日、6 月 26 日和 7 月 2 日,中央电视台通过国际通信卫星转播了在阿根廷举行的第 11 届世界杯足球赛半决赛和决赛的三场实况。这是中国的电视台第一次通过国际通信卫星转播国外赛事,也是中国电视观众首次看到高水平的国际足球比赛的实况转播。

1978 年 12 月,第八届亚洲运动会在泰国首都曼谷举行。运动会期间,中央电视台通过卫星转播了开幕式、闭幕式以及男篮和女排两场决赛的实况。此外,还陆续播出了中国体育记者拍摄的《亚运会前的曼谷》《中国队参加比赛项目的片段》《各国运动员联欢》等 11 条电视专题片。

1978 年,中央电视台恢复了专门的体育节目《体育之窗》,随后又相继开办了《世界体育》《体坛纵横》等节目,内容主要包括体育明星介绍、比赛精彩片段集锦等。中国各地方电视台开办体育节目比中央电视台稍晚一些,其中较有影响的有广东电视台 1979 年创办的《体坛内外》、北京电视台 1981 年创办的《体坛巡礼》、四川电视台 1982 年创办的《体育集锦》、上海电视台 1983 年创办的《体育大看台》等。

1979 年 4 月 1 日,中央电视台在《体育爱好者》中播出了第 11 届世界杯足球赛决赛——阿根廷队对荷兰队的实况录像。

(二)成长期(1980—1994)

从 20 世纪 80 年代开始,中央电视台对国内外重大体育比赛的报道日益专业化和常规化,节目数量逐渐增多,质量稳步提升,时效性越来越强。

1980 年 4 月 26 日,中央电视台租用印度洋卫星转播了在日本名古屋举行的日中羽毛球比赛的实况。

1980 年 5 月 2 日,中央电视台播出了由上海电视台传送的上海国际乒乓球邀请赛实况。此外,上海电视台早在 1979 年就先后转播了中美篮球友谊赛美国队对上海队的比赛实况、加拿大国家男女排球队访沪友谊比赛、法国女子手球队访沪比赛实况等多场国际友谊赛。

1981 年 10 月 18 日,中央电视台通过卫星转播了世界杯足球赛亚太区决赛中国国家足球队对科威特队的比赛实况,这场比赛中国队以 3∶0 战胜了 1980 年亚洲锦标赛冠军科威特队。中央电视台又于同年 11 月 12 日转播了中国队对沙特阿拉伯队的比赛实况,中国队以4：2取得胜利。亿万中国观众通过电视屏幕欣赏了这两场重大赛事，直观迅捷地见证了中国队赢得胜利的全过程。

1981 年 11 月 8 日，中国女子排球队战胜上届冠军东道主日本队，获得第三届世界女子排球赛冠军。中央电视台通过卫星转播了中日、中美、中古、中苏等多场比赛。当时国内电视机普及率并不高，但是通过集体收看的形式，仍有亿万中国观众收看了各场比赛的转播。电视从各个角度直观而生动地展现了中国女排的卓越表现，特别是中国女排最后拦网成功、夺得世界冠军的电视镜头更是把中国观众的爱国热情和民族自豪感推到了极点。

1981 年的几次重大赛事转播，标志着中国电视传媒在体育赛事传播上发挥着越来越重要的作用。电视声画结合的直观传播，使人们认识到电视传媒将成为体育这项极具动感和竞争的活动的主要传播渠道。

1984 年，中央电视台直播了洛杉矶奥运会比赛。全国各地电视台也新办了一批体育节目，譬如上海电视台的《赛场大观》、广东电视台的《体育世界》、山东电视台的《体育天地》、云南电视台的《体育系列专辑》等。

1986 年，中央电视台体育赛事传播达到了一个新水平，第 19 届世界杯足球赛的 52 场比赛全部在当天播出，其中直播 19 场、录播 9 场、录像剪辑 24 场，使电视机前的体育迷们几乎同步欣赏到了世界顶级足球赛事。

1989 年元旦，中央电视台《体育新闻》节目播出，每周播出 6 次，每次 5 分钟。

1991 年 5 月，中央电视台将原来的《体育之窗》《世界体育》《体坛纵横》节目取消，新设立了《赛场纵横》《体育大世界》两个节目。

（三）成熟期（1995—）

随着 1995 年 1 月 1 日中央电视台体育频道的正式播出，中国电视体育节目形态的发展进入了成熟期。

中央电视台体育频道是中国创办最早、规模最大、拥有世界众多顶级赛事国内独家报道权的专业体育频道，开设的主要节目有《体育新闻》《体育世界》《足球之夜》等，节目内容包括国内外重大赛事的现场直播、体育热点问题追踪报道、全民健身及体育知识普及教育等。

中国最具代表性的电视体育谈话节目《五环夜话》，是中央电视台体育频道开播后首批与观众见面的节目之一，时长 55 分钟。《五环夜话》开播时名为《体育沙龙》，采用演播室直播的形式；1997 年 3 月《体育沙龙》由直播改为录播；1997 年 8 月更名为《体育漫谈》；1998 年 1 月再度更名为《五环夜话》。《五环夜话》不仅具有较强的新闻性和思想性,而且具有开阔的国际视野。

1996 年 1 月 2 日,中央电视台推出体育新闻节目《世界体育报道》。

1997 年 1 月,由北京电视台、上海电视台、广东电视台联合制作的体育新闻杂志节目《中国体育报道》开播。该节目时长 50 分钟,除在三地电视台播出外,还在全国近 30 家电视台播出。

1998 年,中央电视台从法国引进室外竞技类电视游戏节目《城市之间》。该节目把竞争激烈的体育竞技比赛与趣味游戏、智力竞赛、人文知识融为一体,让观众在对抗中得到娱乐,在娱乐中了解城市的文化历史。在节目内容方面,《城市之间》根据不同的地域特点设计了“勇攀高峰”“激流勇进”“漫游澳洲”“摇摆足球”“传递音符”“飞机拉力赛”“牵骆驼的人”“划龙舟”“娶新娘”等比赛项目。

2000 年,中央电视台体育频道将《体育大世界》《中国体育》等几档节目整合,创办了一档资讯与专题相结合的节目——《体育世界》,在每晚黄金时段播出,使得体育频道的新闻节目在设置上更加科学合理。中央电视台的体育节目大都采用现场直播的方式播出,并逐步向大信息量、强时效性的立体报道和综合报道的方向发展。

2001 年 1 月 1 日,中央电视台体育频道改版,将原来的 34 个节目整合为 17 个节目。

2002 年 4 月 1 日,中央电视台体育频道在世界杯足球赛期间推出了一档谈话节目《三味聊斋》,其平民化和休闲化的风格受到了球迷的好评。

2003 年 3 月 31 日,以“让体育频道更好看”为目标,本着“赛事第一”的原则,中央电视台体育频道再次改版。此次改版着重改进了频道的外在形式、制作方法、节目编排,增设《轻松体育》《巅峰时刻》《全明星猜想》《电子竞技世界》《顶级赛事》《直播周末》等 6 个节目,介绍前卫运动,浓缩最新、最高水平的国际赛事。其中,《直播周末》按照大型综合性运动会模式,对直播比赛、实况录像、专题节目、新闻节目进行整合,节目衔接自然紧凑。同时采用演播室主持人随时播报最新消息的形式,增大了节目的信息量,增强了节目的时效性。

2003 年 6 月 14 日,中央电视台体育频道推出新闻评论节目《体育今日谈》,设立新闻评论员兼节目主持人串联节目,跟踪国际国内体坛发生的新闻事件和新闻人物,分析事件的深层背景,帮助观众全面了解重大体育事件。

2005 年 9 月 5 日,围绕“突出赛事、加强新闻、改进编排、提升份额”的目标,中央电视台体育频道实施改版,实现 24 小时播出,实行动态节目编排,原则是赛事优先、新闻优先、直播优先。

2007 年 10 月 23 日,国际奥委会正式授权中央电视台体育频道自 2008 年 1 月 1 日至 9 月 30 日以奥运频道命名,并使用奥运五环标志。2008 年 1 月 1 日零时起,中央电视台体育频道更名为奥运频道，在中央电视台的台标上增加奥运五环标志，相继推出《奥运城市行》《我的奥林匹克》《奥运进行时》《奥运经典》《奥运岁月》等节目，形成了电视奥运节目的集群效应。

2008 年 5 月 1 日，中央电视台高清综合频道开播。2008 年 8 月 8 日至 8 月 24 日，中央电视台高清综合频道转播奥运赛事。

2010 年 6 月 11 日—7 月 12 日，中央电视台高清综合频道全程直播了第 19 届世界杯足球赛事。

2013 年 8 月 18 日，中央电视台体育赛事频道开播，替代同时停播的中央电视台高清综合频道。

2014 年 9 月 6 日—12 日，中央电视台体育赛事频道转播了 2014 年第四届女排亚洲杯赛。

2015 年 7 月 17 日，东方卫视推出体育类综艺节目《报告！教练》。六位非运动员出身的明星选手在明星教练的指导下投入四项奥运会竞技项目训练，进而深切体验艰苦拼搏、永不言弃的体育精神，该节目"用娱乐性包裹体育元素的'糖衣炮弹'俘获了很多受众的心"①。

2017 年 8 月 16 日，中央电视台体育赛事频道举行了开播四周年庆典活动。

如今，电视体育节目已经深入人们的日常生活之中，在重大赛事直播期间，一些城市甚至出现了万人空巷的场景。电视体育节目推动了体育运动的发展，许多体育赛事通过拍卖电视转播权获得了充足的资金，极大地促进了竞技体育运动的兴旺。有条件的地方电视台都已开办专业体育频道或半专业体育频道，除提供大量的体育赛事节目外，还制作播出电视体育新闻节目、电视体育评论节目、电视体育健身节目等。但是由于制作力量、经济能力、转播权限等的制约，一些体育频道大量播出购买的节目，自采自制的原创节目数量有限。不少地方电视台的体育节目归属于文体频道、体育休闲频道、生活娱乐频道、体育健康频道、体育旅游频道等。不仅这些半专业的体育频道大量播出非体育类节目，不少专业体育频道里也有比例不等的非体育类节目。

三、主要特征

（一）竞技性

体育元素是电视体育节目的主导元素，是其他元素赖以存在的前提和基础。体育元

① 张波.受众本位视阈下的体育综艺节目发展研究：以《报告！教练》为例[J].传媒，2016(3)：76.

素具体可分为赛事直播、颁奖仪式、赛事播报等,体现了顽强拼搏、公平公正、重在参与的体育精神。除此之外,体育元素还包括现场解说员就比赛做的解说和评论、演播室主持人简单明晰的总结、演播室嘉宾画龙点睛式的分析、现场记者在第一时间对运动员的采访等。电视体育具有强烈的竞技性,这是由体育元素本身决定的。

(二)情感性

体育不是单纯的竞技比赛,在比赛前后和比赛过程中,运动员、教练员、观众都会经历一种情感体验。体育中的情感元素与体育元素相生相伴。观众欣赏人的体育运动,也是欣赏体育运动中的人,同时体验人在体育运动中的情感。因此,体育传播应更加重视人性的展示,充分展现对人的情感的尊重,绝不能"只见比分不见人"。

北京奥运会期间,中央电视台的《一起看奥运》就秉承了这样的传播理念,营造了一个奥运情感场,于是观众看到了中国射击运动员杜丽失利首金后的痛哭失声与再度夺金后的灿烂笑脸,看到了美国射击运动员埃蒙斯夫妇的深情相拥。比赛镜头捕捉到这些蕴含着丰富意义的动作和表情,因为这其中流露出人们在运动中最真实的情感。

(三)文化性

体育不仅是运动,更是文化。文化是体育最深厚的渊源和依托,是体育的灵魂。电视传媒传播体育运动的意义已远远超出体育运动本身,观众在观看体育节目时,感受到的不仅是竞技比赛和运动情感,同时还沉浸在一种浓郁的体育文化氛围中。

中央电视台奥运频道有介绍项目发展渊源和比赛规则的《赛事百科》,有重温奥运史上精彩瞬间和感人场面的《奥运经典》,也有借助专家、学者、名人的视角,深入解读奥运知识和文化内涵的《高端看奥运》。譬如《高端看奥运》邀请田亮、马艳红等奥运冠军解释项目知识,邀请毕熙东、颜晓华、陈昭等资深体育传媒人士点评比赛,邀请美国前国务卿基辛格、北京奥运会美国体育代表团团长查尔斯·李等讲述他们眼中的北京奥运会。这些嘉宾从不同层面传播"人性的自我超越""友谊第一,比赛第二"等奥运精神。奥运频道的节目正是通过展示这种文化元素,给观众一个巨大的空间,启发和引导观众去追溯奥林匹克的渊源,去理解奥林匹克带给全人类的非凡意义。这样,体育元素也由于有了情感元素和文化元素而显得更加真实感人。

(四)审美性

一场精彩的赛事也是一件精美的艺术品,而一次出色的电视体育节目的播出,也蕴含着无数电视人的心血。电视技术的发展,使人们可以从多个角度,采取慢动作、分镜头等方式去欣赏体育运动,许多电视体育节目也开始努力追求运动中的美感。电视屏幕上越来越多地出现了堪称艺术精品的体育画面,譬如体操运动员腾空的瞬间、足球运动员射门的刹那、摔跤运动员势均力敌的造型等。在这些场面中,电视体育节目向观众传达的已经不仅仅是体育竞技的胜负,而是人类在体育运动中展现出来的美感。

第五节　电视少儿节目>>>

一、定义

电视少儿节目是以少年儿童为主要目标观众的社教类电视节目形态。

按照不同的标准,电视少儿节目主要有两种分类方法:一是按照体裁,可分为电视少儿文艺节目、电视少儿游戏节目、电视少儿益智节目、电视少儿真人秀节目、电视少儿谈话节目、少儿电影电视剧、电视少儿动画片等;二是按照题材,可分为现实题材电视少儿节目、教育题材电视少儿节目、童话题材电视少儿节目、神话题材电视少儿节目、科幻题材电视少儿节目等。

二、源流

(一)导入期(1958—1980)

1958年5月29日,北京电视台播出中国第一个电视少儿节目——木偶戏《两个笨狗熊》。

1958年9月,北京电视台正式设立《少年儿童节目》专栏。该专栏定位为"满足小朋友的愿望,给小朋友看适合小朋友的节目""帮助学校、少先队组织和家长们,教育少年儿童成为共产主义事业的接班人",先后开辟针对学龄前儿童的《小小俱乐部》和针对少年的《少先队号角》两个节目。其中《小小俱乐部》播出了儿童歌舞、诗朗诵、木偶剧等。《小小俱乐部》采用一个名叫"王小毛"的木偶作为固定的"主持人",这种形式符合学龄前儿童观众的心理特点,因而受到欢迎。1959年11月1日开播的《少先队号角》主要反映了首都少年先锋队的各种活动,每次播出10分钟,内容全部由少儿组的记者采制。

1959年8月,北京电视台根据不同年龄段少年儿童的特点和需求,将学龄前儿童电视节目从少年儿童电视节目中分离出来,针对3—6岁的小观众专门设立了《小朋友》节目,每周三晚上播出,内容有讲故事、学唱歌、做手工、演节目等。1960年,北京电视台推出向小观众推荐新书和好书的《好朋友——书》节目。为了加深小观众对书的理解,该节目专门请演员演绎书中的《雪花飘飘》《小马倌与大皮靴叔叔》等文章。这种情景化的故事讲述方式不仅符合电视少儿节目主持人角色化的需求,而且能在潜移默化中将信息传递给少年儿童,收到了良好的传播效果。

1960年,北京电视台推出少儿科普节目《聪明的机器人》。节目使用胳膊和腿都能动,说话时两只眼睛还能闪亮的特制木偶来吸引儿童的注意,向他们传授科技知识,解答生活中常见的问题。此后,北京电视台不断推出新节目,以丰富孩子们的生活。

1976年,北京电视台重新组建少儿组,节目品种开始增加,内容不断扩展,形式也日趋多样化,在科技知识、文艺戏剧、革命传统、少儿生活等方面都出现了许多受少年儿童欢迎的节目。

1979年,首个在成人扶植下的少儿自办电视台——北京史家胡同小学红领巾电视台在全国率先开播。该台设一名指导教师,台长、副台长、编辑、记者、栏目负责人、演播员、导演、摄像师等全部由学生担任。该台开办了《露一手》《校内新闻》《电视台请来的客人》《笑一笑》《面面观》等十个节目,每周播出两至三次,每次15分钟。

总体来看,在导入期,电视少儿节目的主要创作基地是北京电视台,地方电视台很少参与,因此,电视少儿节目在数量上远远不能满足广大少年儿童观众的需要。同时,这一时期对电视少儿节目属性的认识还不够,观众定位意识模糊,很多节目面向所有的少年儿童,目标观众流于宽泛。此外,节目宗旨过分强调教化功能,往往简单地把电视当成教育少年儿童的工具。还有,这一时期的电视少儿节目内容虽然涉及娱乐、信息、知识等领域,节目形态也呈现多样化的发展趋势,但仍处于"时有时无的零星化"①制作和播出状态。

(二)成长期(1981—1999)

这一时期中央电视台和大多数省级电视台都有了少儿部或少儿组,有了固定的节目,结束了中国电视少儿节目时有时无、零星播放的局面。电视少儿节目的数量和质量都有所提升。1981年春,中央电视台专为3—6岁的儿童设立了《春芽》节目。1981年10月20日—26日,全国第一次电视少儿节目座谈会在杭州举行。1985年6月1日,与中国1984年开始的电视节目栏目化发展趋势相适应,中央电视台在《春芽》的基础上,推出面向学龄前儿童的《七巧板》栏目。

---

① 余培侠.我国少儿频道的现状和发展策略[J].电视研究,2006(6):11.

《七巧板》强调寓教于乐，注意从儿童的视角传授知识和技能，着重培养他们对生活的热爱和勇敢善良的品质。该栏目采用杂志型编排方式，内容设置比较合理，富有儿童乐趣，包括锻炼动手能力的《学学做做》、启发创新思维的《幻想国》、介绍科普知识的《东西是怎么来的》、教唱儿童歌曲的《哆来咪》等。《七巧板》还设立了专职主持人鞠萍姐姐。主持人身份定位准确，适合儿童观众的心理接受能力。该栏目播出时间为每周四的18时25分，时长25分钟。可以说，此时的《七巧板》已具备了栏目的雏形。

1984年5月1日，中央电视台推出《天地之间》，对象是小学生。该栏目着重向儿童介绍科学技术知识，告诉他们天地之间的奥秘，满足他们的求知欲和好奇心。

此外，这一时期地方电视台的电视少儿节目也相继发展起来。1982年5月，延边电视台创办了用朝鲜族语言播出的电视少儿栏目《蓓蕾》。这是中国第一个用少数民族语言播出的电视少儿节目。延边电视台成立少儿部，为《蓓蕾》配备了3名编辑，每周播出20分钟节目。1992年，延边电视台少儿部改为青少年部，除继续办《蓓蕾》外，还不定期开办中学生栏目《中学生时代》和综艺栏目《少儿艺术舞台》，用朝鲜语播出。1996年3月，延边电视台青少年节目全面改版，《蓓蕾》改为每期30分钟的杂志型栏目《我们的花园》，每周六18时播出。1998年4月，《我们的花园》设立了专职主持人金春姬，继续用朝鲜语播出。

在这一阶段，中央电视台少儿节目栏目化进程迅速展开。1991年，中央电视台青少部对栏目进行调整，除保留原有的《七巧板》和《天地之间》外，新开设了《同一片蓝天》《蒲公英剧场》《和爸爸妈妈一起看》《十二演播室》等4个栏目。

《同一片蓝天》是中央电视台为全国各地方电视台少儿节目服务的一个栏目，也是展示全国各地方电视台少儿节目的一个窗口，于1992年6月1日推出，每周播出一次，每次25分钟。1995年，《同一片蓝天》改为《大风车》(地方版)，每周六9时播出，每次50分钟。1999年，经过改版，《大风车》又更名为《同一片蓝天》。该栏目内容和形式丰富多样，既有专题、综艺、游戏，又有优秀栏目展播、知识竞赛、少儿音乐电视等，洋溢着浓郁的民族风情和地方特色，一度有一百余家电视台参与联合制作节目。

1994年4月9日，中央电视台推出青少年栏目《第二起跑线》。该栏目以13—17岁的中学生为主要对象，以面向新世纪、培养“四有”人才为宗旨，将知识性、趣味性、教育性融为一体，力求贴近中学生、引导中学生、塑造中学生。栏目每周一期，每期50分钟。

1995年六一儿童节，中央电视台推出焕然一新的儿童栏目《大风车》，每天播出40分钟。《大风车》主要针对12岁以下的儿童，是在原有栏目《七巧板》《天地之间》《蒲公英剧场》《同一片蓝天》《聪明屋》《和爸爸妈妈一起看》等基础上构建起来的。栏目整体性突出、信息量大、时效性强，以崭新、鲜明、统一的整体形象出现在全国儿童观众面前。

《大风车》是在新的视点上,把儿童作为祖国的未来和当代社会生活的重要参与者来设计的。其宗旨是“面向世界,面向未来,用全新观念,开拓崭新的儿童天地;用超前意识,预测未来社会的发展需求;用多种手法,塑造孩子的未来形象”。《大风车》采用杂志型编排手法,融知识性、教育性、娱乐性为一体,将内容分为动画片、系列剧、学前节目、儿童游戏、专题节目等5个版块。《大风车》根据儿童好动、好奇以及注意力不易集中等特点,将节目编排得短、精、快。同时,栏目设置了真人、卡通人、小动物等各种串联角色,不拘一格,鲜活生动。2001年,新版《大风车》以崭新的面貌出现在儿童观众面前。栏目明确提出自己的创作理念,即以儿童为主体,尊重儿童,反映儿童。在栏目设置中,“儿童本体”理念得到了很好的贯彻。

1995年10月30日,中央电视台第七频道的电视少儿节目试播,1996年元旦正式播出。少儿节目每天播出4小时30分钟,分为8:30—10:00、15:00—17:00、20:00—21:00三个时段。节目的收视对象以0—14岁的少年儿童为主。该频道还创办了0—3岁的婴幼儿节目,包括胎教节目和幼教节目。节目从未来社会的需要与当今少年儿童的需求出发来规划内容和形式,使不同年龄段的少年儿童对节目有更多的选择,满足了少年儿童的不同兴趣、爱好和需求。

1996年6月1日起,第七频道的少儿节目以全新的面貌与广大少年儿童见面。在内容上,更加突出爱国主义教育,加强品德教育和素质培养,增加了少年儿童科普、体育、文学艺术、智力游戏等知识性节目和动画片、短剧、小品、影视剧等娱乐性节目。在编排上,对3个播出时段进行科学规划,推出了9个新栏目:上午时段首播幼儿版节目,包括《七巧板》《蒲公英》等;下午时段为综合版,包括重播《大风车》《第二起跑线》等;晚上时段首播少儿版节目,包括《芝麻开门》《天天动画》《传感风铃》《每周一歌》等。

1998年6月1日,中央电视台青少节目中心成立。开办少儿频道,被列为该中心十年发展规划的首要目标。

这一时期,全国各地方电视台的少儿节目也蓬勃发展。据统计,1994年全国播出少儿节目的电视台有200余家。中央电视台及各省市级电视台基本上都做到每天18时左右和节假日有少儿节目播出。在省市级电视台中,上海电视台的《开心娃娃》、广东电视台的《金色年华》、天津电视台的《五彩贝》、北京电视台的《七色光》、黑龙江电视台的《小天鹅》、哈尔滨电视台的《丑小鸭》是创办较早和影响较大的少儿节目。1991—1995年,全国新创办的电视少儿节目有28个。这些节目起点较高,一推出就有较大影响,如天津电视台的《月亮船》、山东电视台的《剪子·包袱·锤》、湖北电视台的《风华正茂》、广州电视台的《未来号》等。

(三)成熟期(2000—)

这一时期的重要标志之一是电视少儿节目由栏目化发展阶段进入了频道化发展阶段,陆续出现了一批专为少年儿童开设的少儿频道。

在电视专业化发展的大趋势中,2001 年 7 月 1 日,广东有线电视台与广东经济电视台重组为广东南方电视台。2002 年,广东南方电视台开播以少年儿童为主要收视群体的专业频道——少儿频道。该频道以“建少年儿童健康成长的乐园,做少年儿童认识世界的窗口”为宗旨,设有名人访谈类栏目《那时候》、儿童新闻类栏目《南方小记者》、家庭互动类栏目《岭南开心果》、故事讲述类栏目《故事大王》等。

2003 年 12 月 28 日,中央电视台少儿频道开播。频道的指导思想为“引领成长,塑造未来”,核心理念为“尊重、支持、引导、快乐”,总体基调为“健康、有趣、益智、教育”,战略目标为“以先进的理念、全新的形象、国际化的标准,创办成居于国内一流、世界前列的少儿频道”。

中央电视台少儿频道每天从 6 时开始播出,24 时结束,总时长 18 小时。节目内容分为教育、游戏、科普、综艺、动画片、儿童剧等六大类。节目的观众定位准确,不同年龄段有不同节目,譬如 0—6 岁的学龄前节目、6—12 岁的小学生节目、12—18 岁的中学生节目等。该频道共设有 26 个节目,其中 6 岁以下的学龄前节目有《七巧板》《周末七巧板》《智慧树》等,6—12 岁的小学生节目有《大风车》《东方儿童》《芝麻开门》等,12—18 岁的中学生节目有《第二起跑线》《三星智力快车》《快乐体验》《神奇之窗》等,家教节目有《公德行动》《成长在线》《动感特区》等,儿童剧节目有《儿童剧场》《童心回放》等。此外,该频道的节目编排比较科学。首先,按收视群细分出早间、上午、午间、下午、傍晚、黄金、晚间等 7 个播出时段,并实行分众播出:上下午时段以学龄前儿童节目为主;早间、午间、傍晚、黄金时段以小学生和中学生节目为主;晚间时段以家教节目为主。其次,频道编排分为日常版和周末版,形成一定的收视规律;加强互动性、服务性、娱乐性。最后,该频道实行寒暑假特别编排,给孩子们创造一个真正的崭新的少儿世界。

2008 年 6 月 1 日,中央电视台少儿频道改版:目标是“三提升”,即提升绿色收视率、提升品牌竞争力、提升社会影响力;思路是“去三化”,即去成人化、去碎片化、去新闻化;理念是“三贴近”,即贴近儿童生活、贴近儿童情趣、贴近儿童市场。改版后,频道节目总数由原来的 26 个减至 17 个。具体改版措施包括三个方面:一是《七巧板》《音乐快递》等改为周播节目,《动画乐翻天》《动漫世界》等日播节目延长播出时间;二是加强节目编排的针对性,凸显整点播出卡通化、黄金时段品牌化、周播节目活动化的特点;三是围绕创建优秀节目精品库,精心打造《异想天开》《动感特区》《英雄出少年》等周播节目,并推出季播节目《快乐大巴》。

2004年2月26日,中共中央、国务院在《关于进一步加强和改进未成年人思想道德建设的若干意见》中要求:"中央电视台要进一步办好少儿频道,各地要切实抓好中央电视台少儿频道的落地、覆盖工作。省(区、市)和副省级城市电视台要创造条件逐步开设少儿频道。"

2004年3月31日,国家广电总局发出《关于开办少儿频道的通知》,要求"各级广播电视部门要从国家命运、民族未来的高度认识开设少儿频道的重大战略意义,按照实践'三个代表'重要思想、贯彻'三贴近'原则的要求,狠抓落实,精心组织好少儿频道筹备工作"。

此后全国各地电视台陆续开设了30多家少儿频道,如2004年6月1日开播的天津电视台少儿频道、2004年7月18日开播的上海东方电视台少儿频道、2004年10月1日开播的江苏电视台少儿频道、2004年10月25日开播的杭州电视台少儿频道、2004年12月20日开播的黑龙江电视台少儿频道、2004年12月30日开播的新疆电视台少儿频道、2005年6月1日开播的福建电视台少儿频道等。这些少儿频道大都各具特色。譬如,福建电视台少儿频道在开播之初,就把频道命名为"棒棒TV"(BONBON TV)。这个个性化的名称不但为中国大陆少儿电视节目注入了新鲜元素,而且与中国台湾地区少儿电视品牌节目"幼幼TV"(YOYO TV)隔海辉映,相得益彰。而"棒棒TV"的"棒棒"二字发声响亮,意象丰富,朗朗上口,极富孩童情趣。以此为基础,该频道提出了"棒棒TV我最棒"的口号,很快得到了小朋友们的认同。

三、主要特征

(一)选题的趣味性

少年儿童观众的电视节目需求分为三种:认知需求、交往需求、娱乐需求。而这三种需求主要是通过寓教于乐的方式实现的。一位资深少儿频道负责人曾说:"我们从不奢望让教育变得快乐,我们要做的是,让快乐变得有教育意义。"所以电视少儿节目的选题应当充满趣味,即使是带有宣传教育功能的节目,也应当把意识形态和价值观念寓于充满趣味的故事和情节之中,以故事化、情节化的叙事方式,让少年儿童观众在轻松愉悦的氛围中接受节目内容,受到启发教育。

(二)视角的贴近性

电视少儿节目是给少年儿童看的,因此,电视少儿节目要取得较好的收视率和满意度，必须站在少年儿童的立场上来解读世界。譬如在许多优秀电视动画片中，少年儿童往往更聪明，而大人往往因为漫不经心而屡犯错误。站在少年儿童的立场上来讲故事，更容易唤起少年儿童的共鸣。

在动画片《海底小纵队》中，核心角色是一个勇敢的北极熊巴克队长，他与一群好伙伴组成了“海底小纵队”，热心帮助海里遇到困难的各种生物，传递了善良、勇敢、欢乐和友爱。孩子们在看这部动画片时，十分有代入感，也深深喜欢上了海底小纵队的每个成员。

（三）叙事的浅显性

电视少儿节目在叙事上追求浅显直白，以利于少年儿童观赏。英国电视低幼节目《天线宝宝》就是一个典型例证。

《天线宝宝》诞生于1996年，由英国著名少儿节目制作商布偶猫公司与英国广播公司联合制作，共260集，每集30分钟。在《天线宝宝》中，4个天线宝宝生活在一个梦幻的神奇科技岛上，这里芳草青青、鸟语花香。天线宝宝彼此相亲相爱，也都很爱小朋友。他们通过肚子上的电视屏幕与真实世界里的小朋友接触。

《天线宝宝》的目标观众是0—5岁的低幼儿童，叙事节奏很慢，往往一个动作要重复若干次，语言也多是喃喃自语，这与低幼儿童的接受能力十分吻合。同时，该节目也没有明确的教育目标，只是试图呈现低幼儿童在生活中成长的有趣经验。

与普通电视节目追求艺术性和戏剧性等要求不同，电视少儿节目更追求情节的简单性、语言的通俗性、色彩的鲜明性。动画片之所以深受少年儿童的喜爱，一个很重要的原因就是其中的角色往往是高度脸谱化的，如用暖色调反映正面角色、用冷色调反映反面角色，这样更容易被少年儿童，特别是低幼儿童所接受。

第六节　电视服务节目>>>

一、定义

电视服务节目是以实用信息为主，直接为观众日常生活、学习、工作服务的社教类电视节目形态。

电视服务节目的分类方法主要有以下四种：

按照收视对象,可分为一般性服务节目、对象性服务节目;

按照服务功能,可分为传播信息类服务节目、释疑解惑类服务节目、生活指导类服务节目、提供帮助类服务节目等;

按照节目体裁,可分为消息类服务节目、专题类服务节目、谈话类服务节目等;

按照节目内容,可分为电视气象节目、电视美食节目、电视美容节目、电视家居节目、电视房产节目、电视汽车节目、电视旅游节目、电视职场节目、电视购物节目等。

二、源流

(一)导入期(1960—1978)

导入期以北京电视台1960年起陆续开办的知识性、教育性节目《集邮爱好者》《摄影爱好者》《生活知识》《医学顾问》等为标志。这一时期还没有真正意义上的电视服务节目形态,只能说在社教类电视节目形态中有一批带有生活服务性质的节目,即节目内容是为广大群众生活服务的,但传播形式却是不折不扣的灌输式,从创作意图上来说是教育人,而不是服务人。

(二)成长期(1979—1995)

成长期以中央电视台1979年8月12日开播的《为您服务》为标志。1981年,央视调整栏目,将《为您服务》归入《科技与卫生》节目组。1982年8月《为您服务》节目组筹建,1983年元旦,改版后的《为您服务》重新与观众见面,每周播出一次,时长20分钟。

《为您服务》开始设立固定主持人。沈力成为中国第一个因节目而知名的主持人,她集采编播于一身,主持风格大方、亲切、稳重。该节目以"想观众之所想,急观众之所急,为观众排忧解难"为宗旨,无论是从节目内容选择、节目主持风格上,还是从节目的场景设计和配乐中,甚至片头"为您服务"4个动漫小人你来我往的帮扶形象,都折射出制作团队力图营造一种"家"的亲切感。也正是由于这种亲民的价值取向,该节目在改版后的5个月里收到了来自全国各地的上万封观众来信,足见其巨大的影响力。

1980年7月7日,中央电视台首次在《新闻联播》中播送中央气象台发布的天气预报。1986年7月1日,《新闻联播》又增加了预报海洋水文方面的内容。1984年以后,各地方电视台也纷纷开办了天气预报节目。

1981年,中央电视台创办了《生活之友》。开办之初,节目不定期播出,内容以介绍各种地方菜的烹调方法为主。1983年以后,节目开始固定播出,并选取观众感兴趣的问题为内容,为观众提供生活上的指导。

1981 年,广西电视台开办了《健康顾问》。节目主要立足于宣传科普知识,帮助观众养成良好的卫生习惯,防病治病,不断提高健康水平。

1985 年,北京电视台开办了《健康百话》。节目以"提高全国健康水平"为宗旨,向观众普及防病治病、妇幼保健、优生优育、中老年保健等方面的科学知识。

1987 年 6 月 15 日,上海电视二台推出《小菜场》节目,每天 20:15 播出,时长 15 分钟。节目以指导消费和方便生活为宗旨,主要内容包括家庭烹调技巧、食品挑选保管等。此外,《小菜场》还每天播报上海菜场、集市的当日十种主要副食品价格,每月定期做蔬菜、水产、果品以及南北市场的供应态势分析预测。

1988 年 7 月 4 日,山西电视台推出中国内地第一个电视征婚节目《电视桥》。其中有一个环节是电视征婚,形式非常简单:征婚者在直播室中,由主持人简单介绍征婚者的基本情况,并提出一些引导性的问题,征婚者在回答的过程中进一步介绍自己的情况,并说明对应征者的要求。节目播出后在观众中引起了热烈反响。

总体来看,成长期的电视服务节目以实用信息、生活百科、服务指南为主要内容。但由于采编播设备简陋,这一时期的电视服务节目大多在封闭狭小的演播室内制作,而且播出画面比较粗糙,这就使得主持人的语言技巧成为影响节目播出效果的关键因素。

(三)成熟期(1996—2002)

随着 1996 年 7 月 1 日中央电视台《生活》节目的开播,中国电视服务节目形态进入成熟期。

《生活》试图告诉观众什么是时尚,什么是身边的科学,应该如何配置家庭资源,又该如何走出生活的误区等。"实用至上"是《生活》的节目内容定位。收看《生活》,观众会有一种强烈的"开卷有益"之感。

《生活》引发了各电视台的仿效,全国涌现出一批各具特色的电视服务节目,如中央电视台的《前沿》《道德观察》《公益行动》《夕阳红》《半边天》《家庭》《生活 567》《危机大营救》《每周质量报告》、北京电视台的《精品生活》《每日精奇》《生活面对面》《生活帮助热线》、天津电视台的《生活多棱镜》、东方卫视的《摩登时代》、重庆电视台的《生活麻辣烫》、河北电视台的《时尚先锋》、河南电视台的《时尚》、山东电视台的《新生活》、江苏电视台的《距离时尚》、浙江电视台的《生活新主张》《时尚 100%》、湖南电视台的《国际时尚前沿》、广东电视台的《时尚放送》、新疆电视台的《百姓话题》、四川电视台的《生活家园》,等等。

在全国所有上星频道中,每个频道都有至少一档电视服务节目,甚至在有的频道中,电视服务节目占有重要地位,决定着频道的定位和风格。其中有代表性的生活服务频道有中央电视台经济频道、上海电视台生活时尚频道、北京电视台生活频道、湖南电视台时尚频道、海南旅游卫视等。总体来看,这一时期的电视服务节目“不再把视点集中在家居生活范围之内,而是从社会经济生活的各个侧面来挖掘选题”[①]。

(四)转型期(2003—)

从2003年开始,一批所谓2.0时代的电视服务节目[②]以井喷之势涌现出来。譬如,从2003年起陆续开播的《绝对挑战》《勇往直前》《赢在中国》《创智赢家》《非你莫属》《职来职往》等所谓职场帮助类服务节目,从2009年起陆续开播的《爱情来敲门》《我们约会吧》《非诚勿扰》《凡人有喜》《缘来是你》《相亲相爱》《为爱向前冲》《百里挑一》《真爱无敌》《婚姻保卫战》《爱情连连看》等所谓婚恋交友类服务节目,从2013年起陆续开播的《爸爸去哪儿》《人生第一次》《老爸老妈看我的》《好爸爸坏爸爸》《爸爸回来了》《老妈驾到》等所谓亲子教育类服务节目等,令人眼花缭乱,目不暇接。

然而,上述这些节目“实际上是娱乐节目、真人秀节目”[③],它们提供的“服务”只针对节目参与者,对于观众而言不再有直接的实用信息和生活指南;观众获得的“服务”已经异化为通过解码节目的音视频符号来消费他者的故事,进而产生某种代入式的“意义和快感体验”[④]。可以说,在这些节目中,“服务”已经退化为某种装点元素,原本意义上的电视服务节目形态已经被悄然解构,从而不可避免地进入衰退期。

三、主要特征

(一)实用性

从某种意义上说,观众的需要就是电视服务节目存在的理由。关注百姓生活,服务大众是电视服务节目的内核,这种服务理念一定要以实用为基础,绝不能空谈。无论是行医问药的健康类节目,还是出行参考的旅游节目,一定要以服务观众为目的,内容要具有可操作性。

实用性应该成为贯穿电视服务节目始终的一种意识和一种精神,中央电视台经济频道的《为您服务》《生活》《天天饮食》等都是比较有代表性的电视服务节目。譬如,2004

① 刘习良.中国电视史[M].北京:中国广播电视出版社,2007:345.
② 岳广鹏,哈聪,门继光.引领审美:生活服务类电视节目的3.0时代[J].电视研究,2017(2):58.
③ 尹晓宇.相亲节目低俗化,当止![N].人民日报,2010-6-22.
④ 费斯克.理解大众文化[M].王晓珏,宋伟杰,译.北京:中央编译出版社,2001:26.

年9月8日的《为您服务》向观众介绍了一种操作十分简便的制作布艺镜框的方法，同时告诉观众怎样在短时间内制止打嗝。这两个生活小窍门看似微不足道，但给观众带来了实实在在的帮助。节目的落脚点不怕小，只要是想观众所想，帮观众所需，就一定能得到观众的喜爱。

（二）时尚化

出于对传播效果的考虑，电视服务节目在节目包装和内容设计等方面朝着时尚化方向发展。如2004年，浙江卫视《时尚100%》改版，新版节目以“享受生活，引领时尚”为目标，其中“名人宝典”环节倾听和展示时尚名人的理财手段和消费观念，“尚方宝剑”环节通过对时尚小店的选址、店内的布置、招徕顾客的手段等方面的体验对本期小店进行评级和综合打分。再如，2005年，中央电视台经济频道的《文化消费前沿》被替换为一档新研发的紧跟时尚的装修类生活服务节目。

（三）分众化

中国各地自然地理千差万别，不同人群的生活需求亦五花八门，这就决定了分众化传播才是电视服务节目的真正蓝海。

对国家级电视台的服务节目来说，传播内容应有一定的普适性，而分众化传播则是各级地方电视台服务节目的天然优势。因此，以全国观众作为目标受众的中央电视台的《生活》节目定位于宏观的生产指导和市场透视，而各级地方电视台则有更大的空间做到有的放矢。譬如，广西卫视2000年推出了全国首档有关专利保护内容的《百姓专利》，获得了发明爱好者、投资人、知识产权界、科技界人士的认可；海南旅游卫视2004年推出的颇具地域特色的《渔乐圈》，受到了广大钓鱼爱好者的欢迎。

第七节　电视广告节目>>>

一、定义

电视广告节目的定义有广义和狭义之分。广义的电视广告节目的内容和对象都比较广泛，可细分为电视商业广告和电视公益广告两大类。其中，电视商业广告通过传递商品或服务信息，引起消费者注意，求得认同，进而引发消费者的购买行为；电视公益广告的目的是唤起观众对某一社会问题的关注,倡导和推广积极的、有益于社会公共利益的行为。狭义的电视广告节目即电视商业广告,本节电视广告节目特指电视商业广告。

电视广告节目是市场信息快速、准确、形象、广泛、有效的传播方式,是社会经济活动的重要组成部分,是生产与消费之间的链条。电视广告节目目前还是中国各级电视台的主要经济来源。当然,电视广告节目也具有被动接受、价格昂贵、收视限制、信息量小、灵活性差等劣势。

从某种程度上说,电视广告节目就是一种文化符号,可以折射出某一时期社会发展状况。电视广告节目是人们的一项主要社会活动,是发达工业社会中社会图景的突出特征。电视广告节目中的商品不仅具有使用价值,也是一种与众不同的生活方式和社会地位的象征。电视广告节目不断更新着社会中的文化潮流和文化象征,影响并塑造着人们的生活方式、消费方式、行为方式、感知方式、审美方式。人们改变了某种习惯可能仅仅因为电视广告节目中的人物正在那么做,人们随口哼出来的歌可能是电视广告节目歌曲,甚至孩子学会的第一个字可能就来自电视广告节目。电视广告节目已成为社会文化生活中一道不可或缺的风景。

二、源流

(一)导入期(1978—1983)

从1978年中国第一条电视广告节目播出到20世纪80年代前期,中国电视广告节目在计划经济条件下迈开了蹒跚的步履。

1978年,中国正式引入第一部海外电视动画片《铁臂阿童木》,在中央电视台周末18:30播出,其中就出现了电视广告节目。这部动画片是由卡西欧公司“免费赠予”的,条件就是要求中央电视台捆绑播放动画片中附带的卡西欧贴片广告。这是新中国电视节目史上第一个广告,同时也是第一次将免费节目带广告的模式引进中央电视台。

1978年,党的十一届三中全会召开,确定了把全党的工作重点转移到社会主义现代化建设上来,这为中国电视广告节目的起步创立了政策环境。随着改革开放序幕的逐渐拉开,外国商品逐渐进入中国市场,各国商品都迫切需要在中国电视上有个窗口。

1979年1月28日,上海电视台最先在全国播出了电视商业广告。上海电视台原广告科负责人汪志诚回忆道:“在传统的计划经济体制下,对事业单位固定的拨款制度满足不了广大群众日益增长的收看需求,上海电视台也面临资金匮乏和节目单调的尴尬境地。上海电视台1978年得到的日常经费比一部电影的摄制费还少,经济上捉襟见肘,拿什么钱去办节目？"[①]在这种困境面前，上海电视台原负责人邹凡扬决定借鉴报刊登广告的做法，通过播放广告增加收入。

1979 年 1 月 25 日，邹凡扬起草了一份试办广告业务的报告，请示上海市广播事业局委员会和中共上海市委宣传部，很快得到了相关领导的批准和支持。之后，在邹凡扬的主持下，由汪志诚起草了《上海电视台广告业务试行办法》《国内外广告收费试行标准》，并且成立了上海电视台广告业务科。

1979 年 1 月 28 日 15 时 05 分，上海电视台播出了中国第一条收费的电视商业广告——上海市药材公司的参桂补酒的广告。汪志诚回忆说："外形就跟我们现在的瓶装青岛啤酒差不多，16 元一瓶。现在的人可能觉得很便宜，但 20 世纪 70 年代末的时候，大家的工资是 36 元，这瓶酒的价格就等于人们近半个月的工资。"[②]这条全长 1 分 30 秒的电视广告是由上海广告装潢公司委托上海电视台新闻组摄影记者用 16 毫米彩色胶片摄制的。这个广告当天 20 时 40 分重播一次，1 月 28 日至 31 日，连续 4 天，每天播出 2 次，共播出了 8 次。当天正好是中国农历春节，也是时任国务院副总理的邓小平开始对美国进行具有划时代意义访问的第一天。因此这条广告虽然形式简单，但引起了国内外舆论的强烈关注。美国一家报纸发表评论说，上海电视台播放广告是中国"开放的信号"[③]。

1979 年 3 月 15 日，上海电视台又播出了中国第一条外商电视广告节目《瑞士雷达表》，片长一分钟。两个"第一"，使上海电视台成为中国当代电视广告节目的摇篮。1979 年上海电视台平均每天播出 3 分 30 秒广告，全年营业额达 49 万元。

继上海电视台之后，广东电视台第二套节目于 1979 年 4 月 13 日晚播出了一条商业广告。此后，全国各大电视台陆续开始播放广告节目。

1979 年 10 月，中央电视台经请示，在中国电视服务公司下设了一个营业科，专门负责安排电视广告节目，后来很快又改成了广告科。当时的观众乃至电视台的工作人员对电视广告节目都不很理解，开始播出时不敢叫广告，只称"商品信息"。广告客户也不多，每天只播出 3 分钟左右。1979 年 9 月 30 日，中央电视台播出该台第一条收费广告——美国威斯汀豪斯电器广告。随后，日本西铁城公司在《新闻联播》前推出了报时电视广告节目。中央电视台自己制作播出的第一条电视广告节目是首都汽车出租公司的广告，不久又为河北冀县暖气片厂制作并播出了广告。

1979 年 11 月，中宣部正式批准新闻单位承办广告。初期的电视广告节目分三种形式：一种是介绍商品的节目，一种是介绍厂商的节目，还有一种是外商提供的具有广告性

---

① 汪志诚.第一条电视广告诞生记[J].电视研究，1999(10)：62.

② 上海音像资料馆，上海文广新闻传媒集团节目资料中心.口述历史[M].上海：学林出版社，2009：35.

③ 汪志诚.第一条电视广告播出的前前后后：纪念中国电视广告 20 周年[J].中国广告，1999(2)：19.

质的电视纪录片。

在这个阶段,中国电视广告节目既受到经济体制改革的积极推动,也受到社会主义计划经济体制的束缚。一方面,电视广告业务发展迅速,电视台成为当时电视广告节目制作的主要力量。另一方面,电视广告节目的制作水平不高,节目的创意设计受到生产观念的制约。即便是中央电视台的广告节目,其制作和播放过程也是比较原始的。原上海广告装潢公司总经理韩金科回忆道:“我经手的第一个广告是在中央电视台播出的,当时是晚上六点半。广告看起来非常死板,就像幻灯片。而且没有背景音乐,后来才有配音。”①单一的计划经济体制决定了企业以生产为中心的模式,大多数电视广告节目都是告知型或自我表现型,站在生产者的立场上,以商品功能为诉求重点,画面大多是企业的厂门、车间、奖状,“誉满全球”“实行三包”“省优部优国优”等口号式广告语不绝于耳。当然,出现这种局面的另一个重要原因是,当时的电视广告节目从业者大都是从电视台新闻部门转岗过来的,对广告的专业认识有限,大量借用电视新闻节目的创作手法来制作电视广告节目也就不足为奇了。

(二)成长期(1984—1992)

1984年,党的十二届三中全会发布《中共中央关于经济体制改革的决定》,在确立对外开放基本国策的基础上,第一次正式提出“社会主义商品经济”的概念。随着改革开放的不断推进和国内市场需求的不断扩大,同时在与国际交流的催化下,中国电视广告节目进入了成长期,主要表现在以下两个方面:

1.栏目化

“以销定产”的广告节目传播导向逐渐取代了“以产定销”的观念,推销产品被提上企业重要议事日程,广告主的广告意识大大增强,广告预算大幅度上升。同时,随着电视事业的发展,各地纷纷加强广告部门的制作力量。其中,中央电视台于1984年成立了中国国际电视服务总公司,并在公司里设立了一个广告部。1987年7月,中央电视台决定把广告科扩大为广告部,下设业务科、制作科、财务科等,专门承担电视广告节目的编辑、制作、播出、管理工作。

1988年6月,北京国安广告公司与中央电视台广告部联合开设了中国第一个电视广告栏目《榜上有名》,集中播出中国民族企业的电视广告。1990年8月,北京国安广告公司与中央电视台广告部再度合作,开设了第二个电视广告栏目《名不虚传》。《榜上有名》和《名不虚传》以“重信誉,创优质服务”为宗旨,为经济建设、市场贸易和消费者提供服务。

---

① 陈刚.当代中国广告史(1979—1991)[M].北京:北京大学出版社,2010:174.

2. 多样化

这一时期,电视广告节目的市场化运作机制初步建立起来。电视广告节目创作被纳入广告策略规划,电视广告公司为客户的广告进行总体策划的运作机制日臻成熟,传播效果得到了强化。同时,电视广告节目传播开始重视对产品、市场、受众的分析研究,逐渐从纯主观的艺术创作倾向中摆脱出来。电视广告节目的创意设计开始注重感性诉求和人情味,突出商品个性、主题定位准确、信息传达清晰、广告语精练的电视广告节目逐渐增多。

1988 年,深受假药困扰的深圳南方制药集团负责人考虑请一位名人来为其产品代言,最终决定邀请著名表演艺术家李默然。这是改革开放后中国第一个名人代言的广告。

20 世纪 80 年代末到 90 年代初,在中央电视台春节联欢晚会和其他知名栏目的推动下,以费翔、齐秦、罗大佑、谭咏麟、“小虎队”等为代表的港台明星大举进入大陆,受到追星族的热捧。1991 年前后,各大企业不惜重金公开征集广告语,各路明星开始代言广告产品。名人广告的出现,使沉闷的广告有了生气,不过也引发了诸多争论。由于中国传统观念的影响,广告被看作是重利轻义的行业,尤其把名人与商业联系在一起,在获得关注的同时,难免引发争议。

电视公益广告节目的出现,在某种程度上捍卫了整个广告业的公信力。其实,改革开放后,国内最早的公益广告就出现在电视媒体上,并且电视公益广告也一直是影响力最大的公益广告形态。

1986 年,贵阳市节水办公室和贵州电视台联合发布《节约用水》公益广告。当时,贵州地区持续干旱,不少地区出现供水不足的情况。为了利用电视这一传媒唤起市民的节水意识,贵州电视台创作了这条广告。广告播出后,人们对这种不为宣传产品而做广告的方式感到新奇并给予了好评。这则广告是中国第一条经过专业化创作的电视公益广告,被誉为“我国电视公益广告的第一枝报春花”①。

第一个将电视公益广告的制作播出日常化、栏目化的,是中央电视台。1987 年 10 月 26 日,中央电视台广告部开辟了中国第一个电视公益广告栏目《广而告之》,当天的内容是反映交通安全的“高高兴兴上班,平平安安回家”。后来该栏目又陆续播出了“吃不了,兜着走”等公益广告,每天在《新闻联播》结束之后播出两分钟左右。《广而告之》采用观众喜闻乐见的形式,在黄金时段定期播出公益广告,宣传生活常识,提倡社会公德,在潜移默化中营造了人与人之间互相理解的温馨氛围,唤起了社会的真善美。继中央电视台

---

① 刘习良. 中国电视史[M]. 北京:中国广播电视出版社,2007:273.

《广而告之》之后,不少电视媒体积极响应,纷纷设立公益广告栏目,如北京电视台的《广角镜》、江西电视台的《想想 看看》、湖南电视台的《公益广告》等。荧屏上的公益广告逐渐增多,优秀作品不断涌现。1989 年度第四届全国电视广告"印象奖"将公益广告作为一个类别,开展评奖活动。

围绕 1990 年北京亚运会,《广而告之》连续播出了一批公益广告,如《干干净净迎亚运》《有朋自远方来》《当好东道主 热情迎嘉宾》等,动员全国人民,特别是北京人民,以文明好客的东道主形象迎接各国朋友的到来。这批公益广告关注的范围非常广泛,内容涉及文明礼貌、言谈举止、环境卫生、交通秩序、服务态度等各个方面,不仅选题丰富多样,而且创意也新颖脱俗。

(三)成熟期(1993—)

20 世纪 90 年代以来,中共中央、国务院颁布了《关于加快发展第三产业的决定》,明确指出广播电视属于第三产业,文件还指出:"以产业为方向,建立充满活力的第三产业自我发展机制,现有大部分福利型、公益型、事业型第三产业要逐步向经营型转变。"广播电视产业属性的界定,为广播电视产业经营创造了一个前所未有的良好环境,也为电视广告节目的大发展提供了政策的保障。

经过一段时期电视广告节目创作人才的成长和经验的积累,在市场经济蓬勃发展的新阶段下,中国电视广告节目进入成熟期,主要表现在以下三个方面:

一是电视广告节目的市场观念全面确立。社会主义市场经济体制的确立,使现代营销观念被广泛接受,"用户就是上帝"的理念深入人心,消费者成为市场主体。因此,站在消费者的立场上做广告、说消费者关心的事成为广告主的主要诉求。同时,电视广告节目成为电视产业经营的具体手段。1993 年年底,中央电视台拟在《新闻联播》和《天气预报》两个节目中间加 30 秒的广告,这件事惊动了当时的国家广电部部长,因为《新闻联播》是政治性最强的节目,能否在它后面加广告谁也拿不准,但部长并未表示反对。于是,1994 年 1 月 1 日《新闻联播》后出现了 30 秒广告,当时的中央电视台台长杨伟光谈起此事说:"结果太出乎我们的预料,没有一个观众提出异议,这真使我们喜出望外。"[①]1996 年 6 月,中央电视台实行"栏目带广告,广告养栏目"的运作机制,电视栏目和广告经营完全步入市场化。实行这个办法的栏目拿出百分之十的时间用于播放广告节目,广告节目收入的 50%用作栏目经费。节目质量好,栏目广告就带得满,广告价格也可提高;广告收入多,节目制作经费也就多,更能保证节目的资金投入和质量的提高,从而形成节目质量

① 杨伟光.电视论集[M].北京:中国文联出版社,2000:255.

与经营创收共同提高的良性循环系统。市场观念的发展成为电视广告节目传播以及媒介产业化经营的有力支撑。

二是电视广告节目专业化态势全面形成。社会主义市场经济体制的确立为各种企事业单位介入广告传播提供了依据。许多广告代理公司和专业影视、戏剧、音乐等文艺界人士纷纷参与电视广告节目的创意与制作,逐步开始了广告的专业化运作。同时,拥有一流人才与设备的专业广告节目制作公司开始出现,使得中国电视广告节目制作水平开始与国际接轨。这些机构的出现打破了过去电视台一统天下的局面,电视广告节目的竞争态势全面形成。

三是电视广告节目创意与设计水平全面提高。20 世纪 90 年代以来,中国电视广告节目以消费者的关注点为目标,更加注重情感诉求,注意与时代和社会发展相一致,努力追求卓越和创新,全面提升格调与品位,获得了广泛的社会影响和较好的经济效益。

三、主要特征

(一)创意的独特性

创意是指创作电视广告节目时萌生的灵感,在才思敏锐的创作人员大脑中产生,能使电视广告节目从平凡中升华并脱颖而出,与众不同。在电视广告节目的竞争中,独特的创意是决定胜负的首要元素。

电视广告节目的创意思考是多维空间的立体思考,而不是单向性思考。它从多侧面、多角度探求同一事物的各个层面,寻找思想的精华所在。电视广告节目的创意是插上了想象翅膀的开放性思考,而不是被限定制约的封闭式思考。它要让思想任意驰骋,通过思想之间的碰撞,迸发出创意的火花。这种创意思考往往由一人提出初步观点,诱发别人的灵感,激发别人的想象,使最初的概念在碰撞中逐步完善成型,最终形成一个优秀的电视广告节目。

虽然中国电视广告节目不乏佳作,但仍有一些缺乏独特创意的电视广告节目在屏幕上向观众轮番轰炸。譬如一些电视药品广告节目以医生、患者的名义对药品的功效做夸大和不科学的宣传;在酒类和饮料、化妆品电视广告节目中使用疗效语言,与药品相混淆;不恰当地使用妇女、儿童形象,侵犯妇女儿童的合法权益等。还有一些电视广告节目存在不良文化倾向,如利用中国文字的谐音滥用成语等。这些电视广告节目不仅不能算有创意,甚至降低了电视广告节目的文化品格。

电视广告节目是艺术性的传播活动,电视广告节目从业人员在利用艺术手段进行节目创作时,必然把自己的艺术观、审美观渗入其中,从而给人一种审美的享受。如某公司的电视形象广告,创作者以雄狮为企业象征。画面上出现的是一只威猛强健的雄狮,以长城为背景的大好河山衬托着中国传统的腰鼓队,那铿锵有力的击打和雄狮的吼声浑然一体,仿佛是中国人民信心和力量的象征。

(二)定位的精准性

广告界的专用术语“定位”一词最早出现在1969年,其含义是确定商品在市场中的位置,也就是说,定位是指从众多的商品中,发现和形成有竞争力、差异化的商品特质及重要因素。优秀的电视广告节目创意皆应伴随着精准的定位,表明产品最突出的特点、用途和益处,强化产品与众不同的关键点,进而赢得关注。有些电视广告节目从头到尾没有明确的定位,制作者力图表明该产品适用于所有人,其实这是不可能的,正如包治百病的药是不存在的一样。

为产品定位,首先要对产品展开多方位、多层次分析和研究,对产品的名称、包装、用法、性能、功用、价格等进行系统的探讨与整理,然后寻找一个好角度,为产品确立一个精当的定位。为产品定位,要参考目标消费者的消费态度和生活需求等,使产品的特性与目标消费者的需求相吻合。为产品定位,还包括给人以难忘的审美娱乐享受。中国电视广告节目产生了不少优秀作品,这些作品健康、纯洁、向上,具有良好的社会效益和文化效益。它们定位准确,总是渗透着亲情、友情、爱情,使人们对生活有所感悟。一声“黑芝麻糊哎……”那清脆悠长的吆喝声,把人们带回到那个亲切而遥远的年代,唤醒人们对过去时光的美好回忆。消费者对电视广告节目的接受,不仅意味着对某种商品的接受,更意味着对这种商品所对应的消费方式的接受。

(三)信息的真实性

电视广告节目是经济宣传的一个重要方面,电视广告节目在传播信息、促进生产、开拓市场、扩大流通、指导消费、方便生活等方面都起着积极的引导作用。

在社会主义市场经济条件下,信息就是资源、就是财富、就是知识、就是动力。就中国的国情来说,由于各地区各部门经济发展不平衡以及交通方面的原因,影响了生产者与消费者之间的联系。而电视广告节目的传播,加强了生产者与消费者之间的联系,加快了流通,促进了生产,发展了经济。在新产品不断增加的情况下,要开拓市场,就必须充分发挥电视广告节目的功能,帮助消费者辨识产品和服务的差异性,使人们对电视广告节目宣传的产品产生兴趣,进而产生购买欲望并付诸行为。电视广告节目的传播可以让消费者自觉地去比较商品,这样就促使生产厂家为维护自己的声誉或塑造自己的良好形象,更加重视生产设备的技术改造,在努力提高产品质量的同时,推出更多的新产品。

当然,并不是任何电视广告节目都有利于产品的声誉,因此,电视台必须杜绝虚假电视广告节目,确保传播内容的真实性。

第三章

文娱类电视节目形态

第一节 概念界定>>>

一、定义

文娱类电视节目形态是指以文化娱乐为主要功能的电视节目形态。

在探讨文娱类电视节目形态之前,有必要对电视文艺节目、电视综艺节目和电视娱乐节目这三个概念加以辨析。

从广义来看,上述三个概念的内涵和外延大致相同,即以娱乐消遣为目的的电视节目形态。不过其中亦有细微的差异,譬如:广义的电视综艺节目通常不涵盖电视文艺节目中的电视短剧、电视连续剧、电视情景喜剧、电视电影等;而广义的电视娱乐节目除涵盖电视文艺节目中的诸形态外,还包括电视娱乐资讯节目、电视娱乐谈话节目、电视体育节目、电视少儿节目等。

从狭义来看,三个概念是按照时间的顺序先后出现的,即先有电视文艺节目,再有电视综艺节目,最后有电视娱乐节目。但需要强调的是,上述三个概念并非依次取代的关系,而是渐次叠加的关系。

为了避免概念上的混乱,本书采用了“文娱类电视节目形态”这一概念,以便与时俱进地反映当前此类电视节目形态的发展状况。

二、分类方法

文娱类电视节目形态主要有以下三种分类方法：

按照节目功能，可分为欣赏性、服务性、知识性、评介性等四种文娱类电视节目形态。

按照节目来源，可分为电视独有的文娱类电视节目形态、电视对社会文学艺术形态进行电视化加工的文娱类电视节目形态、电视对社会文化娱乐活动直接转播的文娱类电视节目形态。

按照核心元素，可分为电视文艺节目、电视晚会节目、电视综艺节目、电视游戏节目、电视益智节目、电视真人秀节目等六种文娱类电视节目形态。

本书采用最后一种分类方法，对文娱类电视节目形态进行较为详尽的阐释。

第二节　电视文艺节目>>>

一、定义

电视文艺节目是指以现代电子技术、数字技术为传播手段，对音乐、舞蹈、小品、戏曲、曲艺、文学等各种文艺节目进行电视化的二度创作，既保留原有文艺的独特艺术价值，又充分发挥电视的特殊表现方式，给观众以全新的文化和审美享受的文娱类电视节目形态。

电视文艺节目形态可细分为以下六种形态：

(1)电视音乐节目，是指以各类音乐、歌唱演出为基本素材，运用电视的特殊手段制作的电视文艺节目。

(2)电视舞蹈节目，是指以各类舞蹈演出为基本素材，运用电视的特殊手段制作的电视文艺节目。

(3)电视小品节目，是指以各类小品为基本素材，运用电视的特殊手段制作的电视文艺节目。

(4)电视戏曲节目，是指以各类戏曲为基本素材，运用电视的特殊手段制作的电视文艺节目。戏曲是中国特有的传统艺术形式，品种很多，有京剧、昆曲、评剧、豫剧、越剧、粤剧、湘剧、汉剧、河北梆子、晋剧、黄梅戏、秦腔、二人转、二人台等。

(5)电视曲艺节目,是指以各类曲艺为基本素材,运用电视的特殊手段制作的电视文艺节目。曲艺是各种说唱艺术的总称,包括大鼓、弹词、琴书、道情、牌子曲、快书、评书、相声、数来宝、大本曲等。

(6)电视文学节目,是指通过特殊的电视手段,对小说、诗歌、散文、报告文学等文学作品进行二度创作的电视文艺节目。

二、源流

(一)导入期(1958—1976)

1958年5月1日,北京电视台开始试验播出。在当天的节目中,就有文艺节目,分别是中央广播实验剧团表演的诗朗诵《工厂里来了三个姑娘》《大跃进的号角》、北京舞蹈学校编排的舞蹈《四只小天鹅》《牧童》《春江花月夜》。这些节目是在一间由会计室改建的约60平方米的小演播室内直播的。

1958年5月4日,北京电视台播出电影《林冲》。从此,电影成为电视文艺节目形态中的重要组成部分。早期的中国电视对电影的依赖性很大。一些新电影往往还没有公映,电视观众就先睹为快了。当时除少数家庭有电视机外,电视机都是在单位或公共场所供集体收看的。观众往往把电影看作是“正片”,而把其他电视节目视为“加片”。20世纪50年代末至60年代初,电影占电视文艺节目总数的一半以上,其在当时电视文艺节目中的重要地位可见一斑。

1958年6月26日,北京电视台首次进行了剧场实况转播,内容是由伤残军人演出的文艺节目。此后,北京观众多次欣赏到著名京剧艺术家的表演,如梅兰芳的《穆桂英挂帅》,尚小云的《双阳公主》,荀慧生的《红娘》,马连良和张君秋的《三娘教子》,张君秋、叶盛兰和杜近芳的《西厢记》,周信芳的《四进士》等。其后,北京电视台对当时流行的舞台剧逐一进行转播,如昆曲《十五贯》、评剧《祥林嫂》、话剧《七十二家房客》《雷雨》和歌剧《刘三姐》《洪湖赤卫队》《江姐》等。

1959年8月,中国第一部电视小品《穿花布拉吉的姑娘》在北京电视台播出。

1959年国庆期间,北京电视台前后播映了《林则徐》《风暴》《老兵新传》《我们村里的年轻人》等四部重点发行的献礼电影故事片和《英雄战胜北大荒》《第二个春天》《远征沙漠》《红光照山村》等四部大型电影纪录片。此外,北京电视台还转播了苏联芭蕾舞团表演的《天鹅湖》和苏联著名舞蹈家乌兰诺娃主演的《吉赛尔》《海侠》的片段。

北京电视台于1960年新建成大、中、小三个演播室后,播出电视文艺节目的条件得到了大大的改善。这一时期,电视编导力图运用电视手段进行再创作,以丰富电视文艺节目的表现力。

1961 年 4 月 20 日,导演黄一鹤尝试以越剧戏曲影片为小提琴协奏曲《梁山伯与祝英台》配画,在镜头处理和解说运用方面颇有创意,成为中国第一个直播的经加工制作的大型电视文艺节目。随后,邓在军导播了舞蹈《赵青独舞》,杨洁和莫宣导播了甬剧《半把剪刀》,王扶林和金成导播了话剧《七十二家房客》。这些节目显示了电视独特的传播特性和语言。

1961 年 12 月 11 日至 19 日,为庆祝著名京剧表演艺术家周信芳舞台生涯 40 周年,北京电视台举办了大规模的电视系列戏曲演播,播出了周信芳主演的《打渔杀家》《乌龙院》《打瓜招亲》《宋士杰》《张飞审瓜》《斩经堂》《四进士》《海瑞上疏》等,产生了轰动效应。

1964 年前后,以广州电视台为代表的许多电视台掀起演“革命现代戏”的热潮,大量播放以阶级斗争为主要内容的现代题材戏剧。

1964 年,中央电视台少儿部将著名作家管桦的小说《小英雄雨来》搬上了电视屏幕。这部作品虽然经由演员的表演不可避免地强化了原作的戏剧元素,但同时又忠于原著,将原作中的文学语言通过新的视听元素展现在电视屏幕上,具有极强的文学性。这部作品的诞生标志着电子技术与文学作品产生了直接的联系,开启了中国电视文学节目发展的序幕。

1964 年 1 月 4 日,为庆祝《毛主席诗词》出版,北京电视台第一次举办大型诗歌朗诵会。同年 7 月 1 日,又举办了毛泽东诗词欣赏晚会。在当时的特定历史时期内,诗歌朗诵会这一文艺形态在电视文艺节目中不时出现。它以诗为主,配合歌舞,诗情画意并存,歌声舞蹈纷呈;朗诵家、歌唱家和舞蹈家云集,成为中国电视文艺节目中一道引人注目的景观。

1964 年 12 月,北京电视台利用黑白录像机录制了常香玉主演的豫剧《朝阳沟》第二场与京剧《红灯记》中《智斗鸠山》一场,并在 1965 年元旦文艺晚会中播出。这是中国第一次录像播出的电视文艺节目。从此,中国电视文艺节目开始从实况直播转向录播。演出与播出的分离使得电视文艺节目能够被保留下来,为节目质量的提高提供了技术保证。

1965 年 2 月,北京电视台在 100 天内连续播出以援越抗美为主题的音乐、舞蹈、戏剧节目 44 次,占当年电视文艺节目的 40%。这种配合中心任务组织大规模文艺演出的做法成为中国电视文艺节目的传统。

1966 年 6 月,北京电视台把原来的若干块文艺节目时间合并,以便长时间地播出京剧《红灯记》等“样板戏”。

1967年5月9日至6月15日,京剧《红灯记》《智取威虎山》《沙家浜》《海港》《奇袭白虎团》、芭蕾舞剧《红色娘子军》《白毛女》、交响音乐《沙家浜》等八个样板戏[①]同时在首都各大剧场演出,北京电视台反复播放。

1969年7月1日,北京电视台每周增加一定的时间转播“样板戏”。

1971年10月,北京电视台增播以“样板戏”的“三突出”(在所有人物中间突出正面人物,在正面人物中间突出英雄人物,在英雄人物中间突出主要英雄人物)为标准创作的京剧《龙江颂》《杜鹃山》《平原枪声》《海岛女民兵》、舞剧《沂蒙颂》等现代剧目。

1971年11月,北京电视台推出教唱“样板戏”和其他现代剧目选段的节目。

1970年9月,为了庆祝越南民主共和国成立25周年,北京举办“越南电影周”,北京电视台先后播放了影片《英雄的昏果岛》《上前方之路》等。

1970年10月,为了纪念中国人民志愿军赴朝作战20周年,北京电视台播放了《奇袭》《英雄儿女》《打击侵略者》等几部影片。

1974年,北京电视台播出了电影《火红的年代》《艳阳天》《青松岭》。

1975年10月,为了纪念红军长征胜利40周年,北京电视台播放了《长征组歌》和话剧《万水千山》。

1974年,根据中共中央办公厅的指示,北京电视台组织专门班子,抽调精干人员,利用彩色录像设备先后在湖南、北京录制了著名艺术家红线女、李和曾、赵燕侠、彭俐侬、左大玢、王爱爱、谭元寿等表演的一大批传统戏曲和曲艺节目。在湖南录制了花鼓戏、湘剧、汉剧、粤剧、晋剧等剧种的71个剧目;在北京录制了京剧《逍遥津》《斩红袍》《红娘》和河北梆子《辕门斩子》等80个剧目,以及侯宝林和郭启儒合说的相声《关公战秦琼》《戏剧与方言》《阴阳五行》《婚姻与迷信》《醉酒》《改行》《买佛龛》等。

从1975年下半年起,天津电视台用了5个多月的时间,录制了传统京剧《蜈蚣岭》《恶虎村》《二堂舍子》和河北梆子《捡柴》《柜中缘》等50余出戏。北京电视台和天津电视台的这些努力,使得一批濒临失传的著名艺术家的代表作被保留下来,为中国戏曲和曲艺艺术保存了十分珍贵的影像资料。

1976年12月21日,北京电视台实况转播了《诗刊》杂志社主办的诗歌朗诵音乐会,王昆、郭兰英、王玉珍、常香玉等一批艺术家登台表演,《绣金匾》《洪湖水浪打浪》《兄妹开荒》《夫妻识字》等一批革命歌曲震撼了全场观众的心。此后,北京电视台转播了大量此类节目,如1977年1月18日晚播出的专题文艺节目《我们永远怀念你啊,敬爱的周总理》、1978年3月6日和8日转播的由中央广播文工团和《诗刊》杂志社分别举办的两场

---

① 赵玉明.中国广播电视通史[M].北京:中国传媒大学出版社,2006:313.

纪念周总理诞辰80周年的诗歌朗诵音乐会等。

（二）成长期（1977—1992）

1977年5月23日，北京电视台《文化生活》栏目开播，虽然当时它不太引人注目，却显示出了融艺术性、知识性、欣赏性和趣味性于一体的特色，标志着中国电视文艺节目进入成长期。

1977年10月18日，北京电视台播出湖南花鼓戏《十五贯》、京剧《闹天宫》、昆曲《大破天门阵》、京剧《打渔杀家》等传统剧目录像。

1977年11月，中央电视台开办《外国文艺》栏目。这个栏目主要是为了普及外国文艺知识，提高观众的艺术欣赏能力，着重向观众介绍外国优秀文艺节目，包括音乐、美术、舞蹈、文学名著等。

1978年，中央电视台少儿部设立了《文学宝库》栏目，目的是给少年儿童输送文学营养。该栏目采用“电视小说”的形态，将许多中外文学名著搬上了屏幕，先后播出过安徒生的《卖火柴的小女孩》、鲁迅的《故乡》《孔乙己》、莫里兹·日格蒙德的《七个铜板》、格林兄弟的《白雪公主》等作品。这些电视节目以经典文学作品为蓝本，努力保持文学作品的原有风貌和艺术格调，彰显了作品的文学品格。

1978年9月30日，中央电视台与地方电视台共同筹办的《祖国各地》栏目播出。

1982年6月5日，中央电视台《舞台与银幕》栏目开播。这是中国第一个专门介绍新上映的电影和新公演的戏剧的栏目。该栏目改变了以往以剧场转播为主的制作方式，而以自办节目为主，开始了电视文艺节目栏目化的探索。自办节目使电视台可以控制节目的长度，并把不同的节目按照一定的顺序进行编排，在固定的时间播出，有利于培养观众的收视习惯，发挥电视传播的优势。从此，各类电视文艺节目都先后走上了栏目化的道路。

1981年1月1日，广东电视台开办了文艺栏目《万紫千红》，它以丰富多彩的内容、活泼新鲜的形式、主持人的精彩表现令观众耳目一新。广东电视台的这种做法在电视界引起了巨大反响，各电视台纷纷开办了自己的文艺栏目。

1984年，上海电视台开办了《大舞台》《大世界》栏目。中央电视台推出的栏目更多，既有以加工地方电视台选送节目为主的《艺苑之花》，也有自己编导的《音乐与格言》《歌与花》，还有在舞台演出实况基础上加工制作的《音乐与舞蹈》等。

1984年，江苏电视台尝试创作电视诗，并正式提出了“电视小说”这一全新概念。栏目组先是将美国作家欧·亨利的小说《最后一片叶子》改编成同名电视小说。接着又将奥地利作家茨威格的小说《看不见的珍藏》和朱自清的散文《荷塘月色》改编成电视小说和电视散文,还创作了《小巷通向大街》《零点归来》等电视小说作品。这些作品的共同特点是看重文学原著的叙事结构和表现形式,从而在电视屏幕上鲜明地树立起了电视小说的旗帜。1987 年 11 月 1 日至 5 日,江苏电视台组织召开全国首届电视小说学术研讨会,专注于对电视文学节目的理论研讨和理论建设。

1985 年至 1992 年,中央电视台先后推出《戏曲欣赏》《百花园》《电视剧场》《文艺天地》《短剧与小品》《艺苑风景线》等文艺栏目。在这段时间内,地方电视台也开办了一批各具特色的文艺栏目,如北京电视台的《五彩缤纷》、上海电视台的《笑一笑》、天津电视台的《画中画》《戏曲之花》、吉林电视台的《艺林漫步》、湖南电视台的《星期文艺》、安徽电视台的《舞台精英》、陕西电视台的《秦之声》、广东电视台的《南粤戏曲》等。这些栏目的出现,使电视文艺节目的面貌大为改观,真正显示了电视文艺节目丰富多彩、生动活泼的特征。更为重要的是,这些栏目改变了以往电视文艺节目播出的无序现象,实现了栏目化播出。各栏目分工明确、个性鲜明、制作规范、播出时间固定,既有利于观众的节目选择,也有利于培养电视文艺节目专业人才,从而使电视文艺节目呈现出百花齐放的喜人局面。

(三)成熟期(1993—)

1993 年 3 月,中央电视台《百花园》栏目改版为《东西南北中》。栏目以播出音乐电视为主,使来自西方的音乐电视节目形态中国化,极大地推动了中国电视音乐节目的发展。仅 1993 年,中国内地就拍摄了四百余部音乐电视作品。同年,中央电视台举办了首届中国音乐电视大赛。考虑到当时各音像公司以经济效益为创作出发点的情况,中央电视台筹集力量拍摄了一系列以艺术价值为出发点的内容健康、风格多样的音乐电视作品,如《长城长》《我的梦》《轮椅上的梦》《流浪的燕子》《牵手》等,显示出中国内地音乐电视作品创作的独特风格,也标志着中国电视文艺节目形态的发展进入成熟期。

1993 年 5 月 1 日,中央电视台《东方时空》栏目播出了《东方时空金曲榜》,《东方时空金曲榜》本着打新歌、推名家的主旨,着重介绍原创流行音乐,影响甚广。

1993 年 6 月,上海东方电视台举办了全国电视散文大奖赛。这次大奖赛为全国电视文学节目爱好者和创作者提供了学习借鉴和相互交流的平台,同时也将一批优秀的电视文学作品推荐给了广大电视观众。

1994 年 4 月 1 日,中央电视台开办了《中国音乐电视》栏目,这是中国内地第一个专门的音乐电视栏目。该栏目以介绍国内最新的音乐电视精品为主,同时兼顾热心观众点播和海外创作动态,并设立曲目排行榜,成为当时电视屏幕上一道亮丽的风景线。

1998 年 2 月 1 日,中央电视台《地方文艺》栏目推出了全国首届电视诗歌散文展播。

从1998年2月1日播出第一期至1999年1月17日播出最后一期,共制作播出了93部电视诗歌散文作品,这也标志着《电视诗歌散文》栏目的诞生。《电视诗歌散文》旨在打造一个诗意化的空间,弘扬真善美,受到了广大诗歌散文爱好者的欢迎。

2004年1月6日至7日,中央电视台《中华情——全球华语优秀原创歌曲大型演唱会》《中华情·爱在人间——全球华语优秀原创歌曲大型演唱会》先后在北京工人体育馆录制完成,分别于农历正月初三、初七在中央电视台中文国际频道播出。这两场演唱会是中国首次全部采用高清晰电视设备录制的演唱会。

2008年1月1日,国务院规定将清明节、端午节、中秋节新增为国家法定节假日。这几个节日有着悠久的历史渊源、深厚的文化内涵、丰富的民俗活动,是全民性的节日,为全球华人普遍重视。在纪念这些传统节日时,全国多家电视台不约而同地选择了朗诵经典诗词的形式,如中央电视台的《放诵中国节·端午寄情》《我们的节日·中秋·中华经典诗文诵读》、江苏卫视的《中华经典朗读·清明篇》、湖南卫视的《中华经典诵读》等,用电视文艺节目形态诠释中华民族的人文血脉和思想精华。

三、主要特征

(一)功能的娱乐性

电视文艺节目形态的构成元素与原生态文艺样式的构成元素大体上是一致的,但因电视传媒的特点,电视文艺节目形态较之原生态文艺样式,娱乐性更强烈一些。“如果说受众收听收看新闻、社教等节目是为了广知天下事或学习一定的知识的话,那么他们欣赏文艺节目则主要是为了娱乐和消遣。”①这里强调电视文艺节目形态的娱乐性,并不排斥其具有一定的思想性和教育性。电视文艺节目形态应该寓教于乐,通过活泼轻松的艺术形式潜移默化地对观众进行思想启迪和品德教育。中国是处于社会主义初级阶段的发展中国家,看电视仍然是许多人业余时间的主要娱乐方式。因此电视文艺节目形态应当注意发挥自己的娱乐功能,满足人民群众的休闲娱乐需求。

(二)内容的教育性

电视文艺节目形态的教育元素和娱乐元素一样是客观存在的,也是适应社会与人的全面发展的客观需求的。优秀的电视文艺节目能使观众在赏心悦目的同时,感受到

---

① 刘爱清,王锋.广播电视概论[M].北京:中国广播电视出版社,2008:156.

一种思想的启迪与鼓舞,逐渐培养出高尚的情操与高雅的情趣,获取各种有益的社会知识与生活知识。当然,这种教育元素可以直接表达,但更常见的是通过电视文艺节目所展示的艺术元素和娱乐元素来感染观众和影响观众。虽然在某些时候,电视文艺节目可能具有较强的宣传性和鼓动性,但在强调这种宣传性和鼓动性的同时,不可忽视电视文艺节目的美学特征,不可违背文艺创作的基本规律。

(三)品质的审美性

电视文艺节目的播出,既是一个艺术美的展示过程,又是一个观众获得审美感受的过程。电视文艺节目追求对文艺节目审美元素的纪实性再现和电视化加工。诗歌、舞蹈、戏曲、曲艺、音乐、文学等艺术样式电视化后的最直观的结果,便是视觉元素和听觉元素的逼真、丰富、唯美,观众在欣赏艺术作品的同时,也能欣赏到逼真、丰富、唯美的画面和声音。此外,观众在家中收看电视文艺节目,与在影院、剧场、音乐厅等公共场合观看演出的艺术感受有很大的不同。审美环境和审美方式的不同,会导致审美心理的不同变化。

第三节　电视晚会节目>>>

一、定义

电视晚会节目是指在某一特殊时间,为营造某种氛围,以配合某一重大主题内容的宣传而特别组织的以综合性文艺表演为主的文娱类电视节目形态。

按照节目内容的不同,电视晚会节目大致可分为节庆性晚会节目、专题性晚会节目、行业性晚会节目等三大类:

节庆性电视晚会节目,指的是在重大的国家性、民族性、民俗性的节庆期间,为营造欢乐喜庆的氛围,丰富广大电视观众的精神娱乐生活,而特别组织的以电视综合文艺演出为主的电视晚会节目形态。

专题性电视晚会节目,指的是为配合某一时期的某一中心工作的宣传,而特别组织的具有统一的主题和思想的以电视综合文艺演出为主的电视晚会节目形态。

行业性电视晚会节目,指的是按照某一行业要求的主题与内容,而特别组织的具有明显的行业特点和行业目的的以电视综合文艺演出为主的电视晚会节目形态。

二、源流

（一）导入期（1958—1982）

在这个时期，电视晚会节目以舞台演出的实况转播为主。其基本形态是将舞台上演出的文艺节目，通过微波与卫星等现代化传播手段，使不同地域的观众在同一时间里收看到千里之外表演的文艺节目。这样不仅使观众感受到热烈的现场气氛，而且培养起观众的参与意识。鉴于当时落后的技术条件和电视编导缺乏实战经验，电视晚会艺术性的呈现效果比较一般。

1958 年除夕，北京电视台播出了一部联欢晚会性质的电视片，当时的很多大师都曾经出镜，如京剧大师梅兰芳、相声大师侯宝林、人民艺术家老舍等，但这种节目形态并没有延续下来。

1958 年 12 月 31 日，上海电视台播出欢庆新年文艺晚会，节目有沪剧、越剧、淮剧、评弹、民乐演奏、管弦乐演奏、独唱、合唱、表演唱、相声、杂技、舞蹈、朗诵等，参加晚会演出的有 15 个文艺团体。

1959 年 10 月 1 日，北京电视台通过电缆传送，转播了在天安门广场举行的庆祝新中国成立十周年的文艺晚会。这是北京电视台首次实况转播规模比较大的文艺演出活动。

1960 年春节，北京电视台首次在演播室内播出了自己组织排练的综合性文艺晚会。这次晚会集诗朗诵、相声、戏曲、歌舞等于一体，是“国内第一次有剧本的综艺晚会”①，可以视为中央电视台春节联欢晚会的发端。而到 1963 年春节，联欢晚会的时长已有 4 个小时了。

电视节庆晚会的出现，表明电视在与文艺结合的过程中，开始有意识地从文艺节目电视化的角度进行了一系列创新，从而逐渐形成了具有中国特色的电视晚会节目形态。

20 世纪 60 年代初，北京电视台先后举办了三次《笑的晚会》。

第一次《笑的晚会》在 1961 年 8 月 30 日播出，内容全部是相声，电视导演是笪远怀。晚会播出后台里收到一百余封观众来信，对这个节目表示支持，并要求再办。

受到鼓舞的北京电视台于 1962 年 1 月 20 日举办了第二次《笑的晚会》。这次仍以相声为主，但为了弥补视觉形象的不足，这次晚会增加了其他形态的喜剧节目，如话剧片段、独角戏和笑话等，并聘请知名演员担任艺术指导，布置了一个茶座式景区。演员分散

---

①　苗棣，任阳梅.我国电视节目类型的发展与创新[J].电视研究，2008(10)：21.

围坐着,既是表演者又是剧场观众,使晚会气氛更加轻松活泼。

在一片赞扬声中,北京电视台又在 1962 年 9 月 30 日举办了第三次《笑的晚会》。这次晚会的艺术指导是北京电影制片厂导演谢添,特邀导演是青年艺术剧院的杜澎,电视导演是王扶林等。这次晚会试图改变以往国庆晚会的习惯做法,标新立异,着重表演,减少说唱,以电影、话剧演员表演小品为主,并动员北京人民艺术剧院、中国青年艺术剧院、北京电影制片厂、上海电影制片厂、中央实验话剧院、八一电影制片厂、儿童艺术剧院、总政话剧团等 8 个单位,组成了强大的演出阵容。

三次《笑的晚会》是对电视晚会节目的可贵探索。虽然由于当时的社会背景以及个别观众过于严肃的批评,使得这种娱乐性很强的电视晚会节目没有持续发展下去,但实践证明,三次《笑的晚会》的影响是深远的。

1965 年,录像机开始被用于电视晚会节目的录制。1965 年的元旦文艺晚会是中国第一次使用录像形式播出的电视晚会节目。录像播出的意义不仅在于可以使电视晚会节目的规模增大,在质量上做到精益求精,更重要的是,它使导演能够按照自己的创作意图,自由编辑和组合各类非现场播出的文艺演出片段。

1966—1977 年,电视晚会节目的主要内容是每年的五一劳动节和十一国庆节转播在天安门广场举行的焰火晚会。在这一特殊时期,电视技术的进步使电视晚会节目从中获益,如 1971 年 5 月 1 日北京电视台转播的首都焰火晚会实况已能通过微波传送到全国 20 个省、自治区、直辖市。

1978 年 2 月 6 日农历除夕,北京电视台举办了迎春晚会,播送至次日凌晨 1 时左右。郭沫若特意为晚会写了春联"飞雪迎春到,心潮逐浪高"。杨沫、李苦禅、李瑛、于蓝、王晓棠、马季等文艺界知名人士出席晚会并表演了节目,规模虽然不大,但反响热烈。

1979—1982 年,中央电视台每年都举办迎春晚会或春节文艺晚会,采用的都是录播形式,形态与后来人们熟悉的春节联欢晚会有较大不同,实质上就是有报幕员的文艺节目串联。由于没有摆脱以政治说教为主的模式,晚会的大部分节目内容陈旧,缺乏吸引力。

总之,从 1958 年北京电视台成立至 1982 年,除了"文革"期间停播外,中央电视台及其前身北京电视台几乎年年都办春节文艺晚会,只是节目规模大小不一,形态尚不稳定,没有形成全国性的影响。

(二)成长期(1983—1991)

在这一时期,电视晚会节目由以舞台演出的实况转播为主,转变为以演播室演出的现场直播为主。

随着电视事业的进一步发展，为了节目制作和播出的方便与自由，各电视台都建立起大型的演播室。这样便可在演播室里组织文艺演出，将现场的演出直接传播给电视观众，或将现场演出录制下来，经过后期剪辑再播出。演播室里的现场直播完全是为电视观众特意安排与设计的电视文艺演出，因而在场景设计、造型处理、灯光布置、舞美置景等方面更加电视化，大大增强了节目的可视性。这样的电视晚会节目由于声势大、影响广、效果好，越来越被电视台与社会各界所重视，制作数量急剧增加。

1983 年除夕晚 8 时至 12 时 30 分，中央电视台春节联欢晚会在旧台址 600 平方米的大演播室里面向全国进行了总长四个半小时的现场直播。晚会的主题是"团结、欢乐、希望"，导演为黄一鹤和邓在军。这台晚会在内容和形式上都突破了过去的迎春晚会，并为以后的春节联欢晚会起到了奠基作用，所以人们习惯上将 1983 年春节联欢晚会视为中央电视台首届春节联欢晚会。

1984 年除夕，鉴于"一国两制"的构想背景，中央电视台邀请了张明敏、黄阿原等中国香港、台湾地区的演员参与当年春节联欢晚会演出，晚会持续了 6 个小时，观众看得津津有味。从此，中央电视台春节联欢晚会具有了不同寻常的意义和分量。正如导演黄一鹤所言："自从 1983 年、1984 年两次春节联欢晚会以后，人们就改变了过春节的老习俗。千百年来都是由吃饺子、放鞭炮来庆祝春节，现在则变成吃饺子、看电视、放鞭炮三大活动了。"①

1985 年中央电视台春节联欢晚会进行了大胆尝试，将演出场地搬进北京工人体育馆。这一设想原本是为了追求辉煌壮丽的大场面，却严重脱离了当时中央电视台所能提供的技术条件。结果这台晚会虽然有一些很好的节目作支撑，但远未达到预期效果，反而给观众留下了昏暗沉重、粗糙冗长、杂乱无章的印象。在 1985 年 3 月 2 日的《新闻联播》中，中央电视台专门就此事"向全国人民做检讨"②。

1986 年中央电视台春节联欢晚会演出场地又回到了演播室内。这次晚会虽在不少地方有所突破和创新，但基本上仍遵循了 1983 年和 1984 年春节联欢晚会的节目形态。

1987 年中央电视台春节联欢晚会将受到观众普遍欢迎的相声、小品、歌舞定为晚会的三大支柱，要求节目具备较高的思想性和艺术性，同时还要具备娱乐性、趣味性和知识性。晚会播出后效果很好，北京地区抽样调查显示，晚会开始后，收视率由 48%猛增至 80%。1987 年春节期间，中央电视台又推出了各地方电视台制作的春节联欢晚会展播。这些地方电视台的春节联欢晚会基本上都是模仿中央电视台春节联欢晚会制作的，但更

---

① 黄一鹤.难忘除夕夜：从 1983 年春节联欢晚会谈起[J].电视研究，1999(5)：59.

② 黄一鹤，陈芳.半世情缘话"春晚"：访中央电视台导演黄一鹤[J].中国电视，2008(5)：40.

具地方特色,因此也颇受观众喜爱。

1988 年中央电视台春节联欢晚会在时空关系上做了新的处理,在主会场以外设置分会场,部分节目采取双向传送、千里对话的形式,使观众能同时欣赏到黑龙江健儿在冰天雪地里冬泳、广东举行花团锦簇的花会、四川人在灯会上品尝各类风味小吃的场景,并插播中国留美学生和学者新春联欢会的录像,在茶座式的基础上大大扩展了晚会的时空。

1989 年中央电视台春节联欢晚会在 1000 平方米的演播室外增设中国剧院的演出,提前半年在全国征集节目,最后为保证质量又新创作了近 70%的节目。

1990 年中央电视台春节联欢晚会采取了设置戏剧、曲艺和歌舞三个代表队进行表演竞赛的构思,首次将游戏竞争机制引入晚会。国家领导人很重视这台晚会,江泽民、李鹏亲临现场,中央电视台春节联欢晚会由此“从一个在偶然中诞生的节目转变为某种必然的国家主流话语的传媒镜像”①。

1991 年中央电视台春节联欢晚会广泛发动地方电视台提供优秀节目,最后播出了 11 个地方电视台推荐的 12 个节目。

(三)成熟期(1992—)

随着电视技术与卫星通信的进一步发展,我国电视晚会节目的创作开始使用国际上最先进的 MIDI 设备,将大型电视投影屏幕作为舞台背景,再加上冷烟火的使用,使得画面与音乐有机结合,整体演出融声光画为一体,构成了立体舞台的艺术效果,形成了独特的节目形态。与此同时,电视晚会节目充分运用卫星通信传输技术进行科学的时空画面转换,使舞台表演、演播室表演与外景实况、电视短片等交相辉映,在舞台和演播室表演的画面中穿插生活实景,甚至完全将文艺表演置于生活实景之中,从而大大拓展了电视晚会节目的表现空间,丰富了电视晚会节目的思想内涵。

1992 年,为纪念毛泽东《在延安文艺座谈会上的讲话》发表 50 周年,中央电视台文艺部举办了《丰收大地》晚会。晚会内容丰富、形式生动,准确地体现了党的文艺方针政策。

1993 年春节联欢晚会第一次由卫星同步向海外传播,在中国大陆、中国台湾、中国香港、新加坡实现了四地互传。与以往不同的是,此次晚会的总导演是在中央电视台台长主持的招标会上胜出的,一改之前由台领导和有关专家根据日常工作考察来指派的方式。

1993 年电视晚会节目频出:中央电视台和香港无线电视台在北京人民大会堂联合举办的《扶贫救灾献爱心》大型文艺晚会,通过卫星现场直播,在海内外产生了强烈反响;

---

① 李黎丹.央视春晚意识形态运行模式的变迁[J].现代传播,2011(5):30.

《日月星辰——近代史知识颁奖晚会》主题鲜明；以申奥为主题的《奥林匹克梦》推出了一些脍炙人口的申奥歌曲；为中央电视台成立 50 周年举办的台庆晚会《今宵属于你》也深受好评；9 月 22 日至 27 日在四川成都举行的四川国际电视节上，有 6 台 9 场文艺晚会，其中包括现场直播的《“金熊猫奖”颁奖晚会》《“飞天奖”颁奖晚会》等。

为纪念毛泽东诞辰一百周年，1993 年年底，多家电视台举办了大型电视文艺晚会。如中央电视台和湖南电视台合作的《人间正道是沧桑：纪念毛泽东诞辰一百周年文艺晚会》、北京电视台的《人民领袖毛泽东》、上海东方电视台的《上海文艺界纪念毛泽东诞辰一百周年文艺晚会》等。

1994 年，中央电视台在春节联欢晚会的总体设计上充分体现了专业化特点，首次在三个频道同时分别播出春节联欢晚会、春节戏曲晚会、春节音乐歌舞晚会，三台晚会各有千秋。

1995 年正值世界电影诞生一百周年暨中国电影诞生九十周年，中央电视台直播了大型晚会《创造永恒》，以“电影与时代”“电影与观众”“电影与影人”三大主题为线索，全面回顾了中国电影的光辉历程，并展望了中国电影广阔的发展前景。

1996 年 2 月 11 日，中央电视台在革命老区河北省平山县西柏坡举办首次“心连心”慰问演出——《沃野春潮》，上万名热情的观众早早就在麦田里等候，2 月 23 日播出后更是在全国引起强烈反响。1996 年 4 月 30 日，中央电视台在国企改革卓有成效的北京第一机床厂举办第二次“心连心”慰问演出——《五月花正红》。1996 年 5 月 24 日，以纪念毛泽东《在延安文艺座谈会上的讲话》发表 54 周年为契机，艺术团走进革命老区江西省遂川县，举办第三次“心连心”慰问演出——《永远的深情》。从此，“心连心”艺术团足迹遍及边远山区、革命老区、部队、学校、工矿企业等。中央电视台郎昆导演说：“20 多年的‘心连心’慰问演出，坚持从人民的社会生活中汲取营养、挖掘素材、提炼主题，立足于人民的实践进行艺术创作、实现艺术进步，给基层百姓送去党和政府的问候。”①

1997 年 7 月 2 日，中央电视台直播了《回归颂——庆祝香港回归大型文艺晚会》。1997 年 12 月 31 日 22 时起，连续三小时，中央电视台、上海电视台、上海东方电视台在上海联合举办《我们共同的亚细亚：新年祝福 1998 新年文艺晚会》，通过卫星向全世界逾 120 个国家和地区现场直播，参加晚会的有来自 16 个国家和地区的约 400 名演员。

1998 年，中国不少城市都遭遇了特大洪水的袭击，全国各地电视台举办了一系列的赈灾募捐晚会，如中央电视台的《我们万众一心：抗洪赈灾募捐演出》《抗洪精神颂》《为了灾区的孩子：教育系统赈灾义演》、黑龙江电视台的《为了我们的家园：赈灾文艺晚会》、

---

① 郎昆.人民是根 电视是树 融合是魂：坚持以人民为中心，促进综艺节目发展[J].电视研究，2019(1)：5.

吉林电视台的《抗洪水 献爱心:1998 赈灾义演》、北京电视台的《爱心与祖国同在:大型赈灾义演晚会》、河南电视台的《手挽手 心连心:抗洪救灾大型电视晚会》、湖北电视台的《风雨同舟楚天情:大型赈灾义演》、江西电视台的《情系灾区献爱心赈灾文艺晚会》、安徽电视台的《筑起我们新的长城:大型赈灾晚会》、上海东方电视台的《上海各界支援抗洪救灾义演》、广东电视台的《风雨同舟兄弟情:广东省抗洪救灾募捐义演》等。

1999 年,在中华人民共和国成立 50 周年和澳门回归祖国怀抱之际,北京电视台制作了庆祝澳门回归大型文艺晚会《1999 澳门》。该台晚会将新闻采访和文艺节目有机地结合起来,以情动人,精彩纷呈。

2008 年 9 月 7 日,安徽卫视与台湾华视通过卫星连线制作了一场中秋晚会。光影交错、时空转换,海峡两岸同胞共享一轮明月,同唱一曲中秋情歌,两个舞台仿佛合成了一个舞台。

2010 年 6 月 27 日,首届全国春节电视文艺晚会评选活动暨颁奖晚会《盛视 2010》在内蒙古鄂尔多斯举行。

三、主要特征

(一)主题的时代性

电视晚会的主题往往"有较强烈的时代感和社会意义","注意把握时代脉搏,生活气息浓厚"①,节庆类电视晚会尤其如此。譬如,1983 年以来,中央电视台历届春节联欢晚会都有一个明确的主题定位,节目取舍均以主题定位为最高原则:1983 年,团结、欢乐、希望;1984 年,爱国、统一、团结;1985 年,团结、奋进、活泼、欢快;1986 年,团结、奋进、欢快、多彩;1987 年,团结、向上、喜庆、红火;1988 年,团结、奋进、欢快;1989 年,团结、欢乐、向上;1990 年,团结、和谐、欢快;1991 年,团结、欢快、多彩;1992 年,团结、欢乐、祥和;1993 年,团结、祥和、自豪、向上;1994 年,团结、自尊、奋进、企盼;1995 年,家庭的团聚、各民族的汇聚、炎黄子孙的凝聚(亲情、友情、乡情);1996 年,欢乐、祥和、凝聚、振奋、辉煌;1997 年,团结、自豪、奋进的中国人;1998 年,中华民族春节大团圆,万众一心迈向新世纪;1999 年,欢声笑语张灯结彩春节大团圆,载歌载舞万众欢腾迈向新纪元;2000 年,江山多娇跨世纪,龙腾报春迎复兴;2001 年,新世纪、新希望、新生活;2002 年,祖国颂、社会主义颂、改革开放颂、弘扬与时俱进的时代精神;2003 年,凝聚力和自信心,团结奋进、热烈欢快;

① 杨晓民,陈亦文.难忘今宵:中央电视台历届春节联欢晚会大写真[M].武汉:长江文艺出版社,1998:98.

2004 年，欢乐、联欢、亲切、振奋；2005 年，盛世大联欢；2006 年，天地人和万事兴；2007 年，欢乐和谐中国年；2008 年，和谐盛世，团结奋进；2009 年，中华大联欢；2010 年，龙腾虎跃；2011 年，励志；2012 年，回家过大年；2013 年，新春中国；2014 年，欢乐祥和迎新春，同心共圆中国梦；2015 年，家和万事兴；2016 年，你我中国梦，全面建小康；2017 年，大美中国梦，金鸡报春来；2018 年，喜庆新时代，共筑中国梦；2019 年，奋进新时代，欢度幸福年。

可以看出，中央电视台每年春节联欢晚会的主题实际上都没有太大的变化。尽管 2008 年春节联欢晚会突出了奥运主题，并且由于南方冰灾临时关注灾民的议题，对传统主题格调似乎有所冲淡，但正因为春节联欢晚会所承载的厚重期望值，在唱颂歌舞升平的同时，应当体现这种人文关怀，彰显国家媒体的社会责任。2009 年中央电视台春节联欢晚会则以全球化的眼光，突出了中华特色，彰显了中国风格和中国气派，给全球华人送去了欢庆和温情。而 2010 年中央电视台春节联欢晚会更注重青春、激情和时尚感，邀请了许多重量级明星助阵。总之，中央电视台春节联欢晚会秉承了中华民族传统文化的精髓，形成了独特的主题定式和风格：一是注重家人之间的亲情感受，感受父慈子孝、兄友弟恭、夫妻和顺的人伦温情；二是注重亲朋好友之间和邻里乡亲之间的和睦相处；三是在更大的圈层上，追求炎黄子孙一家亲。

（二）内容的审美性

电视晚会节目充分运用现代电视技术手段和艺术手段，有计划、有组织地将戏剧、戏曲、音乐、舞蹈、相声、小品等文艺节目有机嫁接在一起，经过节目主持人或影像元素的串联，使文艺节目与电视手段相融合，以电视画面的形式展现出来。作为综合文艺的载体，电视晚会节目必须具有审美的艺术价值属性。为此，它必须兼顾舞美、灯光、音响等技术手段，为整台晚会和具体节目服务。同时，它必须在载歌载舞的艺术形式中娱乐观众，彰显审美情趣和艺术品位。

譬如，中央电视台春节联欢晚会的演播室从 600 平方米的茶座空间发展到 1600 平方米的大型舞台，伴随的不仅是面积的扩大，而且是舞美、灯光、音响的全面进步。

主持人和演员的服装也是一道流动的风景线。在各类电视晚会节目中，出场人员的着装已经从最初的简单服装过渡到舞台化服饰。从发式到服饰的色彩和造型均为舞台专门设计，给人以强烈的视觉冲击。

2007 年以来，大屏幕成为中央电视台春节联欢晚会舞美的重要组成部分。大屏幕配合节目的内容不断变换，既有宇宙空间、熊熊火焰，也有潺潺流水、郊野风光，把有限的舞台空间拓展到无限。大屏幕较好地营造了节目的场景氛围，为观众图解艺术意蕴起到很大作用。

(三)时长的规模性

电视晚会节目的时长一般在90—180分钟之间,要在这样长的时间里持续地吸引观众,其整体策划和艺术风格必须做到生动活泼、幽默风趣、高潮迭起,力求达到思想精深、艺术精湛、制作精致的目的。

电视晚会节目的拍摄和传输已从最早的数架发展到数十架摄像机,从轨道和摇臂发展到升降机,从演播室发展到场馆,再发展到异地互传和卫星全球传送,在摄像机的引导下,人们的视觉功能得到极大的延伸,对艺术的感受也得到了升华,而镜头的巧妙组接更产生了意想不到的神奇效果。这些都保证了晚会长时间传播的精彩程度。

(四)播出的共时性

电视晚会节目通常具有较强的共时性,以达到传播效果的最优化。为此,电视晚会节目多采用现场直播的形式,以强化现场感,增强传播力。

电视从诞生之日起就采用的是直播方式,直到录像机发明以后,电视晚会节目才普遍采用录播方式。然而,由于录播方式缺乏播出与收视的共时性,从1983年中央电视台春节联欢晚会开始,中国电视晚会节目重新采用直播方式,目的是“用最灵活、最直接、最新鲜的方式吸引观众的目光”①。

现场直播使节目的演出时间与播出时间处于同一个时间段,现场的演员、观众与荧屏外的观众有了共时性的情感体验,人们产生了亲切感和参与感,从而获得了类似剧场看剧的审美效果。从设立热线电话到网络直播,观众这种真切的体验感变得越发强烈。人们从一个旁观者变成了参与者,想象并体会着演播现场的气氛,并把这种气氛加以内化,从而获得极为真切的深层审美体验。

全媒体时代,传统媒体与新媒体结合的优势更是彰显了这种共时性。譬如,2018年中央电视台春节联欢晚会设置“1+4”主分会场,运用影视级360°VR拍摄、全景声等多项新技术打造春晚VR精品节目。同时提供4K超高清春晚点播服务,在全国二十余座城市以灯光秀的方式展示新时代的美丽中国。据统计,本届春晚海内外观众总规模达11.31亿,总收视份额达78.57%。②

---

① 黄一鹤,陈芳.半世情缘话“春晚”:访中央电视台导演黄一鹤[J].中国电视,2008(5):37.

② 郎昆.人民是根 电视是树 融合是魂:坚持以人民为中心,促进综艺节目发展[J].电视研究,2019(1):4.

第四节 电视综艺节目>>>

一、定义

电视综艺节目形态，是指融歌舞、曲艺、小品、杂技、魔术等多种舞台表演类文艺节目元素为一体的文娱类电视节目形态。

较之电视晚会节目，电视综艺节目更加多种多样、丰富多彩，具有明显的栏目化播出与杂志化编排特色。

20世纪90年代初，中国经济和社会开始全面转型，娱乐方式逐渐多元化，电视晚会节目形态已经不能满足观众日益增长的娱乐需求。与此同时，电视频道资源的增加、电视节目内容的丰富，使得观众的选择空间也越来越大。

在这种背景下，《综艺大观》《正大综艺》《曲苑杂坛》等电视综艺节目纷纷出现。这一时期作为中国文娱类电视节目形态开始形成独立栏目的标志性阶段，其价值取向大多为对高雅文化和传统文化的传播。

有学者把后来兴起的电视游戏节目、电视益智节目、电视真人秀节目等都归为电视综艺节目，也有一定的道理，因为这些新兴文娱类电视节目都脱胎于传统电视综艺节目，是对传统电视综艺节目的继承和创新。

二、源流

(一)导入期(1981—1989)

在中国电视台中最先实现电视综艺节目栏目化播出的是广东电视台。1981年4月12日，广东电视台推出了综合性的杂志式文艺节目《万紫千红》。该节目设立了《小幽默》《轶事趣谈》《朝见口　晚见面》《乐叔和虾仔》等广受欢迎的子节目。

在广东经验的启示下，上海电视台先于1984年4月12日开办了电视综艺节目《大世界》，稍后又推出了《大舞台》，两者堪称上海荧屏姐妹花。《大世界》主打音乐歌舞，《大舞台》则集京、昆、越、沪、淮等戏曲于一体，率先实现了戏曲电视化，对弘扬和传承中国传统艺术功不可没。

1985年4月，中央电视台开办综艺节目《周末文艺》。

1988 年 5 月,中央电视台推出电视综艺节目《旋转舞台》,内容鲜活、形式多样、格调高雅、制作精良。直到 2002 年 3 月 16 日,《旋转舞台》才悄然告别荧屏。

(二)成长期(1990—1999)

1990 年 3 月 14 日,中央电视台推出《文艺天地》节目,后更名为《综艺大观》,每两周一期,每期 50 分钟。《综艺大观》内容凝练、形式精巧、风格轻快,深受观众的好评。

1994 年,《综艺大观》第一次改版,增加了热线电话、综艺寻呼等内容,目的是增强观众的参与感,使节目更贴近观众、贴近生活;1995 年,《综艺大观》第二次改版,加强了节目包装和片花宣传,推出了喜剧小品比赛,目的是增强节目的娱乐性和趣味性;1996 年,《综艺大观》第三次改版,增加了《四面八方》《周末有约》等版块,旨在加强节目的新闻性,扩大节目的来源;1997 年,《综艺大观》第四次改版,增加了《综艺传真》《系列小品》《新起点》等版块,目的是增强节目的纪实性与艺术性。尽管《综艺大观》进行了多次改版,但没有改变其节目形态逐渐进入衰退期的现实。2004 年,《综艺大观》停播。

如果说《综艺大观》"不但见证了传统综艺节目的兴衰历程,还标志着'综艺'二字正式登上中国荧屏",那么《正大综艺》"则预示着竞猜类综艺节目的初现端倪"①。

1990 年 4 月 21 日,中央电视台联合泰国正大集团推出《正大综艺》,这是中央电视台第一次同外国公司联合制作大型电视综艺节目。"不看不知道,世界真奇妙"这句节目广告语也一度家喻户晓。

《正大综艺》最初由《世界真奇妙》《五花八门》《名歌金曲》《正大剧场》等版块构成,侧重国外旅游知识和景点介绍,融知识、文艺、游戏、竞赛等元素于一体。特别是演播室现场的表演环节,已从以传者为中心的观众被动欣赏的视角,转换为以受者为中心的观众直接参与的娱乐视角。但《正大综艺》的短板也显而易见,即"大部分小栏目源于正大方面购买的节目,为观众所肯定的独创栏目屈指可数"②。

1991 年 11 月 2 日,中央电视台的《曲苑杂坛》取代了原来的《曲艺与杂技》。《曲苑杂坛》以"弘扬中华传统文化,尽显民族艺术瑰宝"为宗旨,巧妙融合多种艺术形式,基调轻松,富于新鲜感和时代感。

1994 年,河南电视台《梨园春》节目开播,内容以展示河南地方戏曲为主。1999 年 3 月节目全面改版。新版《梨园春》摸索出一条现代电视手段和河南传统戏曲有机结合的

---

① 萧盈盈.中国综艺节目的类型演变及其文化语境[J].现代传播,2007(2):84.

② 何文新.栏目化生存:我所理解的《正大综艺》[J].中国广播电视学刊,1998(2):43.

道路,尤其是戏迷擂台赛的设置,充分调动起戏迷参与节目的积极性。

1999 年,安徽卫视《相约花戏楼》节目开播。制片人叶龙认识到:观众是节目的主体,节目成败的关键是要让观众“看他们想看的节目”①。该节目为全国知名的戏曲节目,多次获得全国电视优秀节目“星光奖”“金鹰奖”“兰花奖”等。

(三)转型期(2000—)

2000 年 1 月 27 日,中央电视台第三套节目推出大型电视歌会节目《同一首歌》。该节目以鲜明的主题为线,邀请大家熟悉的歌手唱一些经典歌曲,赢得了观众的喜爱和好评。

2004 年 1 月 6 日,中央电视台第四套节目推出《中华情:全球华语原创歌曲大型演唱会》。该节目每期在不同的城市录制,在传播音乐的同时,也把中国的文化、民风民俗传播到世界各地。

2004 年 10 月 8 日,中央电视台推出《欢乐中国行》节目,内容涵盖歌舞、戏曲、曲艺、小品等艺术品种,强调节目的互动性和时尚性,独具特色的外拍环节直接展示了举办城市的风采。

2010 年 9 月 19 日,《正大综艺》改版为游戏节目《正大综艺·墙来啦》,集快乐游戏、惊险闯关等元素于一体。

值得一提的是,河南电视台的《梨园春》在形态上保持不断的自我更新,展现了顽强的生命力,持续播出了二十余年共一千余期。

三、主要特征

(一)体裁的综合性

电视综艺节目体裁的综合性主要表现在以下几个方面:

其一,电视综艺节目是电视艺术与现代科技的结合。

其二,电视综艺节目体现了对各门艺术的综合。它广泛吸收各门艺术的优点,丰富并充实自己的艺术表现力。其他艺术门类与电视这一传媒形式互相融合后,形成了电视艺术自身新的特性。

其三,从文化形态的角度看,由电影和电视构成的影视文化本身就是一种涉及社会

---

① 周华斌.亚艺术与雅艺术:从《相约花戏楼》谈起[J].现代传播,2004(3):54.

学、心理学、美学、艺术学、传播学等多种学科的综合性文化。从文化价值取向的角度看,电视综艺节目体现了高雅艺术与通俗艺术的综合。从电视传播的受众来看,电视综艺节目拥有广泛的观众群体。

其四,从电视技术的层面看,电视综艺节目体现了各种表现手段、各种电视艺术构成元素的综合。电视综艺节目正是以其对电视艺术各种表现手段与构成元素的技术层面的综合,展现了丰富多样的艺术表现力。

(二)功能的娱乐性

电视综艺节目的构成元素与电视文艺节目的构成元素大体上是一致的。但电视综艺节目较之电视文艺节目,其娱乐元素更突出和强烈一些。这里强调电视综艺节目的娱乐元素,并不排斥电视综艺节目具有一定的思想元素和教育元素,而且始终要把思想元素和教育元素置于重要地位。但娱乐毕竟是客观存在的社会需求,也是电视综艺节目的功能元素。电视综艺节目应该寓教于乐,通过活泼轻松的艺术形式潜移默化地对观众进行思想启迪和品德教育。中国是处于社会主义初级阶段的发展中国家,社会的主要矛盾是人民日益增长的美好生活需要和不平衡不充分的发展之间的矛盾,收看电视仍然是许多人业余时间的主要娱乐方式。电视综艺节目应当注意彰显自己的娱乐元素,满足人民群众的这种正常需求。

(三)传播的参与性

在电视综艺节目中,观众的参与分为两个层面:亲身参与和心理参与,或者说现场观众的参与和电视机前观众的参与。因为欣赏电视综艺节目不同于欣赏其他古典、高雅的纯艺术,观众并不只是观赏者,还是参与者,传播者与观众之间采取的是面对面的交流方式。这就要求电视综艺节目的内容要富有感染力,不仅要感染现场观众,而且要让电视机前的观众产生参与感。

与电视文艺节目相比,电视综艺节目大多采用演播室演播的方式,甚至直接将演播室设在外景地,使之更现代、更时尚。特别值得一提的是,电视综艺节目开始强化主持人的作用。《综艺大观》中的主持人倪萍能够恰当地把握主持的分寸,以真挚的笑容和同情的眼泪表现出强烈的人文关怀;《曲苑杂坛》的主持人汪文华则以东方女性式的微笑服务,体现出温柔亲切的主持风格。这些不同风格都具有鲜明的个性化特征,给观众留下了深刻的印象。这种明星化的主持方式为后来新兴的文娱类电视节目形态所借鉴。这种新的传播方式具有较强的亲和力和浓厚的人文性,使观众能够从心理上打破生活与舞台的界限,真正参与到节目中来。

第五节 电视游戏节目>>>

一、定义

电视游戏节目是指大众广泛参与的、按照一定规则进行游戏和表演的文娱类电视节目形态。

所谓游戏，“是在某一固定的时空中进行的自愿活动或事业，依照自觉接受并完全遵从的规则，有其自身的目标，并伴以紧张、愉悦的感受和‘有别于’平常生活的意识”①。游戏是人类生活的一项重要内容，也是电视节目中的重要内容。人类对于游戏有着与生俱来的爱好，电视的人际化传播特性又强化了游戏的竞争性和刺激性，但在传统电视节目中，大量的游戏元素并不是以独立的形象呈现出来的，而是附着于电视文艺节目或电视综艺节目形态之中。

改革开放给中国社会带来了日新月异的发展。在这个社会安定、经济腾飞、文化繁荣的时期，人们对娱乐产生了爆炸性的需求，于是，各种以游戏为核心元素的电视节目应运而生。

电视游戏节目大致可分为智慧比拼型和体育竞技型两大类。

二、源流

(一)导入期(1993—1996)

1993 年 1 月 24 日，上海东方电视台受海外游戏节目的启发，创办了中国首个电视游戏节目《快乐大转盘》。内容既有室内的小型游戏、趣味问答，又有野外的游戏和竞赛。其最大的特点在于极强的参与性，节目气氛热烈，充满欢声笑语，每期 50 分钟。节目制作借用大量的社会力量，电视台只有一名正式编导参与，探索了一条以制片人模式制作电视娱乐节目的新路。

《快乐大转盘》的热播，引发了全国其他电视台的模仿浪潮，一大批同形态的电视游戏节目开播，如上海电视台的《智力大冲浪》、北京电视台的《开心娱乐城》《黄金乐园》、

---

① 赫伊津哈.游戏的人:关于文化的游戏成分的研究[M].何道宽,译.北京:中国美术出版社,1996:30.

广东电视台的《欢乐有约》等。

1995年在上海召开的电视文艺演讨会将“娱乐”“游戏”元素从电视综艺节目中凸现出来,提出“电视游戏节目”这一概念。

然而,仅仅过了一两年的时间,“观众对有的游戏节目开始不满意,对一成不变的模式和毫无内涵的逗笑开始有点厌烦”①。截至1997年,除了《快乐大转盘》《智力大冲浪》等少数节目以外,全国绝大多数电视游戏节目都先后停办。

(二)成长期(1997—2007)

1997年7月11日,湖南卫视《快乐大本营》开播。该节目以广泛的参与性、多彩的娱乐性、强烈的刺激性,开播不久便成为中国家喻户晓的电视游戏节目。从内容到形式,《快乐大本营》囊括了尽可能多的吸引观众的元素:首先,节目时刻洋溢出“快乐”的信息,笑料不断。其次,节目满足了观众的好奇心。明星在参与游戏的过程中,既有闪光的智慧,也有愚笨的表现。这些表现极大地满足了观众猎奇的心理需求。另外,游戏的结果、知识问题的答案,无不令观众兴趣盎然。

在主持人的选择上,《快乐大本营》是相当成功的。主持群年轻、热情的青春活力与节目本身的特质相符。他们在台上的举手投足都趋向生活化,解构了以往电视节目主持人“一本正经”的形象,从某种程度上,起到了放松观众心情的作用。

1999年6月召开的广播电视文艺研讨会的材料显示,全国省级电视台创办游戏节目的有33家,地市级电视台创办游戏节目的有42家,之后又有32家电视台创办或引进了游戏节目。电视游戏节目不但迅速抢占了每个周末的黄金时段,还取代了电视综艺节目在中国文娱类电视节目形态中的龙头地位。

电视游戏节目之所以创下收视奇迹,归根结底在于“具有民间狂欢节的味道,具有开放的广场结构……充分调动了观众的参与感和积极性,人与人之间达到平等的交流……达到亲密状态”②。然而,随着2000年左右电视益智节目和电视真人秀节目的相继兴起,电视游戏节目一枝独秀的局面被终结,并逐渐淡出观众视野,直到2008年才借着北京奥运会的东风再度成为观众的收视焦点。

(三)转型期(2008—)

2008年6月2日,湖南卫视推出大型平民户外闯关类电视游戏节目《奥运向前冲》,

---

① 郑可壮.话说东视的游戏节目[J].现代传播,1995(2):67.
② 陈默.电视文化学[M].北京:北京师范大学出版社,1998:63.

展示了普通人的快乐，体现了重在参与的奥运理念。2008 年 7 月 20 日，湖南卫视又推出了《智勇大闯关》，不但要考验考验选手的身体素质，还要考验选手的智慧。

在《奥运向前冲》和《智勇大闯关》的带动下，全国迅速掀起了闯关类电视游戏节目旋风：2008 年 8 月 18 日，江苏电视台城市频道推出《爱拼就会赢》；2009 年 1 月 1 日，吉林卫视推出《飞雪英雄会》；2009 年 12 月 26 日，北京电视台体育频道推出《赢在鸟巢》；2009 年 5 月 17 日，江苏卫视推出《原叶 · 挑战百分百》。这些电视游戏节目强化了“亲民”元素和“闯关”元素，普遍具有规则设计和广泛参与的特点，打破了线性思维中“表演—观看”的二元对立。观众能从节目中获得“照见”自己、“找到”自己的认同感。

2010 年 9 月 4 日，中央电视台综艺频道推出《百团大战》，后更名为《欢乐英雄》。节目以游戏对抗结合才艺表演为特色，颇受观众好评。

2012 年 1 月 2 日，中央电视台综艺频道《欢乐英雄》更名为《回声嘹亮》。《回声嘹亮》的游戏对抗元素已不明显，才艺选秀元素有所增强，且在题材内容上呈现出回归狭义的电视综艺节目形态的意味。

三、主要特征

（一）游戏的主导性

游戏是人的天性。古希腊哲学家柏拉图曾有“艺术与游戏类似”的说法。德国美学家席勒认为，人受到两种相反的力量——“感性冲动”和“形式冲动”的驱使，这两种力量结合在一起就是“游戏冲动”。在人类社会发展过程中，物质文明的发展使得人的游戏天性受到压抑。电视游戏节目通过节目本身的噱头、场景的设置、主持人幽默的语言、参与者游戏的状态等，将观众带入一个狂欢的现场。在充满竞争的现代社会里，电视游戏节目的这种娱乐性舒缓了人们平时的焦虑，减轻了工作的压力，让人们把追求快乐的本性释放出来。

电视游戏节目是游戏元素在电视综艺节目元素基础上的叠加。节目的参与者虽然仍主要是明星艺人，但是他们一改在电视综艺节目中以本行表演为主的情形，参与到各种游戏中，以轻松、热闹、搞笑的姿态出现在观众面前。如果说电视综艺节目是在艺术表演、艺术欣赏方面下功夫，那么电视游戏节目的主要着力点和兴奋点则集中在游戏上。但我们应该认识到，“通过游戏得到快乐，不仅是感官的，更是心理上的。那些深受观众欢迎、有生命力的节目总是承载着一定的意义和内涵。”①

(二)明星的公众性

电视游戏节目巧妙地利用了作为公众人物的各路明星的人气,为节目的发展培养了众多忠实的观众。同时,电视游戏节目也成为很多明星宣传推介自己的捷径。

在以《快乐大本营》为代表的电视游戏节目中,给观众留下深刻印象的是每期节目中那些耀眼的明星。20 世纪 90 年代,明星与老百姓的接触机会并不是很多,所以明星对于普通观众来说还是遥远而神秘的。《快乐大本营》等节目给明星提供了一个接近观众的平台,同时也给老百姓提供了一个对明星再认识的平台。无论是大陆的明星,还是中国香港、台湾地区的艺人,只要是当红明星,几乎都被各种电视游戏节目请了个遍。在节目中,明星不仅要表演节目,还要同大家一起做游戏。明星神秘的面纱被揭开后,明星与观众的距离越来越近了,观众也十分乐意了解生活中的他们。而明星的号召力是绝对不可小视的,很多观众为了自己的偶像会心甘情愿地为电视游戏节目收视率的提高贡献自己的力量。

(三)互动的常态性

与电视综艺节目中可有可无的状态相比,“互动”升级为电视游戏节目中不可或缺的核心元素之一。

在电视综艺节目中,明星在台上演,观众在台下看,观众虽然也可视为互动元素之一,但更多是作为一种附属元素。电视游戏节目则打破了电视综艺节目的常规,使观众由仰视主持人和明星的被动参与者变为平视主持人和明星的主动参与者。在电视游戏节目中,既有场内嘉宾和现场观众的互动,又有场外观众的微信、微博互动。请明星带着观众在台上台下一起做游戏、表演节目,不仅是电视游戏节目的一个大胆创举,也是一个新鲜创意,极大地提高了观众参与节目的热情。而观众的热情参与不仅增加了新颖的节目元素,也使节目得到了及时的反馈。

第六节 电视益智节目>>>

一、定义

电视益智节目是指为得到某种物质或精神奖励,在一定规则下,主要由普通百姓参

① 汪文斌.从《开心辞典》看益智节目[J].中国广播电视学刊,2000(12):64.

与的以智力竞赛为主要内容的文娱类电视节目形态。

电视益智节目通常是由电视制作机构制定节目规则，通过主持人与选手一问一答的形式层层推进，最终赢家能获得某种物质或精神奖励。随着电视游戏节目的发展，观众已不满足于表面的热闹和放松，新兴的电视益智节目更为广大观众所垂青。

电视益智节目主要有以下四种分类方法：按照考察类型，可分为博识型、趣味型；按照知识领域，可分为综合知识型、专业知识型；按照参与方式，可分为观众现场参与型、观众场外参与型；按照比赛规则，可分为多人同时参赛型、个人接受主持人问答型。

二、源流

（一）导入期（1981—1990）

1981 年 7 月 28 日至 11 月 17 日，主持人赵忠祥与一位教师在中央电视台共同主持了一档《北京市中学生智力竞赛》节目。该节目面向全国播放，每周一场，共 13 场。这是中央电视台第一次举办知识竞赛节目。1985 年，演员王姬和导演金翼在北京电视台主持了《家庭百秒知识竞赛》，并且准备了一些奖品。这些节目可以称得上是中国电视益智节目的前身。

1986 年起，电视益智节目逐渐向全方位发展，尤其在 1987 年至 1990 年发展特别快。电视益智节目内容涉及的知识十分广泛，包括国际知识、国情知识、科技知识、时政知识、经济知识、军事知识、安全知识、法制知识、妇女知识、名著知识、谜语知识、硬笔书法知识、电脑汉字输入知识等。这些电视益智节目得到了中央、省部委的指导和社会各界的支持，产生了良好的社会影响。但也有个别节目专业性太强，有的类似课堂口试，只是简单的一问一答，益智题目也流于一般化。

（二）成长期（1991—1997）

1991 年以后，电视益智节目数量得到控制，质量不断提高。中央电视台许多电视益智节目纳入栏目作为特别节目播出，如《人民子弟兵》栏目举办的《国防知识竞赛》、《社会经纬》栏目举办的《人民调解知识竞赛》和《药品管理法知识竞赛》、《文化生活》《与你同行》两个栏目先后举办的三届《全国电视书法大赛》等。有的栏目版块本身就采用益智节目形态，如《夕阳红》栏目中的《智慧老人擂台赛》、《与你同行》栏目中的《智慧跑道》等。

1994 年 6 月 20 日，上海电视台第八频道开办《智力大冲浪》，这是一个以竞猜为主导元素的电视益智节目,每周一期,每期40分钟。该节目有着明显的海派文化特点,如小品中常常拿《花样年华》《天涯歌女》等电影中的场景为素材。节目虽然在上海的收视率和口碑都不错,但因为地域局限性,未能在全国引起轰动。

(三)成熟期(1998—2011)

中央电视台的《幸运52》和《开心辞典》的开播标志着中国电视益智节目进入成熟期。

1998年11月22日,中央电视台经济频道推出了《幸运52》。这是一档在借鉴英国广播公司*GO BINGO*节目形态的基础上,根据中国观众的欣赏口味加以本土化改造的电视益智节目。*GO BINGO*是一档纯粹的电视博彩节目,每天的奖金高达两万英镑。中央电视台考虑到*GO BINGO*与国情不符,决定对博彩元素进行本土化改造。《幸运52》将游戏元素与知识元素融为一体,充分调动了观众的参与热情。

2008年10月27日,中央电视台经济频道全面改版,开播近十年的《幸运52》停播。尽管已经退出荧屏,但《幸运52》所表现出的文娱类电视节目形态中难能可贵的教化功能和健康格调,得到了绝大部分观众以及电视业界和学界的充分肯定,在中国电视节目形态发展史上具有一席之位。

2000年7月7日,中央电视台经济频道推出了《开心辞典》。该节目在借鉴国外同类节目形态的基础上对其进行了本土化的改造,将电视手段的卖点与社会文化心理的卖点区别开来,改善社会心理的审美文化。《开心辞典》开播后,收视率一路飙升。

毋庸讳言,《开心辞典》具有一定的博彩元素,被选拔出来的普通观众在现场进行答题闯关,每闯过一关,就可以获得丰厚的奖品,闯关越多,奖品也就越丰厚。在遇到不知道或拿不准的问题时,选手有一次请教现场观众的机会,以及一次向场外亲友进行电话求助的机会。这种方式极大地调动了现场观众和电视机前观众的积极性,加强了主持人、选手与观众的互动。节目主持人王小丫在观众赢得奖品时所表现出来的欢乐,在观众失去拿奖机会时所表现出的真心的遗憾,令许多观众喜欢上了她。正是在这一点上,观众在紧张的答题过程中,与主持人依然保持着情感交流。

虽然有一定的博彩元素,但《开心辞典》通过首创"家庭梦想"的概念,对国外同类节目的博彩元素进行了成功的解构,在为普通人提供参与知识竞赛机会的同时,也给他们提供了互相表达爱心和真情的机会。

知识竞赛加高额奖品的模式,迎合了观众喜欢刺激的心理,同时由于电视益智节目创意和制作的技术门槛不高,因此各电视媒体也竞相推出类似的节目。如中央电视台少儿频道的《三星智力快车》、中国教育电视台的《创想之夜》、辽宁电视台的《智慧擂台》、河北卫视的《猜中彩》、上海东方卫视的《智力大冲浪》、广东卫视的《步步为赢》、江苏卫视的《夺标800》、江苏电视台的《无敌智多星》、浙江卫视的《超能E百分》、湖北卫视的《幸运智多星》、重庆卫视的《期期开心》《魅力21》、贵州卫视的《世纪攻略》等。

2007年6月30日，陕西卫视推出《不考不知道》，其形态与《你比五年级生聪明吗》大同小异：成人走入小学生的教室，与小学生一起答题；每位成年选手可以从现场五位小学生中选择自己的同桌；选手在考试过程中可以求助同桌，通过小学生的帮助来完成答题。“从受众的心理角度来讲，看大人特别是名人现场尴尬狼狈，要比边看电视边温习小学知识点的娱乐性更强。”①国内类似的节目还有深圳卫视的《谁比谁聪明》、广东电视台的《五年级插班生》、北京电视台的《动感秀场·超级插班生》、天津电视台的《你能毕业吗》等。

2008年，湖南卫视购买了荷兰Endemoel公司的*To a Hundred Enemy*节目版权，推出了电视益智节目《以一敌百》。节目核心是集中凸显一个人对一百人的精彩，无论是参与者还是观众都能从中体验到紧张、刺激、悬念、惊喜等种种情绪变化。

2008年9月13日，广东卫视推出电视益智节目《猜猜女人心》。由据有公信力的调查公司提供女性调查数据作为竞猜题的依据，由两组嘉宾作答。

2008年10月13日，湖北卫视推出电视益智节目《有奖有法》。节目以情景再现的形式，讲述三个在日常生活中发生的与法律相关的小故事，并设置相应的法律知识问题。

2009年5月14日，山东齐鲁电视台推出电视益智节目《所向无敌》。节目以小学生为中心、以家庭为单位，将国学经典文化通过幽默、轻松、生动的方式进行演绎，鼓励孩子们热爱中国传统文化，每周诞生一名小冠军。

（四）转型期（2012—）

2011年10月25日，国家广电总局发布《关于进一步加强电视上星综合频道节目管理的意见》，提出从2012年1月1日起，对节目形态雷同、过多过滥的婚恋交友、才艺表演、情感故事、游戏竞技、综艺娱乐、访谈脱口秀、真人秀等节目实行播出总量控制。每天19时30分至22时，全国电视上星综合频道播出上述类型节目总数控制在9档以内；每个电视上星综合频道每周播出上述类型节目总数不超过两档；每个电视上星综合频道每天19时30分至22时播出的上述类型节目时长不超过90分钟。这一意见的出台直接助推了电视益智节目的转型升级。转型后的电视益智节目在坚持以知识为本体、以答题为

① 王莹，娜布琪.中国益智类节目发展状况及收视分析[M]//王兰柱.中国电视节目创新与收视：CSM收视研究文集.北京：中国传媒大学出版社，2010：171.

主线的同时,不仅整合了电视游戏节目的主要元素,而且嫁接了越来越多的综艺元素和真人秀元素。

2012 年 1 月 6 日,湖北卫视引进荷兰同名电视益智节目《我爱我的祖国》。节目以中国的地理方位为横轴,以中国各地的民俗文化、历史特色为纵轴,着重突出"国家级感动""地理""城市名片"等核心元素,同时保留了原版节目中的"接歌""猜歌名""幸运大转盘"等环节,凸显了年代感,提高了节目的可看性。

2012 年 3 月 2 日,江苏卫视引进美国广播公司 *Who's still Standing* 的节目模式推出电视益智节目《一站到底》。节目采用场上选手单独答题的模式,增加了节目的竞争性和趣味性。

2012 年 7 月 19 日,江苏卫视推出电视益智节目《好好学习》。根据参与规则,成功登录答题平台的观众从第一关开始,每答对一题才有资格挑战下一关,答题失败者则自动退出答题平台,通过层层闯关,人数逐层递减,通过所有答题关的挑战者可分到属于自己的奖学金。

2013 年 1 月 1 日,中央电视台综艺频道引进爱尔兰 *SuperStar DingDong* 节目模式推出益智游戏类综艺节目《开门大吉》。节目邀请普通大众报名参加,来宾无须能歌善舞,只要怀揣家庭梦想,勇于接受挑战,就有可能站在舞台上。

2013 年 1 月 1 日,重庆卫视推出益智类答题节目《征服全场》。但由于模仿《一战到底》的痕迹太重,缺乏创意与趣味,收视率并不高。

2013 年 3 月 1 日,广东电视台推出益智游艺节目《寻根问底》。节目设计了"金榜题名""寻根问底""寻宝乐园"三个主要环节,有 8 个宝箱供参赛者选择,其中包括"智尊大奖"和其他丰厚奖品。

2013 年 3 月 24 日,中央电视台综合频道推出公益益智类节目《为你而战》。节目为受助者建立了一个公益援助的基金池,答题者通过回答问题赢取基金池里的援助金。

2013 年 9 月 21 日,中央电视台军事·农业频道推出军事益智类节目《我爱国防》。节目由解放军电视宣传中心制作,以"剑走偏锋的方式,为国防话题、军事话题披上娱乐化嫁衣,寓教于娱乐,寓教于趣味,让严肃的内容变得生动,让厚重的课题变得可看"①。

2014 年 1 月 3 日,江苏卫视引进德国 *Super Brain* 节目模式推出科学益智类节目《最强大脑》。节目以"让科学流行起来"为口号,选拔那些天赋异禀的"普通人"登上舞台,完成不可思议的挑战。

2016 年 6 月 20 日,国家新闻出版广电总局发布《关于大力推动广播电视节目自主创

---

① 侯丽军.娱乐语境下的正能量传播:大型军事电视益智节目《我爱国防》创作浅谈[J].军事记者,2014(6):53.

新工作的通知》,要求各级广电部门"大力推动广播电视节目自主创新,不断研发生产拥有自主知识产权、体现中华文化特色的优质节目"。

2017 年 1 月 25 日,中共中央办公厅、国务院办公厅发布《关于实施中华优秀传统文化传承发展工程的意见》,提出要实施中华文化电视传播工程,"组织创作生产一批传承中华文化基因、具有大众亲和力的动画片、纪录片和节目"。这就为电视益智节目的再度繁荣提供了良好的政策环境。然而,作为曾一度风光无限的现象级电视节目形态,电视益智节目实际上已经淡出荧屏,如何把握住环境契机,发挥电视益智节目传播知识、传承文化的功能,是我们电视人应该思考的问题。

三、主要特征

(一)激烈的竞争性

"竞争"是电视益智节目必不可少的元素。对于节目来说,如何强化竞争性,增强比赛的紧张感,比赛规则的设定是关键。规则大致分为以下两类:

一类是多人同时参加比赛竞争,经过几个环节较量,最后决出胜者。这种规则的好处是每期节目都会在最后迎来高潮,从而使观众有所期待。它符合观众的接受心理,但不足之处是各期节目之间缺乏连续性。为了弥补这一不足,很多节目改进了规则,即上期节目的胜者为本期的擂主,除了获得当期大奖之外,还可连续坐庄,争取更大的奖项。这样就等于设置了一个悬念,容易形成连续收视的效应。

另一类是在每期节目的正式比赛环节开始前,通过一个多人抢答的环节选出一位胜者接受主持人的问题考验。这个考验通常分为若干个环节,选手每过一关就能获得相应的奖励。每期节目都会有若干个选手接受考验。这类节目的优点是选手通过快节奏的答题在短时间内迅速累积起大奖,或者因为答题错误而遭到淘汰和更替,从而给予观众持续不断的刺激感。另外,每期节目结束时通常还有一个选手未被淘汰,结果要留待下期节目见分晓。这样的设计无疑是为了使观众接着收看下期节目。但它同时又是一把双刃剑,缺点也显而易见。因为节目的高潮一般都出现在节目中间,某位选手一路过关斩将,拿到了很高的奖金,而节目结束时可能一个选手刚刚回答完第一道问题,对观众的吸引力远远不够,反而可能使其失去对节目的兴趣。

上述两类比赛规则都能衍生出不同的节目形态,内容也千差万别。但无论如何,节目组都必须在规则上有严格的设定,精心计算节目环节、比赛进阶的关口设置,甚至对每一关口所占用的时间都作出精确的规定。这样才能保证节目的节奏张弛有度,制造出紧张气氛。在对节奏感的要求上,电视益智节目形态与电视综艺节目形态是有明显差别的。

(二)天然的互动性

与其他文娱类电视节目形态相比,电视益智节目有着天然的互动性,观众由有限参与变为主动参与。

参加电视益智节目的选手大都是从普通观众中选拔出来的,电视机前的观众完全可以将这些选手与自己等同起来。这与其他用明星来支撑的节目形成了鲜明对比。虽然也有电视益智节目不靠公开选拔来决定节目的参加者,但从参加者的身份来说,依然是普通人。因此当他们成为节目主角的时候,能极大地调动观众的热情。

电视益智节目中设置的“求救方法”也是观众的参与方式之一。在遇到难题时,选手有机会打电话给某个信任的人,让他们帮助回答问题。另一种方式——这种方式只在节目是直播状态时方便使用,即请收看节目的观众打电话进来,用按键的方式选择自己的答案,电脑迅速统计出每个答案的比例,供参赛者选择。还有一种办法是让现场观众通过按键等形式帮助回答。当然,是否听取观众的意见由选手自己决定。

观众参与是电视益智节目互动性的最大体现,因为收看这类节目的观众通常都会在题目出来以后先自我作答,而自己的回答是否正确,则要等主持人公布答案。正是由这样一个接一个的“问题—回答”所形成的悬念,促成了观众最大程度的参与。

(三)过程的纪实性

“由对结果的关注转向于对过程的关注,新颖有趣的竞赛方式和热烈欢快的气氛营造所迸发出的审美激情,使得益智节目更容易获得不同收视群体的认可。”①但前提是过程不能造假。因为过程作假,美国的电视益智节目一度受到重挫,这使人们关注起这类节目形态的纪实性问题。

如果排除道德判断,过程造假实际上是一个伪命题。因为不管如何造假,只要在节目播出时让观众看起来是真的,就不会产生这一问题。譬如当数个后备选手在回答同一道问题以便选出一个参赛者的时候,首先比较答案是否正确,其次比较回答的速度。这个速度通常采取电子计时来确定。如果计时发生错误,观众也丝毫不会察觉。相反,即使是一个真实的结果,如果让观众看起来是假的,观众也不会原谅。所以,纪实元素在这类节目中更重要的是要让观众相信是真的。只要做到这一点,电视益智节目种种吸引观

① 汪文斌.我们需要什么样的益智节目:《幸运52》《开心辞典》的创作实践和探索[J].电视研究,2001(2):24.

众的元素就都具备了，观众也从中得到了娱乐。譬如，《幸运52》的纪实性在一定程度是通过主持人的出色表现实现的。每当选手回答问题时，主持人几乎都默默无语，不做过多解释，不说一些仿佛具有暗示性的话语，在语气上也尽量平稳自然，这样就容易让观众相信节目的真实性。

(四)主题的公益性

公益元素是中国电视益智节目的特色元素。

比如《幸运52》第100期节目以公益捐助、奉献爱心为主题，为吉林省孤儿学校的孩子们募集了32万元现金和价值12万元的实物，用于解决孩子们将来就读大学的费用问题。

2001年5月19日《幸运52》“让世界不再遥远”电信特别节目同样通过将娱乐性与公益性相结合，为西藏堆龙德庆中学募集到30万元，用于修缮网络教育基地，节目播出后获得了良好的社会反响。

而从“谁都有机会”到“智慧夺大奖，知识献爱心”再到“快乐关心到永远”①这三次节目理念的调整，也印证了《幸运52》走上了一条娱乐性与公益性相结合之路：以中央电视台为平台，利用其社会影响力推动整个社会公益事业的发展，节目的思想内涵实现了质的飞跃。

在中国家邦文化的主导上，《开心辞典》的“家庭梦想”元素也被拓展到社会和国家层面，体现出强烈的公益性。节目经常以主题方式，策划公益性内容，譬如捐助希望工程、保护环境等，通过节目的影响带动更多的人将热情和爱心倾注到整个社会大家庭。

2005年12月，《开心辞典》策划了主题为“有爱就有奇迹，关注白血病儿童”的系列节目，进一步拓展公益性主题。在这次为期一个月的活动中，选手通过答题的形式为9名白血病患儿筹集到治疗费100万元。2006年的主题是“点燃英雄的希望”。节目锁定平民英雄朱柱，通过活动帮助其困难的家庭摆脱贫困。

2008年9月13日广东卫视开播的《猜猜女人心》专门设置了公益捐赠环节，在轻松、思考、竞猜的过程中体现出一定的公益性。

可以说，对公益性元素的引入表明中国电视益智节目已经开始把过程的愉悦升华为一种具有强烈人文关怀色彩的情绪，这种脱胎于中国传统文化的节目创新精神，不仅是节目制作者社会责任意识的觉醒，同时也是建立在内省基础上的文化理念的跨越，是电视人的一种文化自觉。

---

①　田立武.对益智节目的定位和品位的认识[J].中国广播电视学刊，2002(5)：35.

第七节　电视真人秀节目>>>

一、定义

电视真人秀节目是指对志愿者在规定情境中,为了预先给定的目标,按照特定的规则所进行的竞争行为的真实记录和艺术加工的文娱类电视节目形态。

在上述定义中,"志愿者""竞争行为""真实记录"更多地体现了节目的"真实"特点,而"规定情境""给定的目标""特定的规则""艺术加工"则更多地体现了节目"虚构"的"秀"的特点。根据上述概念界定,电视真人秀节目可视为由电视媒体参与制造的"媒介事件",目的是使"某些核心价值或集体记忆的某些方面醒目起来"①。

电视真人秀节目是国内学业和业界约定俗成的叫法。美国人更常使用 Reality TV(真实电视)来指电视真人秀节目。不过也有美国学者指出:"真实电视是一个错误的名称,因为这些节目是经过高度剪辑并戏剧化了的,它包含了欺骗、操纵的内容。"②

此外,国外电视界还有其他与电视真人秀节目相关的名称,譬如游戏秀(Game Show)、真实肥皂剧(Reality Soap Opera)、构建的纪录片(Constructed Documentaries)、真实秀(Reality Show)等。从这些术语来看,大多包含了两个相反的意义:真实与虚构。这一方面说明电视真人秀节目是一种将真实与虚构融合在一起的文娱类电视节目形态;另一方面显示出电视真人秀节目与电视游戏节目、电视剧、电视纪录片等形态之间的复杂联系:电视真人秀节目比电视游戏节目的纪实性和戏剧性更强,比电视剧的游戏性和纪实性更强,比电视纪录片的游戏性和戏剧性更强。

所以说,"电视真人秀节目形态并不单一:有的在演播室进行,有的在野外进行;有的以现场竞赛为主,有的以生活记录为主;有的以力量、勇气、智力考验为主题,有的以情感关系为主题"③。如果对这些电视真人秀节目进行归纳的话,难以从形式上进行明确的分类,因为绝大多数电视真人秀节目在电视手段的使用上都具有综合性,所以从内容差异上进行分类,逻辑会更清晰。

《中国电视节目形态研究》一书将电视真人秀节目形态分为生存挑战类、才艺表演

---

① 戴扬,卡茨.媒介事件[M].麻争旗,译.北京:北京广播学院出版社,2000:3.

② 伯杰.眼见为实:视觉传播导论[M].张蕊,韩秀荣,李广才,译.南京:江苏美术出版社,2008:177.

③ 尹鸿,冉儒学,陆虹.娱乐旋风:认识电视真人秀[M].北京:中国广播电视出版社,2006:6.

类、技能应试类、身份置换类、情境体验类、益智闯关类、游戏比赛类、异性约会类、生活技艺类。①

《超越“选秀”:2007 年中国真实电视的转型》一书将电视真人秀节目形态分为纪实风格类、自我提升类。②

《我国真人秀节目发展趋势及问题反思》一文将电视真人秀节目形态分为音乐类、舞蹈类、励志类、亲子类、职场类、医疗类、消防类、时尚类。③

二、源流

(一)导入期(2000—2012)

2013 年之前,中国大部分电视真人秀节目模式都是从以英国为主的西方国家引进的。以 2012 年为例,收视率排名前十的中国电视真人秀节目模式中,有 6 档来自西方国家,分别为浙江卫视的《中国好声音》(荷兰)、江苏卫视的《非诚勿扰》(英国)、湖南卫视的《百变大咖秀》(西班牙)、湖南卫视的《我们约会吧》(英国)、上海东方卫视的《中国达人秀》(英国)、浙江卫视的《中国梦想秀》。

这一时期中国电视真人秀节目形态大致可分为野外生存类、室内生活类、才艺选秀类、平民竞歌类、魔术表演类、婚恋交友类等六大类。

1.野外生存类

2000 年 6 月 18 日,广东电视台推出的《生存大挑战 · 徒步边境线》是国内首个独立制作的野外生存类电视真人秀节目。该节目的创意受到香港亚视与日本电视台联合制作的节目《电波少年》的启发。《电波少年》讲述了两位分别来自日本及中国香港地区的青年结伴而行,互帮互助,历经几个月的颠簸流浪,最终战胜饥饿、寒冷、孤寂、疲惫,横越了非洲大陆的故事。

实际上,早在 1995 年,广东电视台就萌生了借鉴《电波少年》打造自己的野外生存类电视真人秀节目的想法。1996 年暑假期间,广东电视台在一档以青年为对象的栏目《青春热浪》中推出了专题节目《生存大挑战》。该节目跟踪拍摄了一些大学生在兜里只有 5

---

① 孙宝国.中国电视节目形态研究[M].北京:新华出版社,2007:103-115.

② 武汉大学媒体发展研究中心,武汉大学新闻与传播学院,武汉大学新闻传播与媒介化社会创新基地.中国媒体发展研究报告[M].武汉:武汉大学出版社,2008:407.

③ 韩璐.我国真人秀节目发展趋势及问题反思[J].电视研究,2016(9):37.

元钱的情况下,从广州到佛山的真实经历。在接受挑战的短短几天内,大学生们凭借顽强的毅力,在面包店、大排档、职业介绍所和汽车服务站毛遂自荐,自谋职业,赚得餐费和住宿费,很好地展现了自身的知识储备、交际能力和承受能力等。

初次尝试成功后,经过4年的反复酝酿,2000年6月18日,广东电视台推出了第一届《生存大挑战》。该节目从全国500余名应征者中挑选出3名互不相识的挑战者,要求他们每人在6个月的时间内只带一个背囊、一双运动鞋、一些药品及地图、指南针、水壶、帐篷和4000元旅费,完成广西、云南、西藏、新疆、内蒙古、黑龙江、吉林、辽宁等8个省、自治区的3.8万公里的旅途。在活动过程中,制作者制定规则:由普通人参与并全程录制播出,摄制组不能在经济上、交通上提供任何帮助。

第一届《生存大挑战》在中国内地乃至境外都产生了极大的影响,全国媒体的报道铺天盖地,中央电视台著名谈话节目《实话实说》还邀请3名挑战者到演播室参加了一期节目。

受到鼓舞的广东电视人顺势推出了第二届《生存大挑战·重走长征路》。适逢中国共产党成立80周年,第二届《生存大挑战》选择"重走长征路",即从江西瑞金出发,沿着当年红军长征的路线,翻越五岭、乌蒙山、夹金山、岷山、六盘山等山脉,涉过湘江、乌江、赤水、金沙江、大渡河等河流,最后抵达甘肃会宁的吴起镇。广东电视台初选了47名选手,先进行野外生存训练,然后在他们中间确定了13名男士和7名女士为挑战者,此外还特邀了两名挑战者。挑战者身上没有一分钱,全程都要徒步,晚上则靠自带帐篷露宿。

第二届《生存大挑战》是在美国哥伦比亚广播公司的《幸存者》已经传入中国的情况下推出的,因此该节目借鉴了《幸存者》的部分手法,引入了淘汰机制和竞技游戏机制。

继《生存大挑战》之后,其他电视台也推出了一些野外生存类电视真人秀节目:2001年,四川电视台等多家电视台联合推出《走入香格里拉》,展现了18名志愿者在香格里拉为期一个月的生存竞技;2002年,中央电视台推出《金苹果》;2003年,浙江卫视推出《夺宝奇兵》,贵州电视台推出《峡谷生存营》;2004年,北京维汉文化传播有限公司、广东电视台和新疆电视台联合推出《英雄古道》。

野外生存类电视真人秀节目在中国荧屏的数量虽然不多,但其一直顽强地生存着。2006年,中央电视台推出《我的长征》,纪念红军长征胜利70周年,为野外生存类电视真人秀节目找到了新的生机。

2.室内生活类

2002年夏天,湖南经济电视台推出国内第一个室内生活类电视真人秀节目《完美假期》。这档节目仿自法国室内生活类电视真人秀节目《阁楼故事》。节目精心挑选了12

名男女选手，让他们在长沙市内一幢三层别墅中共同生活 70 天，每天 24 小时被 60 台监视器全程拍摄，度过 70 天的"完美假期"。节目每周两次在湖南经济电视台做实时播出，30 台摄制机不分昼夜地监控着选手们的一举一动。从第三周起，每周选手之间要互相投票淘汰，观众也可以投支持票，人气最高的选手在当周可免遭出局。当只剩 3 名选手时，他们共同生活一周，最后再由观众投票淘汰两名，最终的胜利者可获得价值 50 万元的房产。

3.才艺选秀类

2003 年 10 月 26 日，中央电视台经济频道推出才艺选秀类电视真人秀节目《非常 6+1》。节目以"圆普通人的明星梦"为宗旨，堪称"一场平民化色彩强烈的游戏"①。按照规则，每期节目会在普通百姓中选出 3 位文艺爱好者，由专业人士对他们进行 6 天的突击培训，并在第 7 天，即最后一天，请 3 位选手走上梦想舞台比拼才艺，由现场观众选出当期的"非常明星"。

可以说，电视真人秀节目的实践，引领了中国文娱类电视节目形态的大众化与平民化趋势。中央电视台综艺频道的《星光大道》，"将群众文艺与电视文艺有机结合，融互动性、竞技性、知识性、娱乐性为一体，充分体现了电视文艺大众化、平民化、地域化的特点，成功地奏响了一曲百姓的交响曲"②。

2005 年是中国才艺选秀类电视真人秀节目快速发展的一年。其中，以"海选""全民娱乐""民间造星"为主要特征的电视真人秀节目成为最大赢家。8 月，湖南卫视《超级女声》唱响全国。10 月，中国"超女"冠军李宇春赫然出现在美国《时代周刊》亚洲版的封面上，成为中国新一代大众文化偶像。中央电视台的《梦想中国》和东方卫视的《我型我秀》随后跟进，由此掀起了全国才艺选秀类电视真人秀节目的热潮。

2006 年，无疑是中国电视史上最为喧嚣和热闹的"才艺选秀年"。大大小小的才艺选秀类电视真人秀节目在每个周末夜晚来临之际，轮番"轰炸"着所有电视频道，一群陌生的男孩女孩迅速成为全国观众茶余饭后的谈资。

2006 年 3 月，东方卫视《我型我秀》抢先启动，并首次在上海开设"新声力量训练营"。不到一个星期，中央电视台《2006 梦想中国》拉开帷幕，规模和声势远超 2005 年。节目除了在北京、上海等 7 个城市设置海选现场外，还首次在网上设置赛区。仅仅过了 3 天，备受瞩目的湖南卫视《2006 超级女声》在长沙揭开神秘面纱。

以"新闻见长"的东方卫视在 2006 年也调整节目策略，重拳出击打造"真实四季"。

---

① 苗棣，王昕.加冕游戏与明星神话：电视游戏节目《非常 6+1》的文化分析[J].现代传播，2005(1)：71.

② 徐瑞青.电视文化形态论：兼议消费社会的文化逻辑[M].北京：中国社会科学出版社，2007：153.

除了“释放炎炎夏日般的青春热情”的《我型我秀》之外,还推出了3档内容风格各异的才艺选秀类电视真人秀节目——“带来春日般温馨感觉”的《民星大行动》、“带来秋日般收获体验”的《创智赢家》、“带来绝对冬日般劲酷体验”的《加油！好男儿》。

天津卫视2006年主推《化蝶》《今晚谁结婚》《我是当事人》《成龙计划》等4档才艺选秀类电视真人秀节目,全部安排在晚上黄金时段播出。

2006年出现在中国电视屏幕上的才艺选秀类电视真人秀节目还有山东卫视的《天使在行动》、北京卫视的《红楼梦中人》、广西卫视的《寻找最美丽新娘》、湖北卫视的《花落谁家》、江苏卫视的《绝对唱响》和吉林卫视的《吉林之星》等。

可以说,2006年中国电视真人秀节目竞争进一步升级和白热化。从竞赛元素看,节目从2005年单一的以“唱”为主,扩大到“唱”“念”“做”“打”“舞”“演”“色”。其中,“唱”的有湖南卫视的《超级女声》、中央电视台的《梦想中国》《星光大道》、东方卫视的《我型我秀》、江苏卫视的《绝对唱响》、吉林卫视的《吉林之星》、广州电视台的《谁是飙歌王》、济南电视台的《我唱我秀》、北京电视台的《中国人唱外国歌大赛》等;“念”的有中央电视台的《挑战主持人》、湖南卫视的《闪亮新主播》等;“做”的有中央电视台的《非常6+1》、重庆卫视的《宝贝时代》、广西电视台的《全民星偶像》、湖南卫视的《谁是英雄》、山西卫视的《超级少年》、东方卫视的《闪电星感动》等;“打”的有河南电视台的《舞林风》、深圳卫视的《功夫之星》等;“舞”的有星空卫视的《星空舞状元》、东方卫视的《舞林大会》等;“演”的有山东卫视的《天使在行动》、湖南卫视的《一帘幽梦》、江西电视台经济生活频道的《绝对想演》等;“色”的有星空卫视的《美人关》、广西卫视的《寻找金花》、上海东方卫视的《加油！好男儿》、湖北卫视的《花落谁家》、重庆卫视的《佳洁士微笑大使选拔赛》、广州电视台的《“美在花城”飘柔广告新星大赛》等。

2010年8月19日,中央电视台综艺频道首次录制《我要上春晚》。该节目旨在为演艺明星及普通百姓提供展示自我的舞台,邀请春晚主创参与录制,以评审的身份选出能登上春晚舞台的节目。2016年9月4日《我要上春晚》改版后播出,宗旨依旧是为央视春晚甄选精品节目。

2014年2月9日,中央电视台综合频道推出《出彩中国人》。节目以“出彩中国人,共筑中国梦”为口号,每季11期。来自全国各地的劳动能手和行业标兵逐一展示才艺和故事,竞逐当期“出彩明星”,最后由10位单期“出彩明星”争夺当季“出彩之星”的称号。

4.平民竞歌类

2007年7月10日,美国全国广播公司推出一档比才艺选秀类电视真人秀节目更平民化的卡拉OK竞赛类电视真人秀节目《合唱小蜜蜂》。该节目由超级男孩乐队成员乔伊·方丹主持。节目从现场观众中随机挑选出6名选手，然后请他们上台演唱，乐队伴奏歌曲，明星引唱，但是歌曲中故意漏掉歌词，让演唱者填空，对者胜出，错者下台，经过层层淘汰，最后的胜利者可获得5万美元奖金和一座冠军奖杯。凭借超低的参与门槛、简单的游戏规则、意想不到的笑料爆点及丰厚的奖金，该节目迅速风靡美国。

两个多月后的2007年9月30日，浙江卫视借鉴《合唱小蜜蜂》的节目形态推出了《我爱记歌词》。而在浙江卫视《我爱记歌词》开播的同一天晚上几乎相同的时间，广东卫视推出了同类节目《今夜唱不停》。

2008年11月15日，浙江卫视又推出了《爱唱才会赢》。为了与《我爱记歌词》走差异化路线，该节目强调了游戏性和公益性。节目面向全国征集热爱音乐的观众，选手无需动人的歌喉、靓丽的外貌或超强的技艺，只要拥有足够的勇气和“爱唱”的精神，通过简单的“开箱子”环节，就能冲击高达10万元的梦想公益基金。

2008年11月22日，江苏卫视推出《谁敢来唱歌》，其节目版权购自英国独立电视台的 *Who Dares Sings*。除了高清豪华演播厅和英伦风格舞美设计之外，江苏卫视版《谁敢来唱歌》还首次启用了由英国牛津大学和剑桥大学的专家经过一年时间共同研发的机器分析仪 SAM（Sound Analysis Machine）作为场上的唯一评委，为选手打分。

2008年12月1日，湖南卫视推出《挑战麦克风》。该节目最大的特色是不比唱得好不好，只比唱得对不对。选手演唱的是人们耳熟能详的歌曲，但挑选出来的片段大多是一首歌中最难掌握的部分，譬如转音、变调等。所以往往出现这样的搞笑场面：选手一首歌都会唱，但基本不在调上。

2009年1月24日，浙江卫视以现场直播的形式推出《我是大评委》。在该节目中，8位歌手不用互相PK，而是需要征服盛大游戏研发的“蓝巨星”演唱音准系统。“蓝巨星”在荧屏上分别给歌手的音高、音准、节奏等打分。同时节目从现场上百名观众中随机挑选4人担任评委，对场上的歌手作出名次判断，与“蓝巨星”排名一致者进入下一轮，最终选出一名“大评委”，此人有机会冲刺“终极大奖”。

2009年1月27日，东方卫视推出《世博欢唱会》。该节目是比谁的表演更有感染力，只要能让3位苛刻的评委忘记敲锣，唱够90秒就算赢。《世博欢唱会》在上海、杭州、苏州、宁波、无锡、南京、重庆等7个赛区展开选拔。各赛区的晋级选手于2009年5月中旬齐聚上海，最终胜出者作为中国民众代表，在2010年上海世博会的场馆献唱。

中国类似的平民竞歌类电视真人秀节目，还有山东卫视的《先声夺人》、湖北卫视的《大家来唱歌》、贵州卫视的《我为麦克疯》、深圳卫视的《好歌最流行》等。

2009年3月7日，湖南卫视推出《节节高歌》。该节目联手唱片公司，在节目当中推荐新歌新人，设计新人新歌竞赛，并邀请知名音乐人担任音乐官选出歌曲，使之进入流行音乐新歌排行榜,不断制造流行音乐界的颁奖盛典。

2009 年 8 月 8 日,云南卫视推出大型现场互动音乐歌会节目《谁最闪亮 音乐现场》。该节目的特色是与腾讯网合作推出了一个国内流行音乐新歌排行榜——音乐现场 QQ 音乐新歌榜,观众可通过网络、手机短信等方式进行投票,选出最受欢迎和最具人气的流行新曲。节目以此为基础,每个周末从上榜歌曲中选择人气曲目,集合崭露头角的歌坛新人现场竞技,并邀请国内外优秀歌星登台助演。

5.魔术表演类

魔术表演类电视真人秀节目在 2009 年左右也曾掀起过一股潮流。

2009 年 3 月 23 日,江苏卫视播出《我的魔术猜想》。节目中,4 位魔术猜想者挑战世界上著名的 4 位魔术师——大卫 · 科波菲尔、克里斯安吉尔、佐藤政道以及大卫 · 布莱恩,对大师们的经典魔术表演之谜进行大胆的猜想。

2009 年 4 月 12 日,湖南卫视推出大型魔术表演类电视真人秀节目《金牌魔术团》。该节目每周日 19 时 35 分播出,每期 90 分钟,以选手参赛的方式进行,由中国台湾地区魔术师刘谦与其他 3 位专业评委对每位选手进行指导和点评。

2009 年 4 月 17 日,安徽卫视播出大型魔术表演类电视真人秀节目《星光魔范生》。该节目以魔术表演为核心,通过魔术师的魔术表演以及魔术师对明星嘉宾的教学,最终打造出真正的明星魔术师。

2009 年 5 月 2 日,东南卫视推出大型魔术表演类电视真人秀节目《全民大魔竞》。该节目每周六 20 时 20 分播出,以平民魔术为主,邀请明星加盟,并在包括重庆在内的 20 余个城市中选拔魔术师。

6.婚恋交友类

从 2009 年年底开始,婚恋交友类电视真人秀节目在荧屏上出现的频率越来越高。

2009 年 12 月 24 日,湖南卫视单身潮人交友真人秀节目《我们约会吧》开播,这是湖南卫视与英国 Fremantle Media 公司进行模式版权合作的成果。节目以单身族群为核心,在快乐的氛围、开放式结局中,搭建了一个电视交友平台。

2010 年 1 月 16 日,江苏卫视的《非诚勿扰》开播。该节目的互动形式突破了过去传统的交友方式,体现出新时代男女的婚恋观。节目中由 24 位单身女(男)生以亮灯和灭灯方式来决定报名男(女)嘉宾的去留,经过“爱之初体验”“爱之再判断”“爱之终决选”“男(女)生权利”等环节规则来决定男女嘉宾的速配是否成功。

2010 年 4 月 11 日,浙江电视台推出《相亲才会赢》的姊妹篇、演播室版大型互动交友节目《恋爱亮起来》。与《相亲才会赢》不同,《恋爱亮起来》的主角们走进演播室,以“一对多”的相亲模式，即18位女生通过亮灯和灭灯的方式，逐一挑选演播厅里的5位男士。

2010年4月12日，重庆电视台都市频道推出大型情感真人秀节目《凡人有喜》。节目主要采用纪实性表现手法，跟踪拍摄嘉宾20天左右的个人相亲过程。

2010年4月25日，安徽卫视推出全新改版的《周日我最大·缘来是你》。节目邀请12对母女参加，只有妈妈与女儿的意见一致，才能交友成功。

2010年5月28日，浙江卫视周播栏目《冲关我最棒》推出春季特别节目《为爱向前冲》。该节目共13期，定位为“大型交友真人连续剧”，试图用电视剧的理念去表现整个相亲过程。

2010年6月6日，东方卫视推出《百里挑一》。每期节目由一位女嘉宾从一百位男嘉宾中挑选合适的对象。

2010年6月24日，云南卫视推出真实情感交友节目《真爱无敌》。

2010年11月14日和11月15日，浙江卫视先后推出大型婚恋情感节目《婚姻保卫战》和《爱情连连看》。《婚姻保卫战》主打为有过婚姻经历的嘉宾治疗情伤、打开心结、重拾幸福；《爱情连连看》则希望“为全国单身男女打造最精准高效的交友平台”。

（二）成长期（2013年—）

作为国际传媒市场的“逆流”①，韩国电视节目模式以儒家文化为核心，借鉴欧美电视真人秀节目的表现元素和结构方式，从而内外兼修地进行东方化的创意实践。

由于文化上的亲近性，以2013年的《我是歌手》《我的中国行》《爸爸去哪儿》等为标志，韩国真人秀模式开始在中国全面兴起。2014年，国家新闻出版广电总局规定每年每家省级卫视只能引进一档海外模式。这一政策使得各卫视对模式的考量不仅限于商业层面，更加大了对政治文化层面的考量。在这一年，中国共引进了24档韩国模式的节目，其中11档是与韩国团队共同研发或制作的。在排名前十位的省级卫视中，有7家卫视的节目引进了韩国模式，分别是湖南卫视的《花儿与少年》、江苏卫视的《最强大脑》《奔跑吧兄弟》、浙江卫视的《爸爸回来了》、山东卫视的《烈火雄心》、上海东方卫视的《花样爷爷》、四川卫视的《两天一夜》、天津卫视的《喜从天降》。

这一时期的中国电视真人秀节目形态，大致可分为音乐竞技类、亲子户外类、喜剧竞技类、生活体验类等四大类。

1.音乐竞技类

与视觉形象一样，音乐这种听觉形象必然会参与到电视真人秀节目形态的时空建构

① “逆流”（contra-flow），是指国际传播领域出现的来自以美国为首的传媒强权国家以外的国家或地区的信息流。

中,成为创意来源和意义生产的重要组成部分。①

2013 年 1 月 18 日,湖南卫视引进韩国同名节目模式,推出音乐竞技类节目《我是歌手》。节目分为普通赛、半决赛、歌王之战三个赛程。在选歌方面,选手除了第一次参赛时可以唱自己的代表作外,其他时候要翻唱其他歌手的歌曲。每位选手都有一位"经纪人","经纪人"一般由湖南卫视主持人担任。另外,节目无固定主持人,主持人一般由参加竞技的某位选手担任。

2013 年 5 月 2 日,安徽卫视引进荷兰 *Mad for Music* 节目模式,推出音乐对战节目《我为歌狂》。每期节目有两队歌手对抗,以经典音乐为基础,进行歌曲改编。节目与观众实时互动,由观众投票选择胜出者。

2013 年 7 月 12 日,浙江卫视引进荷兰 *The Voice of Holland* 节目模式,推出励志专业音乐评论节目《中国好声音》。节目特色表现在三个方面:一是重树声音本位,对于所有学员只有声音这一个评判标准;二是提出"双选"概念,导师可以选学员,学员也可以选导师;三是导师与学员一起合作演出。

2015 年 7 月 19 日,江苏卫视引入韩国同名节目模式,推出音乐挑战类真人秀节目《蒙面歌王》。参加节目的所有歌手均以面具遮面,观众以歌手的歌声为考量依据,对歌手进行排名,晋级后的歌手再排名决出歌王。

2016 年 10 月 2 日,中央电视台综艺频道推出民歌竞技类节目《中国民歌大会》。节目以"原生天籁、律动中国"为主题,由选手演唱、知识问答、嘉宾点评、二轮演唱等四个环节组成,旨在全面、深入地展示民歌魅力、传播民歌文化、普及民歌知识、讲述民歌故事。

2016 年 10 月 16 日,东方卫视推出原创棚内音乐挑战节目《天籁之战》,邀请素人歌者向华语乐坛顶级唱将发起挑战。节目中,明星歌手既不是"评委",也不是"导师",而是站在与素人平等的位置,接受素人的挑战,随时面临着被淘汰的可能。

2018 年 1 月 6 日,湖南卫视推出声音魅力竞演秀《声临其境》,节目邀请包括演员、配音演员在内的四位嘉宾同台竞声,通过台词功底、配音实力、互动搭档的比拼,最终由现场数百名观众选出当期的"声音之王"。

2018 年 11 月 2 日,湖南卫视接档《声临其境》推出原创新形态声乐演唱节目《声入人心》。节目中,三位出品人廖昌永、尚雯婕、刘宪华在一百天内,对 36 位演唱成员进行分组打磨和陪伴成长。36 位演唱成员在"首席"和"替补"两个角色间轮换,经过十轮训练,最终有六位首席演唱成员获得美声音乐会全国巡演和发行音乐专辑的机会。

① 梅罗维茨.消失的地域:电子媒介对社会行动的影响[M].肖志军,译.北京:清华大学出版社,2002:68-75.

2.亲子户外类

2013年7月17日，浙江卫视推出《人生第一次》。节目中，“星二代”的父母将全程陪伴3—6岁的子女入住各具特色的当地家庭，进行全新环境下的生活体验。

2013年10月11日，湖南卫视推出亲子户外真人秀节目《爸爸去哪儿》。节目中，五位明星爸爸在72小时的户外体验中，单独照顾子女的饮食起居，并与孩子共同完成一系列节目任务。

2013年10月11日，陕西卫视推出代际沟通类真人秀节目《好爸爸坏爸爸》。在第一季节目中，来自北京和上海的两对父子来到福建省霞浦县关门村，与当地两对渔民父子同吃、同住、同劳动，共同生活12天。大家在矛盾、碰撞中，逐渐获得了心灵的成长。

2013年10月13日，青海卫视推出宝贝成长见证秀《老爸老妈看我的》。节目借鉴了日本电视网公司《第一次任务》（又名《我家宝贝大冒险》）的节目形态，每期挑选4—6位3—5岁的可爱小孩参加，让他们独立完成爸爸妈妈交付的人生第一次“冒险任务”。

2014年4月24日，浙江卫视推出明星亲子互动真人秀节目《爸爸回来了》。节目以明星爸爸与孩子的相处为主线，让常年在外工作的爸爸在48小时里单独照顾孩子，如实地记录爸爸与孩子互动过程中发生的状况。

2016年5月18日，江苏卫视推出代际沟通亲情观察类节目《老妈驾到》。节目借鉴了韩国《超人回来了》的节目形态，借由妈妈的视角，展现了新一代“北漂”“南漂”努力拼搏的进取精神。

3.喜剧竞技类

2015年4月25日，东方卫视推出明星喜剧竞赛真人秀节目《欢乐喜剧人》。第一季节目共邀请十支团队参加，这些功成名就的喜剧人暂时放下过往的荣誉，从零开始，接受现场500位观众评审的投票。两期淘汰一位喜剧明星，并替补一位喜剧明星，淘汰赛结束后进入总决赛，最后评选出冠亚季军。

2015年7月14日，四川卫视推出语言类喜剧节目《喜剧班的春天》。节目以“明星+素人”的方式，分为班会、串场脱口秀、小品汇报演出等几个环节，摒弃了淘汰赛制，通过喜剧故事展现选手的喜剧梦想。

2016年5月28日，北京卫视推出明星跨界音乐真人秀节目《跨界歌王》。节目旨在突破固有的娱乐边界，邀请活跃在影视、主持、体育等领域的选手，让他们在舞台上重拾音乐梦想，展现鲜为人知的音乐才华，并争夺年度“跨界歌王”的殊荣。

2016年9月10日，浙江卫视推出喜剧竞技类真人秀节目《喜剧总动员》。节目由影视演员和喜剧明星组成欢乐搭档，每两组欢乐搭档组成一个战队，共两个战队。每个战队由一位队长带队，每期节目四组欢乐搭档进行喜剧竞技。

2016年9月30日，北京卫视推出明星跨界喜剧竞技秀《跨界喜剧王》。节目分为预选赛和决赛两个阶段。预选赛中，跨界嘉宾与喜剧经纪人两两搭档，演绎一个喜剧节目。两期节目投票排名最高组的跨界嘉宾将晋级决赛。决赛阶段，两期决赛投票排名最高组的跨界嘉宾将成为跨界喜剧王。

2017年1月15日，中央电视台综合频道推出合家欢素人节目《欢乐中国人》。节目以“讲述中国最美家风”为主旨，由明星组成的“欢乐评委团”对百组家庭的表演进行点评。经过十期节目的比拼，最终选出十个家庭登上“欢乐盛典”的舞台，争夺“年度欢乐中国人”称号。

2017年10月28日，浙江卫视推出演技竞演类励志综艺《演员的诞生》。节目分为挑战赛、导师分组赛、导师团战赛、十二晋六单挑赛、总决赛等五个赛段，为勇于追梦的演员搭建切磋演技的舞台。

4.生活体验类

2015年6月14日，东方卫视推出励志体验真人秀节目《极限挑战》，每期节目都围绕一个社会热点展开。节目中，“极限男人帮”当过出租车司机、家政服务人员、快递员等。他们常走在城市街头，与普通百姓“亲密接触”，而路人们不再只是围观，也可能对节目的进展起到关键作用。

2015年7月25日，湖南卫视推出“女神”生活体验秀节目《偶像来了》。节目中，十名女嘉宾分为两组，各组在一名主持人的带领下分别深入不同行业体验特定人群的生活，展开为期两天一夜的对抗，然后经所在地观众投票评选出人气最高者获得本站“女神”称号和专属定制皇冠。

2015年9月12日，浙江卫视推出职业体验真人秀节目《挑战者联盟》。节目从各行各业真实的生活和工作中，提炼出职业情景和游戏设定，让明星们在完全陌生的环境中尝试身份转换，以真实的反应来面对猝不及防的职场任务。

2016年12月18日，江苏卫视推出户外明星挑战类真人秀节目《我们的挑战》。明星在各种各样的生存环境和工作场景中，挑战一系列艰难的任务。

除了这些强游戏、重竞技的体验类真人秀节目外，一批推崇“慢生活”的节目，如《向往的生活》《中餐厅》《生活相对论》《青春旅社》《亲爱的客栈》《漂亮的房子》《三个院子》等非竞技类真人秀节目开始出现。这类节目“将明星带离都市喧嚣与常态化的角色，用陌生的环境空间与全新的职业或生活角色打造他们，以期激发他们的另类反应，给观众带来迥异的审美感受"①。

2017年1月15日，湖南卫视推出生活服务纪实节目《向往的生活》。在第一季节目中，演员黄磊、主持人何炅、歌手刘宪华三个人在一个叫蘑菇屋的地方过日子，一日三餐都需自给自足，而"硬通货"只有可换肉的玉米和可换酒的瓜子。每期节目都有客人光顾并提出饮食方面的要求，三位蘑菇屋主人要想方设法地款待他们。

2017年7月22日，湖南卫视推出青春合伙人经营体验节目《中餐厅》。在第一季节目中，赵薇、黄晓明、周冬雨、张亮、靳梦佳等五位合伙人用20天时间经营一家位于泰国象岛的中餐厅。每期节目都会邀请嘉宾作为帮工出现，大家一起在中餐厅做出地道的中式佳肴。

2017年9月16日，北京卫视推出生活实验类节目《生活相对论》。节目选取生活理念迥异的明星和素人共同生活48小时，并就社会热点话题展开观点碰撞，进而探究"理想生活"的多种可能。

2017年9月23日，《东方卫视》推出励志节目《青春旅社》，节目嘉宾分为两组经营两家青春旅社，接待来自五湖四海的游客，在创业过程中畅聊青春、倾听故事、共品人生。

2017年10月7日，湖南卫视于推出大型经营体验类观察真人秀节目《亲爱的客栈》。节目内容为嘉宾经营客栈以及他们与房客之间日常的互动交流。

2017年10月15日，浙江卫视推出明星户外创意真人秀节目《漂亮的房子》。第一季节目中，六位明星先是深入安徽、浙江、福建、河北四省的古镇体验民俗，然后进行老房改造和家居布置，最终建成四处"梦想之屋"。

2017年12月17日，江苏卫视推出生活观察体验真人秀节目《三个院子》。节目中，三组明星住在分别代表友情、亲情、爱情的三个风格迥异的院子，并与前来客居的素人一起共享院子、共享快乐、共享生活。

三、主要特征

(一)环节的戏剧性

电视真人秀节目都设置了规定情境，也就是说，选手的产生、环境的选择、规则的制定和目标的设定等主要环节与主体框架，都是预先设定好的，并大量采用了戏剧性的冲突元素。

---

①　安晓燕.对国内"慢综艺"节目的思考[J].中国电视，2018(8)：43-44.

参加节目的一些普通人基本都没有上电视的经历,也正因如此,节目中少了矫揉造作,多了亲切自然。但这并非说明电视真人秀节目的参赛者就没有经过选择,其实他们都是节目组从数以万计的报名者中精心挑选出来的。参赛者一般具有以下特点:一是良好的屏幕形象,二是独特的个性特点,三是一定的代表性。

其实,人物与环境的选择就为后面的矛盾冲突埋下了伏笔。从人物来看,不同阶层、不同年龄、不同性格的人在一起就必然产生矛盾冲突;从环境来看,日常化的人与非日常化的环境产生矛盾冲突也是不可避免的。除此之外,节目组还会设置一些环节诱发矛盾冲突。比如设置巨额奖金或其他大奖,围绕这个大奖设置一些竞赛项目等。

(二)传播的互动性

在电视真人秀节目中,观众由电视益智节目中的主动参与,进一步升级为全面参与。譬如,浙江卫视的《我爱记歌词》策划了一系列主题专场,发动了更多的观众参与其中:"全国麦霸城市对决"就在城市与城市之间掀起了一股"赛歌风";"全杭州一起唱"吸引了近万名群众报名,1927 位选手参加了历时九天九夜的快乐 K 歌接龙,创造了时间最长的卡拉 OK 吉尼斯世界纪录。这种全民互动式的大联欢,有效打破了演播室的空间局限,把节目与观众融为一体,较好地实现了预期效果。

电视真人秀节目传播的互动性主要表现在三个方面:一是利用多种传媒推介节目并招募志愿者;二是利用网络便利、快速地传播节目内容;三是利用观众参与推进节目进程。虽然这些做法包含了节目吸引观众、提高收视率的利益动机,但其充分满足了观众的需要,符合当代传播理念。当今的各种传媒是竞争与合作并存的关系,任何一种传媒都不可能完全取代另一种传媒,只有在充分开拓自己生存发展空间的同时,不失时机地加强与其他传媒的合作,才能使自己立于不败之地。在全媒体时代,电视真人秀节目架起了电视与其他传媒,尤其是与互联网之间的桥梁,并从中获益良多。

(三)表现的纪实性

表现的纪实性是指电视真人秀节目大量采用电视纪录片的跟踪拍摄和细节展示等纪实方法。随着记录技术的发展,观众对跟踪拍摄式的纪实类节目的期望值越来越高。而电视真人秀节目的魅力也"在于运用虚拟规程和纪实手法,彰显出参与者在某种真实情境下的人格特质或才艺技能"①。

① 闫伟.电视真人秀:声色喧嚣背后的文化隐忧[N].光明日报,2016-7-30.

最后需要指出的是，电视真人秀节目中的各个元素不是简单相加在一起，而是紧密关联、相互交织而不可分割的。同时，它既不是电视纪录片、电视剧、电视游戏节目的简单杂糅，也不是其中任何一种节目形态的副产品，它是一种综合性电视节目形态，是时代和电视自身发展的结晶。

第四章

剧情类电视节目形态

第一节 概念界定>>>

一、定义

剧情类电视节目形态是指以剧情为文化娱乐功能主要表现载体的电视节目形态。

这里的“剧情类电视节目形态”概念的范畴要大于“电视剧”概念的范畴。除了电视剧以外，剧情类电视节目形态还包括以“剧情”为核心元素之一的电视栏目制、电视电影和电视动画片。

经过数十年的探索和发展，以电视剧为主体的中国剧情类电视节目形态以视听兼备、时空自由的叙事优势，题材丰富、类型多元的形态优势，家庭性观赏、连续性播出的传播优势，逐步成为当代中国观众茶余饭后喜闻乐见、雅俗共赏的文化大餐。

同时，中国剧情类电视节目形态“已经从教化走向情感消费，从严肃姿态走向娱乐表现，从艺术化走向生活化，从而实现了电视功能的回归”①。随着中国特色社会主义市场经济体制的确立和完善，剧情类电视节目形态在所有电视节目形态中最早实行了制播分离，成为中国电视节目中市场化程度最高的形态。播放剧情类电视节目已经成为电视媒体提高收视率、吸引广告、增加收入、扩大影响的重要途径。

---

① 周星.改革开放30年中国电视剧发展要评[J].现代传播，2009(1)：70.

二、分类

根据标准和角度的不同，剧情类电视节目形态有以下几种分类方法。

按照反映时代，可分为古代题材剧情类电视节目（1911 年以前）、近代题材剧情类电视节目（1911—1949 年）、现代题材剧情类电视节目（1949—1978 年）、当代题材剧情类电视节目（1978 年以来）。

按照内容，可分为重大革命历史题材剧情类电视节目、历史题材剧情类电视节目、军事题材剧情类电视节目、谍战题材剧情类电视节目、反腐题材剧情类电视节目、家庭伦理题材剧情类电视节目、都市言情题材剧情类电视节目、工业题材剧情类电视节目、农业题材剧情类电视节目、商战题材剧情类电视节目、武侠题材剧情类电视节目、传奇题材剧情类电视节目、神话题材剧情类电视节目等。

按照戏剧类型，可分为正剧型剧情类电视节目、喜剧型剧情类电视节目、悲剧型剧情类电视节目。

按照叙事结构，可分为单本型剧情类电视节目、连续型剧情类电视节目、系列型剧情类电视节目。

按照核心元素，可分为电视直播剧、电视单本剧、电视连续剧、电视系列剧、电视情境喜剧、电视栏目剧、电视电影、电视动画片。

本书着重对最后一种分类方法中的 8 种剧情类电视节目形态进行较为详细的阐释。

第二节　电视直播剧>>>

一、定义

电视直播剧是指将在演播室里演出的戏剧，经过多机拍摄、镜头分切等艺术处理，运用现场直播的方式，通过电视屏幕传达给观众的剧情类电视节目形态。

电视直播剧的"'直播'，是指在没有磁带录音机设备的情况下，在演播室里将一出剧的表演，由摄像、录音、合成同时进行，并在电视里直接播出"①。也就是说，电视直播剧的表演、播出与观赏是同步进行的，更像是话剧，甚至是小品，但难度比话剧和小品要大，因

① 张凤铸.中国电视文艺学[M].北京：北京广播学院出版社，1999：79.

为演员一面要为看不见的观众表演,一面要配合忙碌的摄制人员,小心翼翼,免得走出景框;而摄制人员既要考虑构图、角度、焦距,又要顾及自身的位置、声响,竭力避免弄出杂音或走入镜头。由于是现场直播,电视直播剧的影像资料无法保存,所以各台之间无法交换,重播就意味着重演。

总体来看,"直播"是电视直播剧最突出的特点:它具有极强的时效性和广泛性,因而被称为"文艺轻骑兵"。

电视直播剧大致可以分为电视小戏、电视报道剧两种形态。

电视小戏是根据虚构的故事创作的,带有强烈的艺术假定性。除了《一口菜饼子》,较有代表性的电视小戏还有《火人的故事》《守岁》《辛大夫与陈医生》《真假医生》《合家欢》《娶了个好媳妇》《穿布拉吉的姑娘》《我的一家》《月照东墙》《生活的赞歌》《新的一代》《一打手套》《老会计》《一家人》《幸福岭》《老列兵站岗》《比翼齐飞》《礼物》《少年运动员》《李大娘》《青春曲》《保育员》《三头黄牛》《相亲》《耕耘记》《养猪姑娘》《长发妹》《桃园女儿嫁窝谷》《窝车》《球迷》《红缨枪》《回声》《韩梅梅》《荣誉》《暴风雨中》《小明为什么算不出算术》《扣子》《真正的帮助》《某某同志》《莫里生案件》《白天使》《蓉生在家》《共同进步》《明知故犯》《送盐》《赵大化》《绿林行》《虾球》《海誓》《小松和小梅》《白头偕老》《卫生大演习》《烟盒》《表》《羊城一家人》《相亲记》《江姐》《庄稼人》《待客》《活捉罗根元》《火种》《时间走呀走》《要多长一个心眼儿》《岭上人家》《在节日的晚会上》《搬家》《小马克捡了个钱包》《锣又响了》《家庭问题》《自豪》等,这些电视小戏的时长极少超过一个小时。

电视报道剧是根据真人真事创作的电视剧。几乎所有的电视报道剧都是由演员扮演现实生活中的真实人物,演绎发生在他们身上的真实故事。如歌颂海军战士麦贤德的《麦贤德》、描写小英雄刘文学与恶霸地主做斗争的《刘文学》、反映县委书记的好榜样——焦裕禄先进事迹的《焦裕禄》等,都是真人真事的艺术化再现。

二、源流

(一)导入期(1958)

中国第一部电视直播剧,是1958年6月15日北京电视台播出的时长为20分钟的《一口菜饼子》。该剧由陈庚根据许可在《新观察》杂志上发表的一篇同名短篇小说改编而成,由胡旭、梅邨担任导演,文英光、冀峰、化民担任摄像。全剧共有四个角色,由中央广播实验剧团的五位演员扮演。

叙事上,《一口菜饼子》采取第一人称的串讲方式。剧中的姐姐,既是角色的扮演者,又是串讲人。这种由串讲人引导观众进入剧情的形式,在当时苏联、匈牙利、波兰等国的电视剧中经常运用,被认为是播映效果较好的一种形式。故事讲的是新中国成立后的农村,一个小女孩吃过饭后,拿着一块枣糕逗小狗玩,姐姐发现后制止了妹妹,并给妹妹讲述了旧社会里他们一家穷苦、悲惨的生活遭遇。那时,父母双亲带着姐妹俩逃荒,父亲病死在路上,母亲也病倒在一个破草棚里。姐姐到地主家去讨饭,又被地主家的恶狗咬伤了腿。姐姐逃回草棚后,看见年幼不懂事的妹妹正哭着要吃的,病危的母亲从怀里掏出仅有的一口菜饼子给妹妹,姐姐上前让妹妹把菜饼子留给母亲吃,在推让之中,母亲含泪死去。听完姐姐的回忆,妹妹痛悔自己忘了过去的苦难。

全剧共三场戏、两个景地,表演、摄像、录音、合成全都是在北京电视台的直播间里完成的,采取黑白图像现场直播。"在用两间普通办公室稍加改装建成的临时演播室里,只有一个破窝棚和几件简单的日用品做布景和道具,灯光、音响设备都是因陋就简架设的。开演的信号一发出,在场所有人就全神贯注地投入工作。三台台式摄像机不仅笨重,而且没有变焦镜头,摄像员只能根据剧情的需要和事先设计好的镜头顺序,分别拉着机器在狭小的场地里不停地移动位置,既要赶时间,又不能互相妨碍,还要根据景别不时更换镜头。尤其在拍摄演员表情或道具的近景和特写时,那种老式摄像机必须推到离被摄对象很近的地方,这就无形中为拍摄增添了不少麻烦和难度。再说,因为是现场直播,演播中的任何一点儿差错、场内的任何一点儿细小杂音,都会影响全剧的观看效果,造成不可补救的遗憾,所以全体工作人员个个屏声敛气,全神贯注、一丝不苟地操作着,直至结束。我国的第一部电视剧就是在这种困难的条件下,达到了艺术表演一次完成、现场运用多机拍摄、音画同期同步播出的良好效果。"①

当然,以现在的标准来看,这部电视直播剧相当粗糙幼稚:一是虽然场景安置在室内摄影棚,可它仅仅起到戏剧舞台的作用;二是虽然用的是电视摄像机,但全剧采用的是电影摄像处理方法;三是不能存储影像资料,重播等于重拍。

尽管如此,《一口菜饼子》依然标志着电视剧这种在电子技术基础上出现的全新的屏幕演剧艺术形态的出现,显露出和传统舞台剧不同的全新特征:一是它突破了舞台剧的时空限制,在演播过程中插入了电影《智取华山》中风雨摇撼树木、闪电照亮夜空的空镜头;二是按照剧情需要搭制了布景,真实地表现了房屋漏雨的情景;三是演员的调度和表演都按照电视镜头艺术的要求进行处理,如注意捕捉人物表情的细节、突出关键动作等。

1958 年 9 月 4 日,北京电视台播出了第二部电视直播剧《党救活了他》。该剧由胡

---

① 宋强,郭宏.电视往事:中国电视剧五十年纪实[M].桂林:漓江出版社,2009:7.

旭、王扶林担任导演,反映的是上海广慈医院全体医务人员全力抢救为保护国家财产而大面积烧伤的炼钢工人邱财康,最终使他转危为安的真实而感人的事迹。该剧也是中国第一部电视直播报道剧,由高方正等人改编自1958年9月3日《人民日报》上的一篇通讯,从报纸刊出通讯到电视直播剧播出,间隔不到30个小时。

《党救活了他》虽然从内容上来讲与《一口菜饼子》一样,也具有鲜明的时代烙印,但它还是有自身独特的意义:首先,该剧动用了两个演播室、一段走廊、三个景地,由三部摄像机拍摄而成;其次,镜头剪接中实景和布景的结合更为灵活自然。这些技术上的改进使其有了较为鲜明的电视特色。如果说《一口菜饼子》尚未摆脱舞台剧痕迹的话,那么《党救活了他》则从电视的本体上进行了有益的探索:一方面,该剧在结构布局和场景衔接上都更符合电视传播特性;另一方面,该剧发挥了电视传播迅速及时的优势。

(二)成长期(1959—1966)

从1959年开始,电视直播剧的创作渐入佳境。

1959年1月29日,北京电视台播出电视直播剧《火人的故事》。该剧讲述了在抗美援朝战争中,中国人民志愿军某部攻占某高地的故事。剧中的志愿军只是做出各种形体造型,没有任何台词,代之以一位朝鲜老大爷和三位儿童用诗朗诵的形式来串讲故事,因而也被称为"电视诗剧"。

1959年除夕,北京电视台播出《守岁》。全剧由一个小女孩充当串讲人,她看着自家的大门楼,等待着从不同岗位回家的亲人们,最后全家人在除夕之夜团聚。编剧、导演为胡旭,摄像为文英光,主要演员有王昌明、梅邨、赵玉嵘、胡家森等。

1959年3月7日,北京电视台播出《女状元》,歌颂人民公社大办食堂运动,编剧为耿明良,导演为孟浩、王维超,摄像为文英光,主要演员有宋亚芬、于孜健、沈玲、马加奇等。

1959年4月,北京电视台播出《辛大夫和陈医生》,导演为王扶林,主要演员有王显、王昌明、郝爱民等。这是一个为了宣传破除迷信、解放思想而创作的喜剧,剧中人的姓名具有谐音的双关效果。陈医生墨守成规,对盲肠炎病人坚持开刀治疗,而辛大夫却用针灸的新方法为病人减轻了痛苦。

1959年8月,北京电视台播出《我的一家》,该剧根据陶承的同名长篇革命回忆录改编而成。

1959年9月30日,北京电视台播出《生活的赞歌》,编剧为高方正,导演为王扶林、梅邨,摄像为庞一农、王明远,主要演员有徐恩祥、高志煌等。该剧反映了工业战线的技术革新运动。

1959年10月17日,北京电视台播出时长70余分钟的国庆十周年献礼剧《新的一代》。该剧既是当时播出时间最长的电视直播剧，也是中国电视剧史上第一部多场景大型电视直播剧。编剧为高方正，导演为王扶林、笪远怀，摄像为文英光、王明远、庞一农，主要演员有王健、陈铎、邹道语、车轼、王昌明、李燕等。该剧反映了清华大学建筑系中工农出身的大学生，在参加首都十大建筑设计中的学习和生活情况，以及他们满腔热情地为新中国作贡献的先进事迹。

1960年2月6日，北京电视台播出《老列兵站岗》。该剧讲述了将军下连队基层锻炼的事迹。

1960年3月26日，北京电视台播出《刘文学》。该剧讲述了不畏恶势力、坚决与地主斗争的少年刘文学的英雄事迹。

1960年10月3日，北京电视台播出《青春曲》。该剧为响应"知识青年上山下乡"的号召而作，讲述了一个农村姑娘在城里中学毕业后拒绝留在城里工作，坚决要求回农村建设家乡的故事。

1961年3月4日，北京电视台播出《长发妹》。该剧取材于民间传说，讲述了美丽善良的长发妹为了替乡亲们夺回被山妖霸占的清泉，历尽千辛万苦，终于为民除害的故事。

1961年3月25日，北京电视台播出《桃园女儿嫁窝谷》。该剧由蔡骧根据冯忠谱的同名小说改编而成，导演为白羽、梅邨，摄像为王明远、王喜明，主要演员有冯英杰、余琳、刘湛若、王昌明、车轼等。故事从富裕的桃园村姑娘爱上了贫困的窝谷村的年轻生产队长讲起。姑娘的父亲——一个"老把式"——坚决反对这门亲事，父女之间产生了尖锐的矛盾。窝谷村的生产队长人穷志不穷，以新时代年轻人的勇气和决心，带领社员开荒育林，种植果树。他的意志和行为感动了"老把式"，最终同意把女儿嫁到窝谷村。结婚时，女儿带来的嫁妆是300株桃树苗，固执的"老把式"也来到窝谷村，现场指导果树栽培。全剧由评书演员、西河大鼓弦师马连登用评书形式串讲，风趣幽默，生活气息浓厚，播出后受到好评。

1962年1月13日，北京电视台播出根据美国作家马尔兹同名话剧改编的《莫里生案件》。该剧以高超的技艺将被告和证人在审判中的话"一字不改"地压缩在三小时之内，真实地反映了历史上著名的"芝加哥审判"。

1962年2月24日，北京电视台播出《明知故犯》。该剧源自根据契克夫小说改编的独幕剧，再由导演晓苗加工成电视剧。故事讲述的是沙俄时代，农民杰尼酷爱钓鱼，因为从铁轨上拧下了一个螺丝帽来加工渔具而受到了法官的传讯。为了确定他的行为该定何罪，法官们不断翻阅法典，寻找依据，最后杰尼以"明知故犯，破坏铁路"罪被判入狱。

1962年4月7日，北京电视台播出《绿林行》。该剧根据梁斌的长篇小说《播火记》改编而成。

1962 年 8 月 20 日,北京电视台播出爱情电视诗剧《海誓》。全剧由冯英杰的朗诵贯穿。这一故事在日本民间广为流传:大海对面的小岛上居住着贫困而英俊的少年右近,他不敢相信美丽的阿初姑娘会爱上他。为了考验姑娘,右近告诉阿初,他每晚都会在小岛上燃起灯火,如果她能连续 100 天渡海相会,他俩就成婚。阿初对大海起誓,每夜都要不辞劳苦地游向小岛。就在第 100 天的夜晚,天气突变,海上黑浪翻滚,阿初同海浪英勇搏斗,终因体力不支,带着梦幻般的希望葬身大海深处。

1963 年 2 月 17 日,北京电视台播出《相亲记》。该剧根据柯岩同名独幕话剧改编而成,以喜剧的方式讲述了这样一个故事:饭店服务员沈林与纱厂女工于显祖相爱,但于显祖的母亲不同意这门亲事,执意要把女儿嫁给一位记者,母女因此僵持不下。于显祖的好友便为她出主意,在一场接一场的误会中发生了妙趣横生的故事。该剧播出后受到服务行业职工的热烈欢迎。当时的北京市副市长万里号召服务员都看看这部电视剧。

1963 年 3 月 8 日,北京电视台播出《江姐》。该剧根据罗广斌和杨益言的长篇小说《红岩》改编而成。导演为蔡骧,主要演员有胡加林、殷亮等。《江姐》采用诗配画的形式,讲述了江姐与敌人英勇斗争的故事。

1963 年 8 月 17 日,北京电视台播出《火种》,讲述黑人雇工汤姆在工作时哼唱进步歌曲,白人老板因此要绞死他。汤姆逃到母亲曾经做过乳母的参议员家里,请求贝蒂小姐允许他打电话向一位白人教授求救。但贝蒂在诱骗汤姆说出真相后,反而向他开枪。汤姆在中枪后才清醒过来,夺过枪,投身到为争取自由而斗争的行列中。该剧共 20 多分钟,播出当天正是 20 万美国黑人举行盛大示威游行抗议种族歧视和迫害的日子,因而产生了很大的影响。该剧还因多角度、多层次的场景调度和摄像机镜头运动的连续处理,赢得了观众的好评。

1964 年 9 月 28 日,北京电视台播出《战斗在顶天岭上》。故事讲述的是顶天岭的冬天,大雪阻断了上山的路,青年气象员虽然面临着断电和缺粮的困境,但他们努力克服困难,将天气预报如期发送出来,表现了青年气象员在恶劣的工作环境下不畏艰苦、忘我工作的精神。

北京电视台播出第一部电视直播剧后不久,全国其他电视台也相继播出了自己的电视直播剧。

1958 年 10 月 25 日,刚成立 25 天的上海电视台播出了根据真人真事创作的电视直播剧《红色的火焰》,编剧为李尚奎、沈西艾,导演为周峰,主演为王家驹。该剧讲述了上海耐酸搪瓷厂青年工人李志祥百折不挠,经过 100 多次的努力,终于试验成功以石灰代替电石这一技术的先进事迹。1958—1966 年,上海电视台共播出了《红色的火焰》《姊弟血》《不屈的阮文追》《江姐》《王杰颂》《我的一家》《政治连长》《红云崖》等 39 部电视直播剧。

1960 年 1 月 1 日，广东电视台播出电视直播剧《谁是姑爷》。到 1976 年之前，广东电视台还播出了《长征路上》《杨柳春风》《黑掌柜》《100 分不算满分》等 30 余部电视直播剧。

1960 年 7 月 16 日，长春电视台与哈尔滨电视台联合制作的电视直播剧《三月雪》在长春电视台播出。剧本由长春电视台提供，演员来自哈尔滨电视台广播电视文工团。该剧描写的是女共产党刘云在新中国成立前为革命事业壮烈牺牲的故事。故事采用倒叙的手法，即新中国成立后，刘云烈士的女儿小娟在大学入党时，知情的党委书记向其讲述了她母亲的事迹。继《三月雪》后，两家电视台还联合推出了《快马加鞭》《江岸》《家庭问题》《亲人》等多部电视直播剧。

天津电视台、沈阳电视台、西安电视台、武汉电视台等也相继播出了自己制作的《搬家》《雷锋》等电视直播剧。

1966 年 2 月 26 日，北京电视台直播长达 100 分钟的电视直播剧《焦裕禄》。该剧由高方正编剧，胡加森、李晓兰执导，于孜健、谭蒂主演，刘佳担任解说。全剧共 6 个场景，是当时中国最大型的电视直播剧。

（三）衰退期（1967—1977）

随着 1967 年电视录像技术和设备的出现，电视剧开始由直播改为录播。但由于当时特定历史时期媒介生态的变化，中国电视直播剧并没有迎来自己的成熟期，而直接由成长期过渡到衰退期。衰退期的电视直播剧数量极少，只有《考场上的反修斗争》《杏花塘边》《公社党委书记的女儿》《神圣的职责》等 4 部。

1967 年北京电视台录制的《考场上的反修斗争》是中国电视剧史上唯一一部用录像设备拍摄的黑白电视剧。该剧讲述了中国留苏学生在一所大学的考场，就如何正确评价反法西斯战争的问题与老师展开激烈争论的故事。

1973 年北京电视台录制的《杏花塘边》，描写了小柱子和他的伙伴在杏花塘边和阶级敌人展开了一场机智勇敢的斗争，最后配合民兵逮捕了坏蛋的故事。

1975 年上海电视台录制了《公社党委书记的女儿》和《神圣的职责》两部电视剧，这是中国首次使用彩色录像设备录制电视剧，两部作品反映的都是知识青年上山下乡、扎根农村的内容。

上述作品虽然使用了电视录像设备，但在场景、时间、空间转换等方面与此前采用直播方式制作的电视剧大致相同，场景设置单一、舞台痕迹明显，尽管也拍摄了一些外景镜头穿插到剧情中，但在形态上并没有实质性的突破，所以总体来看仍属于电视直播剧的形态范畴。

三、主要特征

(一)题材的现实性

电视直播剧大部分是现实题材,基本上是为配合政治形势教育而制作的,因而有着鲜明的时代特色。

从主题上看,主要有以下几类:一是忆苦思甜教育类,如《一口菜饼子》《时间走呀走》等;二是缅怀革命先烈类,如《江姐》《三月雪》《火人的故事》《小八路》《活捉罗根元》《红缨枪》《我的一家》《绿林行》等;三是礼赞时代楷模类,如《党救活了他》《焦裕禄》《雷锋》《刘文学》等;四是倡导新人新事新风尚类,如《女状元》《青春曲》《新的一代》《辛大夫和陈医生》《一家人》《三条黄牛》《相亲记》《战斗在顶天岭上》《桃园女儿嫁窝谷》《一打手套》《生活的赞歌》等。

(二)传播的时效性

许多电视直播剧是在真人真事的基础上,经过艺术加工创作而成的,因此具有很强的纪实性和时效性。

譬如,根据上海钢铁厂工人邱财康抢救国家财产被烧伤,医护人员全力抢救的事迹,创作的《党救活了他》;根据与地主阶段做斗争的少年英雄刘文学的事迹,创作的《刘文学》;根据河南省兰考县委书记焦裕禄的事迹,创作的《焦裕禄》等。《党救活了他》从报纸报道到电视播出,相距不过 30 小时,是中国电视剧史上第一部电视直播报道剧,具有开创性意义。《焦裕禄》从剧本定稿到正式播出只用了 13 天时间,迅速及时地表现了真实感人的英雄事迹,播出后反响强烈,人们深深地被焦裕禄鞠躬尽瘁的奉献精神所打动。

(三)形式的舞台性

电视直播剧"遵循戏剧的模式,以戏剧的美学观念为基本支撑点,以戏剧的矛盾冲突为基础,采用戏剧结构原则,具有开端、纠葛、发展、高潮、结局等要素,遵循时间、地点、动作同一的'三一律',戏剧情节高度集中,着重刻画和表现人物,具有较强的舞台假定性"①。

由于当时条件简陋,电视直播剧的演出和播出同步进行,需要各部门的齐心协作,一气呵成,因而带有浓厚的舞台剧痕迹,制作也比较粗糙。用当时人的话来形容,就是"一

① 北京广播学院电视系学术委员会,《中国应用电视学》编辑委员会.中国应用电视学[M].北京:北京师范大学出版社,1993:272.

条主线，两三个场景，四五个人物，七八场戏，六十分钟，二百个镜头”①。

北京电视台初期只能播出一些场景单一、情节集中、人物简单的电视直播剧。譬如《一口菜饼子》的背景是一块灰天幕，场景就是一个草棚和一些简单的道具。随后播出的《党救活了他》《我的一家》等都是一个剧一个场景。可见，早期电视直播剧在场景的安排上多以室内景为主，类似舞台独幕剧的形态。

1960年春，北京电视台启用了新的600平方米的比较正规的演播室。从此以后，多场景、多人物、播放时间长达两三个小时的电视直播剧开始出现，如《新的一代》《南方汽笛》等。而镜头切换和摄像机机位运动，又给场景设计提出了摆脱舞台独幕剧布景模式的要求，电视布景的特色日益鲜明。

第三节　电视单本剧>>>

一、定义

电视单本剧是指三集以下的具有发生、发展、高潮、结尾等完整故事情节的剧情类电视节目形态。

从情节和结构考虑，电视单本剧相当于文学作品的“短篇小说”，讲究过程的省略和剧情的浓缩。电视单本剧可以是一集，可以是上下两集，还可以是上中下三集。也就是说，三集以下的电视剧通常被视为电视单本剧，四集以上的才称作电视连续剧。

从电视直播剧到电视单本剧，就电视剧的内部构成元素而言，除了电视直播剧中的戏剧元素，又注入了电影元素，具体表现为电视单本剧的制作已由室内走向室外，由演播室搭景走向实景拍摄，由时空限制走向了时空自由。这与电影的制作方式已经颇为相似了。“一部电视单本剧，其播出时间相当于‘电影’的长度，所以它可以像拍摄‘电影’那样去进行艺术上的精雕细刻、表现手法上的开拓创新、造型语言上的探索和寻求。”②因此，所谓电视单本剧，本质上与20世纪60年代在美国兴起的电视电影更为相近。从这个意义上说，电视单本剧无疑与20世纪90年代在中国出现的电视电影是一脉相承的。

尽管形式灵活，不用洗印，制作周期短、成本低，但与电影相比，电视单本剧无论是在剧情和人物上，还是在艺术和技术上，仍存在巨大的差距。因此，要想与电影分庭抗礼，

---

①　蔡骧.关于电视剧的“电影化”和“广播化”[J].文艺研究，1980(4):20.

②　高鑫.电视艺术学[M].北京:北京师范大学出版社，1998:246.

电视剧在形态上就得寻找新路,而电视连续剧就顺应了这种需求。所以,如果说电视单本剧在时空构成方式上拉开了电视剧与舞台剧的距离,拉近了电视剧与电影的距离,那么电视连续剧则在时空上疏远了电视剧与电影的联系。正如一位资深电视剧导演曾深有感触地说:“我拍电视单本剧,就与电影没什么区别;直到拍电视连续剧,才感到它与电影的根本不同。”①

二、源流

(一)导入期(1978—1979)

中国电视单本剧节目形态产生的原因和背景,主要是电视节目源不足。

1979年8月10日,国务院以国发(1979)198号文批转《文化部、财政部<关于改革电影发行放映体制的请示报告>的通知》,对电影发行放映企业管理体制进行改革,停止向电视台供给电影片源,使电视台陷入“缺米下锅”的窘境。尽管1979年10月24日文化部和中央广播事业局下达《关于供应电视台播放影片的规定》,但仍然无法从根本上解决节目匮乏的矛盾。

而早在1979年六七月间,中国电影发行放映公司就已停止向电视台供应新影片,新影片只许在公映半年以后才能提供给电视台。从1979年7月中旬的《广播电视节目报》的预告来看,7月7日至7月15日一周里,中央电视台第一套和第二套节目总共才播出《为了和平》《特殊任务》等两部影片以及湘剧、京剧和歌剧各一部。中国电视失去电影和戏剧这两个最大的节目源,发生了“粮草危机”。而形势的严峻性还在于,当时全国有十余家电影制片厂,全年拍片90—100部,共150多个小时,即便所有影片都提供给电视台,也只是两三个月的播出量。

为了解决节目供应问题,在1979年8月18日至27日召开的首届全国电视节目会议上,中央广播事业局号召要“大办电视剧”“凡有条件的电视台,都应该办电视剧,现在没有条件的创造条件,尽快把电视剧办起来”。在会议纪要中,解释了这一号召的原因:“电视剧是文艺花圃中的一朵新花。它反映现实生活快,艺术感染力强,比起电影,制作周期短、成本低、需求量大,要大力提倡和发展。”

其实,早在1978年5月22日,中央电视台就播出了中国第一部电视单本剧《三家亲》。该剧是中国自行录制的第一部全部在实景中拍摄的彩色电视剧。从技术上看,真

① 中国应用电视学编辑委员会,北京广播学院电视系学术委员会.中国应用电视学[M].北京:北京师范大学出版社,1993:273.

实的环境、多变的场景、灵活的镜头和还原的色彩，显示了当时电视技术所能达到的高度。从内容上看，它将关注的视点对准与百姓生活密切相关的现象，反对铺张浪费大办婚礼，提倡勤俭节约，寓教于乐地反映出改革开放后生机盎然的农村生活风貌。

除《三家亲》外，1978年，中央电视台还播出了其他8部电视单本剧，分别是儿童部在演播室利用抠像特技制作的《安徒生和他的童话》《卖火柴的小女孩》，文艺部制作的《窗口》《教授和他的女儿》《痛苦与欢乐》，少儿部制作的《爸爸和妈妈谁好》《奔腾吧！小骏马》《来历不明的黑鲨鱼》。

1979年6月9日，中央电视台播出了由广东电视台与中国广播电视剧团联合拍摄的《神圣的使命》。该剧由潘霞执导，反映了公安战士同"四人帮"分子殊死搏斗的惊险故事。这部电视单本剧引起了社会的广泛关注。1979年6月11日，《人民日报》发表评论《一朵新花——电视剧》，认为这部电视剧"彻底从舞台框框跳出来，导演艺术处理和构思比较好地运用了电影艺术的表现手段，也考虑到电视屏幕不同于银幕的特点"①。

1979年7月14日，中央电视台播出了反映张志新烈士事迹的电视单本剧《永不凋谢的红花》，它成为全国各级电视台"大办电视剧"的前奏。该剧及时地在屏幕上推出了人们热爱、崇敬、同情的张志新烈士的艺术形象。编、导、演在创作中一反过去人们在舞台和银幕上所见到的横眉挺胸、振臂高呼的英雄形象，而是力求让主人公像一个普通人那样去生活和斗争。她有痛苦和欢乐，也有夫妇之情和儿女之爱，因而她的艺术形象得以活在千百万观众的心中。

中央电视台1979年10月2日播出的《有一个青年》是中国首次采用便携式摄录机实景拍摄的电视单本剧。该剧画面自然，剪辑流畅，播出后反响热烈。它是根据女作家张洁的获奖小说《有这样一个青年》改编而成的，由蔡晓晴担任导演，张铁林饰演男主角，描写了因动乱年代缺乏教养但内心美好、充满理想追求的年轻人顾明华，不甘于现状，利用业余时间刻苦钻研，在与女友徐薇共同的学习中收获了理想的爱情的故事。该剧反映了新时代青年的心声，摆脱了同时期文学电影作品中"抚摸伤痕"的哀怨，折射出"文化大革命"后人们渴望医治精神创伤、追求美好情操的愿望。

《他是谁》是中国第一部用16毫米彩色胶片拍摄的电视单本剧，它既可以通过录像在电视里播放，也可以印成电影拷贝在影院放映。该剧讲述了一个骗子冒充政府高级官员的儿子到处招摇撞骗的故事，根据1979年7月18日《解放军报》转载的《人民铁道》报通讯《离奇而发人深思的事件》改编而成，因其敏锐地提出了反特权问题而影响甚广。

1979年，中央电视台播出的电视单本剧除了上面提到的几部外，还包括中央电视台

---

① 刘习良.中国电视史[M].北京：中国广播电视出版社，2007：169.

的《岳云新征》《七个铜板》《灰姑娘》《白雪公主》《万卡》《他们》,上海电视台的《玫瑰香奇案》《选择》《祖国的儿子》《约会》、广东电视台的《小哥俩》《谁最能》、浙江电视台的《保险愉快》、天津电视台的《人民选“官”记》、黑龙江电视台的《从森林里来的孩子》、湖南电视台的《爸爸病危》、河北电视台的《海浪》、新疆电视台的《心花》《美的浪花》等。

(二)成长期(1980—1985)

1980 年,中央广播事业局“大办电视剧”的号召取得明显成效。除西藏和贵州外,全国各省、自治区、直辖市以及大连、青岛、丹东等三家市级电视台均录制了电视单本剧,加上中央电视台和中国广播电视剧团,共有 31 家电视机构制作了电视单本剧。中央电视台在这一年共播出 131 部电视单本剧。其中获得好评的有中央电视台的《凡人小事》《乔厂长上任记》、河北电视台的《女友》、天津电视台的《宝贝》、湖南电视台的《瓜儿蜜甜甜》、山东电视台的《家乡红叶》、北京电视台的《这仅仅是开始》、吉林电视台的《啊！朋友》等。1980 年 9 月 27 日至 10 月 26 日,中央电视台在一个月的时间里播放了全国各地电视台选送的 47 部电视单本剧,《人民日报》《工人日报》《中国青年报》《光明日报》《文汇报》等主要新闻媒体都发表评论,盛赞电视剧的丰收与发展。

随后,在整个 20 世纪 80 年代,涌现出一大批优秀电视单本剧,如 1981 年的《新岸》《大地的深情》、1982 年的《周总理的一天》《家风》、1983 年的《女记者的画外音》《燃烧的心》、1984 年的《走向远方》《新闻启示录》、1985 年的《巴桑和她的姊妹们》《一个叫许淑娴的人》等。

实际上,从 20 世纪 50 代末到 80 年代初,中国电视台播出的电视剧几乎都是单本剧。虽然中央电视台早在 1980 年 1 月就在每周四 20 时播出了由该台译制部译制的 21 集美国电视连续剧《大西洋底来的人》,随后又播出了中国第一部电视连续剧《敌营十八年》(9 集)。但直到 1983 年,全国各地上报到中央电视台的电视连续剧仍仅有几十集,而电视单本剧数量则稳步上升,1985 年中央电视台收到的电视单本剧达 510 集。[①]

(三)衰退期(1986—)

1985 年以后,中国电视剧创造格局发生变化。一是电视连续剧产量迅速攀升,1985 年上报到中央电视台的电视连续剧数量还只有 121 集,1986 年猛增至 559 集,1987—1990 年更是分别达到 659 集、659 集、1232 集、945 集。与电视连续剧数量高歌猛进形成鲜明对照的是,1986—1990 年,上报到中央电视台的电视单本剧数量分别为 585 集、580

① 统计数字参见中央电视台影视部 1985—2000 年度《电视剧报送、播出情况一览表》,下同。

集、734集、672集、530集。这意味着中国电视单本剧节目形态在经过5年高速成长期之后，在新兴的电视连续剧节目形态的强势竞争面前，未能有机会继续向成熟期迈进，而是不可逆转地进入了衰退期。

为了扭转电视单本剧创作的颓势，主管部门、制作机构、主创人员都曾进行了一系列尝试。譬如，中央电视台于1989年10月首次举办全国电视单本剧、电视短剧、电视小品作品评选。然而，势单力薄的电视单本剧显然已经无法抗衡商机无限的电视连续剧。因为电视单本剧参评作品数量过少，而电视连续剧报送作品数量过多，中国电视剧飞天奖从1990年度第11届开始，不再设"电视单本剧"奖项，而改设"短篇电视剧"奖项。同样，中国电视金鹰奖从1998年度第16届开始也不再设"电视单本剧"奖项，而改成"短篇电视剧"奖项。有研究者指出："这一改，是对的，因为'电视单本剧'中只有少数作品是一集，大多数是两集，称之为'单本'，并不准确。而'短篇电视剧'的称呼，相对于'长篇连续剧(9集以上)''中篇连续剧(3—8集)'而言，则比较科学。"①

尽管已经进入衰退期，但在20世纪90年代，全国仍涌现出一批优秀电视单本剧作品，如1990年的《夫妻井》《热血》、1991年的《好人燕居谦》《车站》、1992年的《神算子》《山梁上的太阳》、1993年的《一个医生的故事》《戈公振》、1994年的《吴福的故事》《梁士英》、1995年的《牛玉琴的树》《吴贻芳》、1996年的《午夜有轨电车》《济南夜话》、1997年的《情感的守望》《小镇女部长》、1998年的《官井》《一滴阳光》等。

及至21世纪，电视单本剧终于淡出了历史舞台，标志性事件是从2000年度第18届中国电视金鹰奖和2001年度第22届中国电视剧飞天奖评选开始，1—2集的"短篇电视剧"和3—8集的"中篇电视剧"不再单独设项，而是合并为1—8集的"中短篇电视剧"奖项。之所以进行这样的奖项调整，是因为进入20世纪90年代以后，长篇电视剧生产数量呈现出一枝独秀的态势，而中短篇电视剧，特别是短篇电视剧"仅仅作为每年飞天奖和金鹰奖的一个奖项而存在"②。

为了振兴短篇电视剧，有关方面曾进行了一系列的尝试。

1999年6月5日至8日，全国短篇电视剧观摩学术研讨会在重庆举行，共有数十家电视机构精心选送了近20部作品参展。其中如《飞来飞去》《小哨所》《牛玉琴的树》《心锁》等都堪称精品。

1999年12月31日，北京电视台专门拨出资金打造的百集系列短剧集《咱老百姓》经国家工商行政管理局核准，正式获准商标注册，成为中国电视剧中第一个获得注册权的

---

① 钟艺兵.短篇电视剧为什么黯淡了？[J].电视研究,1994(1):30.

② 邵奇.中国电视剧导论[M].上海:上海交通大学出版社,2008:35.

项目。《咱老百姓》借助电视短剧轻捷、灵活、敏锐的特点,全方位透视当代中国普通人的现实生活,发掘存在于人们日常生活中那些细小琐碎却感人至深的片段。

借助“扶持”“特拨资金”“各级大力提倡”等方式,电视单本剧以短篇电视剧之名,在困境中顽强地生存着。此后的主要作品有2000年的《山羊坡》《相依年华》、2001年的《哎哟乖乖》《地下的天空》、2002年的《以时代的名义》《军中最后一个马帮》、2003年的《傅抱石》《乡村女教师》等。其中较有代表性的当属中央电视台根据真人真事拍摄的《以时代的名义》。

从2004年开始,即使在中国电视剧飞天奖和中国电视金鹰奖“中短篇电视剧”奖项的获奖作品中,短篇电视剧也已经难得一见了。短篇电视剧,或者说其前身单本电视剧这种剧情类电视节目形态彻底淡出了人们的视线。

三、主要特征

(一)结构的完整性

电视单本剧不像电视连续剧那样,每一集只是全部故事的一部分;也不像电视系列剧那样,虽然每一集构成一个故事,但又只是整个系列故事中的一个组成部分。电视单本剧是通过一个完整的故事表达明确的主题。它不以纷繁的头绪和庞大的规模取胜,而往往集中讲述一个故事,有开端、发展、高潮、结局。在叙事线索上,电视单本剧大多采用单线式结构,这种结构方式推进情节速度较快,各部分之间的关系紧密,主题思想也更加深刻鲜明。

(二)人物的集中性

电视单本剧由于篇幅短小,情节较为单一,又受播出时间的限制,所以人物数量一般不多,人物之间的关系也不会过于复杂,而是集中力量塑造好一两个性格鲜明、有血有肉的人物形象,以便给观众留下深刻的印象,收到良好的艺术效果。

中央电视台与丹东电视台联合拍摄的电视单本剧《新岸》根据报告文学《走向新岸》改编而成,塑造了失足女青年刘艳华这一艺术形象。由于创作者细腻地揭示了刘艳华复杂的内心世界,形象地描述了她走向新生的历程,所以尽管人物不多,情节单一,对话也少,但观众看起来仍然饶有兴趣,并被她流露出的真情实感深深打动。

(三)情节的紧凑性

如果是叙事性电视单本剧,那么在情节的设计和结构的安排上必须紧凑,一般以一条矛盾主线展开戏剧情节。在情节的表现上,力求新颖洗练,引人入胜。

电视单本剧《女友》情节的时间跨度虽然比较长,但由于男女主人公之间矛盾冲突的主线自始至终十分突出,所以故事情节显得紧凑而完整,主题思想也比较深刻鲜明。

河南电视台的电视单本剧《周总理的一天》则是通过描述周总理在一个休息日里一桩桩平凡而又动人的故事,表现了周总理在日理万机的情况下仍与人民息息相通,是周总理几十年如一日为人民操劳的生动缩影。

(四)风格的多样性

电视单本剧的艺术风格多种多样,异彩纷呈,堪称创作者们进行艺术探索和创新的实验场。其中的代表作有戏剧式的《大年初一》、电影式的《太阳从这里升起》、小说式的《遗落在湖畔》、散文式的《巴桑和她的弟妹们》、综合式的《新闻启示录》《我们起誓》、追求纪实风格的《刘连仁》、讲究意境营造的《月牙》、运用意象性表现手法的《秋白之死》、长于开掘人物心灵历程的《丹姨》、凸显音乐舞蹈艺术特色的《金房子》、强调画面造型语言的《希波克拉底誓言》等。

《太阳从这里升起》取材于山西中美合资兴建的露天煤矿工地——现代文明与古老文明发生“尖锐冲突”的现场。那位死赖在炕上不肯走的爷爷,面对推土机,正在进行最后的抵抗。作品充分发挥了造型艺术的威力,使电视观众思考改革的真谛,很有感染力。

《新闻启示录》依据屏幕艺术的特殊要求,集戏剧化的情节结构、电影化的蒙太奇组接、电视化的纪实手法为一体,熔新闻性、评论性、纪实性和文学性为一炉,多侧面、多角度、全方位地反映了改革开放时代的沸腾生活。

《巴桑和她的弟妹们》“追求散文的神韵、诗歌的意境、纪实的白描、抒情的夸张,兼用夹叙夹议的艺术手法,在生活艺术的‘似与不似’之间去完成叙事,又通过生动的细节、真实的氛围和机智的旁白,组成视听形象对生活的思考”①。

《秋白之死》描绘了革命先烈瞿秋白最后一段人生历程,在表现革命历史人物方面作出了可贵的突破。创作者有胆识,有激情,有追求,态度严肃,一丝不苟,善于将史实与抒情相统一,历史真实与艺术真实相统一,宏观把握与细节合理想象相统一,形似与神似相统一,文学性、纪实性与隐喻性、哲理性相统一,把瞿秋白的高风亮节、儒雅风范和情操品格比较完美地表现了出来。

《希波克拉底誓言》十分注重画面造型语言的象征性,尤其注意线和形的单纯化与抽

① 北京广播学院电视系学术委员会,《中国应用电视学》编辑委员会.中国应用电视学[M].北京:北京师范大学出版社,1993:274.

象化。在医院内部的画面,运用建筑物内部的垂直线、水平线和对称结构,构成一种平稳的画面造型,以此来强化医院工作严肃认真的氛围;而几位医生去查病房的队形所表现出的形象,也让观众不自觉地想到了严谨;大量出现的白色,则意味着医生这个职业的崇高。这些不同的元素组合在一起,使这部电视单本剧的画面具有哲理意味。

这些不同风格的电视单本剧是对电视剧艺术表现力的深度开发和大胆创新,满足了观众多方面的艺术需求,带来了不同的审美享受。

第四节　电视连续剧>>>

一、定义

电视连续剧是指 4 集或 4 集以上、每两集之间情节发展和人物关系都十分密切的剧情类电视节目形态。

电视连续剧通常包括一条以上故事线索,随着剧情的展开,不同的线索互相交织,不断形成危机并创造出故事高潮,吸引观众持续收看下去。

电视连续剧是中国主流剧情类电视节目形态,也是电视剧区别于电影的最大特点之一。“电视连续剧在中国所具有的巨大影响力可以说远远超过了电影、小说、戏剧等其他叙事形式,成了名副其实的‘第一故事载体’,几乎成为多数中国人阅读故事、享受故事、消费故事的唯一途径。”①

电视连续剧主要有如下两种分类方法:一种是根据题材分类,可分为历史题材剧、家庭伦理题材剧、军旅题材剧、名著改编题材剧、反腐题材剧和武侠题材剧等;一种是根据篇幅分类,可分为短篇连续剧、中篇连续剧、长篇连续剧等。

二、源流

(一)导入期(1979—1981)

1979 年,上海电视台录制了上中下三集的电视剧《玫瑰香奇案》。该剧在严格意义

① 尹鸿,阳代慧.中国电视剧艺术传统[J].现代传播,2004(5):56.

上来说应属于电视单本剧的范畴，但也被视为“电视连续剧先驱”①。

1981年2月5日，农历正月初一，中央电视台播出了电视连续剧《敌营十八年》。“《敌营十八年》共分9集，每集平均35分钟左右，共315分钟，分7次播出。全剧有2000多个镜头、100多个场景，分别在北京、庐山、九江、福建等地录制，投资10万元。共拍摄97天，去掉阴雨、转换场地、旅途、必要的休整，实际拍摄75天，每天平均完成28个镜头。其中有几天，竟达到一天拍50多个镜头的速度。”②该剧是中国第一部真正意义上的电视连续剧。

用后来的眼光看，《敌营十八年》还相当简陋粗糙，王扶林在回忆执导该剧的窘迫状况时深有感触地说：“摄制组为了春节播出这部电视剧，几乎被时间牵着鼻子走，腾不出功夫对剧本的历史背景做必要的研究，连案头工作以及广泛吸取对剧本的意见等这些必不可少的环节都被挤掉了。现在回顾拍摄中的一些情况，是很可笑的。”尽管如此，由于这部电视剧与此前强调政治批判、思想启蒙、艺术探索的电视剧有显著不同，突出了情节性、戏剧性、惊险性、离奇性，具备了娱乐性作品的基本特征，因此受到了观众的肯定。人们逐渐意识到：“电视剧的政治意义开始淡化，娱乐意义开始被重视，这意味着中国电视剧的大众文化时代正在悄然来临。”③

（二）成长期（1982—1989）

1982年中国电视连续剧制作破了纪录，共播出14部60集，其中的代表作有《武松》《蹉跎岁月》《鲁迅》《上海屋檐下》等。为反映这种变化，1982年度第三届中国电视剧飞天奖开始评选电视连续剧。

1983—1989年，每年都涌现出一批电视连续剧精品佳作，如1983年的《高山下的花环》《生命的故事》、1984年的《今夜有暴风雪》《少帅传奇》、1985年的《四世同堂》《寻找回来的世界》、1986年的《红楼梦》《雪野》、1987年的《乌龙山剿匪记》《便衣警察》、1988年的《末代皇帝》《篱笆·女人和狗》、1989年的《上海的早晨》《平凡的世界》等。

为了使电视连续剧的评比更科学、更合理，1989年度第十届中国电视剧飞天奖开始将9集以上的长篇电视连续剧与3—8集的中篇电视连续剧分开来评选。

---

① 刘习良.中国电视史[M].北京：中国广播电视出版社，2007：169.

② 王扶林.电视剧及其样式[M]//中国电视剧制作中心研究室.电视剧研究资料选编.内刊，1984：348.

③ 王扶林.电视剧及其样式[M]//中国电视剧制作中心研究室.电视剧研究资料选编.内刊，1984：348.

(三)成熟期(1990—)

1990年是中国电视连续剧创作进入成熟期的起始之年,代表作有《渴望》《围城》等。1991年,中国电视剧的生产更是开始了量的扩张,全国共生产电视连续剧5304集,较1990年增加了一倍多。

这段时间的电视连续剧代表作有:1991年的《外来妹》《纪委书记》、1992年的《唐明皇》《半边楼》、1993年的《大潮汐》《情满珠江》、1994年的《三国演义》《雪震》、1995年的《苍天在上》《英雄无悔》《宰相刘罗锅》、1996年的《和平年代》《车间主任》、1997年的《水浒传》《人间正道》、1998年的《走过柳源》《雍正王朝》、1999年的《钢铁是怎样炼成的》《西藏风云》《雍正王朝》《永不瞑目》《大明宫词》、2000年的《大雪无痕》《女子特警队》、2001年的《长征》《激情燃烧的岁月》《康熙王朝》、2002年的《省委书记》《誓言无声》《橘子红了》、2003年的《延安颂》《亲情树》、2004年的《无愧苍生》《记忆的证明》《历史的天空》、2005年的《亮剑》《八路军》《汉武大帝》《京华烟云》、2006年的《士兵突击》《乔家大院》、2007年的《井冈山》《金婚》《奋斗》《大明王朝1566》、2008年的《闯关东》《国家行动》《震撼世界的七日》、2009年的《走西口》《我的团长我的团》《潜伏》《王贵与安娜》《保卫延安》、2010年的《红色摇篮》《开国前夜》、2011年的《解放大西南》《永远的忠诚》《甄嬛传》、2012年的《杨善洲》《焦裕禄》《悬崖》、2013年的《毛泽东》《刘伯承元帅》、2014年的《聂荣臻》《历史转折中的邓小平》《父母爱情》《红高粱》、2015年的《东北抗日联军》《大秧歌》《琅琊榜》《伪装者》《平凡的世界》、2016年的《彭德怀元帅》《海棠依旧》、2017年的《热血军旗》《深海利剑》《人民的名义》《白鹿原》、2018年的《大江大河》《归去来》、2019年的《伟大的转折》《外交风云》、2020年的《山海情》《跨过鸭绿江》等。

三、主要特征

(一)题材的多样化

自20世纪90年代以来,电视连续剧的题材日益丰富,可谓亦庄亦谐、悲欣交集、文武兼备、古今相映、好戏连台,受到不同需求的观众的欢迎。其中主要包括以下几大类:一是重大革命历史题材,这类题材是当前中国电视剧创作的特殊题材,高度体现了国家意识形态。重大革命历史题材电视连续剧以“大事不虚,小事不拘”为创作原则,力求达到历史真实与艺术真实的高度统一。二是历史题材,由于“历史”具有相对广阔的叙事空间，所以无论是国家立场，或是市场立场，以及知识分子立场，都不约而同地选择历史题材作为自身的生存和拓展策略。三是军旅题材，这是最能够体现英雄主义和爱国主义精神诉求的题材，可细分为战争时期与和平时期两种类型。四是谍战题材，这种题材实际上是过去反特电影故事片的一种类型延续，具有惊悚、悬念、枪战等差异化元素。五是反腐题材，这种题材可以说是对境外电影警匪片进行本土化变形的一种产物。六是家庭伦理题材，这是最适合家庭观赏的电视连续剧。七是武侠题材，这是最具中国特色的电视连续剧。

（二）叙事的连续化

一方面，电视连续剧每一集都要讲述故事的一部分，每一集都有相对的独立性，要形成一集的开端、发展、高潮、结尾，这样才能使故事好看；另一方面，这种独立性并不是与其他各集的故事毫不相干的，而是一种彼此照应、相互映衬的关系，因此，各集之间又是连续的。新一集的开头往往直接承续上一集结尾的悬念，在解开悬念的基础上推进故事情节的发展，逐步达到高潮，然后至结尾处再留下一个悬念为下一集故事作铺垫。这样使观众总是处于一种期待之中，欲罢不能。

（三）情节的曲折化

电视连续剧之所以被称为连续剧，主要原因在于故事情节的曲折化。它不是在极短的时间内把人物的命运和事件的全部告诉观众，而是采用一波未平一波又起的方法，每一集中只讲述故事的一部分，同时又始终指向人物的性格和命运，由各集合起来构成一个完整的故事。这样一种曲折有致的结构安排方式，往往以几个主要人物、几个中心事件作为全剧的支撑点，人物和事件相互交织，通过事件来塑造人物性格，人物性格又推动着剧情的发展，二者相互映照，吸引着观众不断地看下去。

（四）规模的长篇化

电视连续剧的本质是集剧，是以“集”为基本叙事单位和传播单位的多集故事片段的集合体。作为基本叙事单位，集的时间几乎等长，都是45—50分钟，而一部电视连续剧的集的数量则不限，由此导致电视连续剧的叙事有较大的自由空间。正是这种叙事空间的优势，使得电视连续剧对各种规模的题材都拥有了表现的可能性，也就是说电视连续剧的集数可多可少，不会因题材规模的大小而影响传播效果，也不会像电影那样必须选择合适的题材规模以适应相对固定的放映时间。正是因为集剧的叙事体裁,再加上市场的利益驱动,共同促使电视连续剧形成了长篇化的主流格局。

“长”是电视连续剧最突出的特征和优势。宏大的篇幅使其拥有极大的艺术容量和表现生活的自由,可以随着时间和空间的变换来书写曲折的人生命运,演绎漫长的历史进程,反映浩繁的社会生活,如《雍正王朝》刻画了一代帝王一生的风雨经历,《沧桑百年》表现了台湾林家几代人与大陆的血肉情缘,《成吉思汗》展示了一代天骄的人生历程……所有这些都是在一个庞大的时空构架之中展示出来的,如果没有宏大的篇幅,人物的命运、事件的进程都不可能得到详细的刻画。

第五节　电视系列剧>>>

一、定义

电视系列剧是指连续播出,但故事情节并不具有必然联系的剧情类电视节目形态。

电视系列剧有些是每集单独展开一个故事,有些则是若干集展开一个故事。在电视系列剧中,不同故事之间并没有前后连贯的关系,把这些故事维系在一起的,是恒定的主要角色、人物关系、视觉风格和叙事模式。

电视系列剧在欧美地区颇受观众喜爱,超长篇幅的电视系列剧屡见不鲜。其中最长的为美国哥伦比亚广播公司的《指路明灯》。该剧从 1952 年播出第一集到 2009 年播出最后一集,历时 57 年。

一般来说,中国观众对每集叙述一个相对独立故事的电视系列剧并不是非常认同,他们更乐于欣赏像中国古代章回体小说一样的电视连续剧。

电视系列剧按题材可分为科幻剧、犯罪剧、医疗剧、冒险剧、战争剧等。

二、源流

(一)导入期(1984—1990)

1982 年中国广播电视艺术团电视剧团摄制的《多棱镜(第一部)》是中国最早的电视系列剧,后来的代表作品有 1984 年的《小龙和小丽》《小灵通》、1985 年的《济公》《儒林外史》《包公》、1987 年的《西游记》、1988 年的《聊斋》等。

《济公》风格自由诙谐,客观地反映了社会上价值思潮和审美趣味的碰撞。济公的扮演者游本昌以诙谐自如、妙趣横生的表演赢得了观众的喜爱，红遍了大江南北。他一边游戏人间，一边普度众生，在嬉笑怒骂中，演尽逍遥逸事。

从 1982 年开始，中国电视剧制作中心着手将中国四大古典文学名著改编为电视连续剧或电视系列剧。其中电视系列剧《西游记》在 1982 年和 1986 年曾两次试播，成为轰动一时的文化事件。

1988 年 2 月 1 日，由中央电视台、中国电视剧制作中心等联合制作的 25 集电视系列剧《西游记》在中央电视台第一套节目中播出。该剧总长 25 小时，成功地塑造了孙悟空这个不畏艰险、勇于追求、敢于反叛的神话英雄形象。作品削除了原作中的因果报应等封建迷信内容，突出了进取和抗争精神，尤其是剧中采用了声光电等现代科技手段，创造了一个绚丽夺目的艺术世界。

福建电视台与南昌影视创作研究所联合制作的电视系列剧《聊斋》，根据中国古典文学名著《聊斋志异》改编而成。该剧从蒲松龄原著 492 篇文言短篇小说中选择了最有代表性的 60 篇加以改编，总计 60 部 80 集，是当时全国最长的电视系列剧。全剧在艺术风格上总体把握住“怪异”“人情”“哲理”六个字，并力求做到雅俗共赏。

（二）成长期（1991—1999）

1991 年最有影响的电视系列剧是北京电视剧制作中心制作的《编辑部的故事》。该剧取材于社会生活中的热门话题，以北京的《人间指南》编辑部为主要场景，由 6 位年龄不等、性格各异却善解人意、热心助人的编辑贯穿全剧始终，从一个侧面折射出当代人的心态，诉说大众生活的苦辣酸甜。每集故事独立成章，诙谐幽默，妙语连珠。

（三）成熟期（2000—）

进入 21 世纪以来，欧美地区的季播电视系列剧开始为中国各电视台竞相引入，如湖南电视台的《丑女无敌》、上海文广新闻传媒集团的《青蛙王子》《加油，优雅！》、天津电视台的《小房东》《杨光的快乐生活》、重庆电视台的《新街坊邻居》《民国奇案》、安徽卫视的《幸福一定强》等。

季播电视系列剧一般以 25—40 集为一个播出季，每集一个小故事，每季一个大故事，每周一集或几天一集，固定时间播出。观众不管是从第一集看到最后一集，还是只看其中几集，都能很好地理解剧情，这充分照顾了当代观众的收视习惯和心理。季播电视系列剧并不等同于电视系列剧的续集，它不是一部电视系列剧播火了再拍第二部、第三部……而是从一开始就将整部剧的时间、地点、人物命运、故事情节设计成型，有计划、有步骤地进行拍摄。

在欧美地区,季播电视系列剧的剧本创作、样片交易、后续制作等环节也具备季节性,与“季播”要求紧密配合;在收视旺季开始之前,电视台从数以千计的脚本中挑选出最具竞争力的进行试拍和试播,以保证在收视旺季开始时,能够在固定时段推出最具竞争力的电视系列剧。择优而用的内容是各电视台季播节目竞争力的保障。但目前在中国,季播电视系列剧资源少,内容选择余地较小,市场效果不佳。

三、主要特征

(一)单集的独立性

电视系列剧每一集都讲述一个完整的故事。例如《西游记》主要讲述了唐僧师徒西天取经一路上降妖除魔的故事,每一集都降服一个或几个妖怪,降服之后故事结束,继续西行,下一集再遇妖怪,再降服,再西行。从这个角度讲,各集之间的故事结构具有某种类似性,彼此之间内容联系不大,观众从任何一集看起都不会存在太大的接受障碍。这种单集的独立性是电视系列剧的一个重要特征。

(二)多集的关联性

电视系列剧各集故事之间的关联主要靠人物来完成。不管一部电视系列剧有多少集、多少故事,其主要人物始终不变:《西游记》以唐僧师徒四人为主要人物,《包公》以包公、展昭等为主要人物。主要人物在每集故事中都必须出场,在相似或相同的场景中演绎故事。《聊斋》从表面上来看,每一集都是一个完整的故事,每个故事里都有一个新的人物,譬如《婴宁》中的婴宁、《莲香》中的莲香、《鲁公女》中的鲁公女等,人物似乎并不统一,彼此之间好像毫无联系。但是,这些狐仙、花妖、精灵,同属于“异怪”之类,这些实际上并不存在的形象都被赋予了鲜活的人性和细腻的人情。从这个角度看,《聊斋》各集中的主要人物,也具有某种内在关联性。

(三)风格的统一性

虽然电视系列剧各集之间的情节没有必然的联系,但其基本风格却是一致的,在统一的风格下,表现着共同的主题。例如《西游记》采用神话传说的风格,表达了降妖除魔的主题;《包公》采用探案小说的风格,主题思想集中在惩恶扬善上。在同一个主题的统领之下,以同样的风格来予以表现,在传播上达到某种一致性,更符合电视的传播特性。

(四)人物的个性化

在电视系列剧中,主要人物的性格都是各有特色、十分鲜明的,他们之间存在着相当大的差异,使观众很快就能记住这个人物的特点。但从整体上来看,各个人物的性格又形成一种互补关系,而且往往形成二元对立的格局,譬如有先进就有落后、有大公无私就有自私自利、有勤劳勇敢就有懒惰怯懦等。这种人物性格上的差异性有利于形成剧情冲突。电视系列剧以个性化的人物作为引导观众进入剧情和连接各集的桥梁,寄托着观众的审美理想和审美情趣,是观众对于现实生活的一种超越性想象,因而具有巨大的历史继承性和广泛的观众接受基础。

第六节　电视情景喜剧>>>

一、定义

电视情景喜剧是以喜剧为主导元素的电视系列剧节目形态。

情景喜剧(Sitcom),亦称情境喜剧,一般认为起源于20世纪50年代美国哥伦比亚广播公司的一档极受欢迎的电视娱乐节目。该节目将各种情节处理成有相对固定场景的一连串生动活泼的喜剧事件,通过简单的蒙太奇转换衔接推进节目发展,进而塑造出一批为观众耳熟能详的卡通化和脸谱化角色。

电视情景喜剧以制造笑料为特色,主要强调喜剧效果,而不太注重情节,是一种以社会和家庭人际关系为主要内容的叙事性系列喜剧,在播出时常伴有现场观众或后期加入的笑声。

在中国,电视情景喜剧主要分为方言情景喜剧和普通话情景喜剧两大类。

二、源流

(一)导入期(1992—1994)

1992年5月,在美国极受欢迎的电视情景喜剧《成长的烦恼》正式落下帷幕,结束了长达7年160余集的马拉松式拍摄。1992年11月5日,导演英达与作家王朔第一次讨论《我爱我家》的有关创作,情景喜剧开始正式进入中国专业人士的创作视野。

《我爱我家》描写了20世纪90年代初北京一个三代同堂的退休老干部傅明一家的普通生活。剧中不但描写了三代人之间的戏剧冲突,还多层次地展示了改革开放背景下色彩斑斓的人间百态。该剧在北京有线电视台播出后,在观众中引起很大反响,在北京地区的收视率超过20%,击败了当时中央电视台第一套节目黄金时段播出的电视连续剧《红十字方队》。但是《我爱我家》刚播出时,影视评论界不太接受这个新鲜事物,导致该剧当时没少挨批评,只播了6集就草草收场了。1994年4月25日,香港卫视中文台试播《我爱我家》前40集,获得了良好的口碑和经济效益。如今,每当《我爱我家》重播时,依然会让观众发出真诚的笑声,这就是《我爱我家》的魅力。

(二)成长期(1995—2000)

随着《我爱我家》逐渐在全国范围内被接受并带来可观的经济效益,英达在1995年成立了北京英氏影视艺术有限公司,进行专业化、正规化的情景喜剧制作,并接连推出了《起步停车》《心理诊所》《候车大厅》《新七十二家房客》《闲人马大姐》等作品。

1996年推出的《心理诊所》原本想借"心理诊所"这个场景探究社会上人们复杂的内心世界,可是由于剧组处理欠妥,最后整个故事由情景喜剧变为带科普宣传性质的系列短剧,效果不尽如人意。

1997年推出的《候车大厅》是英达与弟弟英壮合作的作品,故事以东北某中等城市的火车站为场景,讲述了站务工作人员与旅客之间发生的点滴故事。《候车大厅》虽然没有再现《我爱我家》的轰动效应,但也得到了不少观众的认可。

1998年推出的《闲人马大姐》算是这一时期收视率较高的作品。故事以北京的居民楼为主要场景,以退休职工马大姐为核心人物。由蔡明扮演的马大姐关心街坊邻里和亲朋好友的大小事情,由此衍生出一连串诙谐幽默的故事,让观众在忍俊不禁的同时,多了一份对他人的宽容和对人生的感悟。

英氏公司的成功引起了其他投资和制作机构对于电视情景喜剧的兴趣,其中能与以英氏公司作品为代表的北方情景喜剧相呼应的当数"海派"和"粤派"情景喜剧。

1998年7月5日,上海东方电视台推出《老娘舅》。该剧集滑稽戏、影视表演及戏曲表演于一体,以社会公德、职业道德、家庭美德为宣传宗旨,以贴近生活、讲述老百姓的故事为创作定位,制作精良、艺术性强,取得了良好的社会效益和经济效益。

1999年播出的《新七十二家房客》是英氏公司以上海方言拍摄的情景喜剧。该剧以老石库门里的邻里关系做文章,抓住了上海市民生活的精髓。严顺开等沪上明星担纲,令人耳目一新。

1999 年，北京亚环影音制作有限公司和全国近百家电视台联合创办了《630 剧场》，以开发下午 6 时 30 分至 7 时时段的节目。对于这个半小时的剧场节目来说，电视情景喜剧无疑是一个不错的选择。该节目播出了《闲人马大姐》《天才保姆》《真情》《幸福街》《网虫日记》等作品，为中国电视情景剧提供了一个较为稳定的播出平台，对中国电视情景喜剧的发展有重要意义。

2000 年广东电视台珠江频道播出的《外来媳妇本地郎》是一部用粤语演绎的电视情景喜剧。该剧充满现代大都市生活气息和浓郁的广州地域特色，语言风趣幽默，人物个性鲜明，兼具艺术性与观赏性。该剧超过一千集，是迄今为止中国内地播出时间最长、集数最多的电视系列剧。

虽然这一时期电视情景喜剧的产量不少，也曾出现一些收视率较高的作品，但总体来看，影响力都未超过《我爱我家》，有学者甚至认为中国情景喜剧已经未老先衰，是观众“餐桌上一杯渐渐冷掉的咖啡”①。

（三）成熟期（2001—2008）

跨入新世纪的中国电视情景喜剧生产进入成熟期，呈现出题材多样化、语言方言化、风格地域化等艺术特征，场景由室内拓展到室外，装束由时装延伸至古装，同时培养了不少优秀的导演和演员。

空军电视艺术中心和中央电视台影视部联合制作的《炊事班的故事》2002 年在中央电视台电视剧频道黄金时段首播，作品以一个空军场站中基层连队的炊事班作为叙事主体，将火热多彩的军营生活演绎得淋漓尽致，成为中国第一部军旅题材的电视情景喜剧。

2006 年在中央电视台电视剧频道黄金时段首播的《武林外传》是中国第一部章回体古装电视情景喜剧，“也是第一部武侠片中的情景喜剧”②。作品“既传承经典又离经叛道，既追求喜感又不乏温情，将传统现实主义的教诲和后现代风格的解构相结合”③，深受年轻人喜爱。

2007 年 5 月 19 日至 20 日，中国首届情景喜剧年会暨电视情景喜剧剧场启动仪式在北京举行，联动 31 个省市级电视台的《情景喜剧剧场》正式开播。

---

① 张建珍.关于“逃避”的集体庆典：由《我爱我家》谈情景喜剧[J].中国电视，1998(8)：56.

② 吕晓志，高建忠.喜剧突破与创作误区：从《武林外传》喜剧性得失谈起[J].现代传播，2006(5)：157.

③ 仲呈祥，陈友军.中国电视剧历史教程[M].北京：中国传媒大学出版社，2009：133.

(四)转型期(2009—)

2009 年以后,电视情景喜剧的创作水准鲜有提高,观众对于传统包袱和喜剧噱头已经出现审美疲劳,情景喜剧亟待寻求突破,整个创作步入转型期。这期间,互联网等新兴媒体全面介入情景喜剧的投资、创作和播出环节,情景喜剧在拍摄手法、剪辑方式、传播渠道等方面都发生了很大变化,充满网络元素、适合网络播出的作品相继问世。

上海电影集团有限公司出品的《爱情公寓》是情景喜剧创作转型的重要标志。该剧共四季,第一季于 2009 年 8 月 5 日在江西卫视独家首播,第二季于 2011 年 1 月 24 日在东方卫视和广东卫视首播,第三季于 2012 年 7 月 30 日在安徽卫视、湖北卫视和陕西卫视首播,第四季于 2014 年 1 月 17 日在安徽卫视、东方卫视、黑龙江卫视和湖北卫视首播。《爱情公寓》借鉴了美剧中的人物设置和戏剧桥段,表现了都市中租住在同一公寓的年轻人之间发生的关于爱情、事业和生活等方面的搞笑故事。该剧叙事尺度拿捏比较准确,同时兼顾到了台网同步播出的屏幕要求。

古装情景喜剧《龙门镖局》于 2013 年 7 月 30 日在安徽卫视、东方卫视、湖北卫视和天津卫视首播。该剧在借鉴《武林外传》形式的同时,突破了《武林外传》的叙事模式,在视觉呈现上大量运用电脑特效,在听觉呈现上强化音乐和音响的运用,收到了良好的效果。

都市职场情景喜剧《废柴兄弟》于 2014 年 3 月 28 日在爱奇艺首播。该剧讲述了几个满怀热情又内心迷茫的年轻创业者为了梦想而努力奋斗的故事。《废柴兄弟》以网络为传播主渠道,以年轻人为目标受众,在叙事上更加追求娱乐效果。

三、主要特征

(一)语言的幽默性

电视情景喜剧首先是喜剧,其语言是一种以娱乐大众为目的的幽默的人物对话,这种对话有时是妙言警句,有时是讽刺嘲弄,有时又是一语双关,其中体现的价值观念和生活方式的冲突,是电视情景喜剧引人发笑的主要原因。同时,在电视情景喜剧中,幽默的肢体语言也是必不可少的元素。

(二)场景的固定性

电视情景喜剧大多采用舞台剧式的场景,演员仿佛置身于现实主义风格的话剧舞台上。这种舞台剧式的场景是相对固定的，甚至整部剧只有两三个主要场景，如《我爱我家》最常见的场景就是客厅、餐厅和卧室。当然，电视情景喜剧中根据剧情的需要，也可以设计一些辅助性场景，如室外运动场、街道等。

（三）观演的互动性

在电视情景喜剧中，观演的互动性是一个很重要的特点。在拍摄现场，观众席往往和演员表演的舞台并存，演员的表演会引发观众的种种反应，如掌声或嘘声等，观众的反应同时也会影响演员的情绪，观众的鼓励使演员更加自信地展示自己。演员的表演伴随着观众的笑声，已成为电视情景喜剧的一个标志性符号。观众的笑声作为一种辅助性表演出现在电视情景喜剧中，目的是使演员在表演的时候与观众进行情感交流，从而激发自己的创作欲望。有的电视情景喜剧在拍摄过程中没有现场观众，便以“罐装笑声”模拟现场观众的反应，这样也能够在一定程度上调动电视机前观众的情绪。

（四）简单的娱乐性

电视情景喜剧大多在晚间黄金时段播出，观众在劳累一天后观看电视，目的主要是休闲娱乐。电视情景喜剧的叙事相对比较平淡，情节设计简单，平均几秒钟就使观众笑一次，旨在满足观众放松和消遣的娱乐需求。可以说，电视情景喜剧简单的娱乐性非常适合现代人的文化消费观念。

（五）线索的单一性

传统电视情景喜剧线索单一、结构稳定，每集约 30 分钟，故事的开端、发展、高潮、结尾俱全。但现在的电视情景喜剧大多是多线叙事。

（六）制作的流程性

电视情景喜剧一般采用边拍边播的模式，是流水线上集体创作的结果。以美国为例，各大电视台的情景喜剧一般是在每年 9 月推出，到次年 4 月结束，这段时间算一个演季。这一演季播出的节目往往从上年 9 月就开始准备，在一个演季开始前，通常有 4 部成品，余下的部分就需要在这一演季中，一边写剧本，一边拍摄，这样可以根据播出情况及时调整剧情，或者与时事相联系产生新的创意。

第七节　电视栏目剧>>>

一、定义

电视栏目剧是栏目化的电视短剧节目形态。

从创新的角度来审视,电视栏目剧还不算原创性的电视节目形态,原因是电视短剧这种"生产周期短,投资成本低,具有迅速切入社会生活和表现人生百态的优势"①的节目形态很早就存在了,不过电视栏目剧除继承了电视短剧的主要内容和形式元素外,还融合了报告文学、小小说、评书、戏剧、新闻等诸多故事性和时效性元素,并采用了栏目化的编播方式。

事实上,在对电视栏目剧的认识上,电视业界和学界目前仍存在一些分歧,主要有以下三种不同的观点:一种观点认为电视栏目剧是在内容情节上不具有连续性的栏目化电视短剧;一种观点认为电视栏目剧是故事化的电视栏目,是依托固定的电视栏目来讲述故事;还有一种观点认为电视栏目剧是独立的电视节目形态,有其独具的电视美学特征、电视艺术特征、电视传播特征和电视生产特征。简而言之,一种观点倾向于"剧",一种观点倾向于"栏目",一种观点倾向于"独立形态"。其实,这三种观点分别反映了研究者对电视栏目剧本体探索的不同角度和路径,都不同程度地反映了电视栏目剧的某种内在规定性。

从电视传媒本体的角度来看,电视栏目剧可以说是一种最具有电视传媒特色和品格的剧情类电视节目形态。反映时代和艺术再现是电视栏目剧创作魅力的双翅,纪实性和戏剧性是电视栏目剧创作的动力。电视栏目剧对采访和背景材料的运用旨在强化纪实性,让观众相信电视栏目剧讲述的故事是真实可信的。但如果采访和背景材料过多,电视栏目剧就滑向了电视纪实报道;如果完全是剧情演绎,电视栏目剧就滑向了电视单本剧或电视系列剧。所以,注意与纪实报道、电视单本剧与电视系列剧的区别,是电视栏目剧差异化生存的前提和优势:不如纪实报道快捷,但比纪实报道灵活;不如电视单本剧和电视系列剧精致,但比电视单本剧和电视系列剧及时。

电视栏目剧的分类方法主要有以下两种:

从题材的角度,电视栏目剧可分为生活类、情感类、法制类、新闻类、财经类、职场类、

① 刘体扬.电视轻骑兵赞:百部电视短剧《咱老百姓》播映感言[J].求是,1998(22):48.

体育类、教育类等形态。

从风格的角度，电视栏目剧可分为重庆的人文纪录、北京的民生故事、上海的新闻化包装、湘鄂的都市情结、东北的乡土气息、四川的麻辣喜剧、广东的时事服务等形态。

二、源流

（一）导入期（1994—2000）

电视栏目剧萌芽于1994年9月16日重庆电视台播出的方言栏目《雾都夜话》。该栏目开篇便说："这不是电视剧，这是真人真事，是地地道道的重庆人自己演自己的事。"① 《雾都夜话》将方言元素、短剧元素、栏目元素嫁接在一起，使这盘"可口的、价廉物美的'地方特色小菜'"②很快成长为重庆卫视最具地方特色的高收视率栏目。

（二）成长期（2001—2005）

然而，电视栏目剧真正成为一种公认的节目形态并得以正名，则要归功于21世纪以来，在全国各级电视台之间爆发的以平民化和区域化为特征的"民生新闻大战"。

从2001年开始，与《雾都夜话》类似的栏目开始在全国各级电视台出现，其中主要有济南电视台的《真实再现》、浙江电视台教育科技频道的《大侦探西门》、四川电视台经济频道的《麻辣烫》、湖北电视台经济频道的《经视故事会》、陕西电视台都市青春频道的《都市碎戏》、江苏广播电视总台卫星频道的《新三言二拍》、苏州广播电视总台的《故事会》等。

2004年8月5日，开播近十周年的《雾都夜话》入选在北京举行的中国国际广播影视博览会"创新创意制片人2004"电视百佳栏目，"也是在这一年，这类电视节目形态正式命名为'栏目剧'"③。

（三）成熟期（2006—2008）

2006年是电视栏目剧走向成熟的一年。其标志是这年年初，浙江电视台经济生活频道、湖南电视台经济频道、山东电视台、陕西电视台联合成立了全国电视台栏目剧合作体，实现了剧本、导演等资源共享。这样不仅能够拓宽题材，降低成本，达到电视栏目剧

---

① 陈正荣.中国城市电视台发展报告[M].北京：中国传媒大学出版社，2007：155.

② 马及人.栏目剧产生的时代背景及《雾都夜话》的品牌维护[M].电视研究，2007(8)：18.

③ 周志萍.论电视栏目剧的发展瓶颈和创新[J].现代传播，2012(3)：149.

资源的最大化,而且可以形成联合销售,共同探索投资与市场赢利的运营方式。

与此同时,国内很多已经开播电视栏目剧的电视台纷纷将栏目由周播改为日播,尚未开办电视栏目剧的电视台也陆续开设了相关栏目。全国各级电视台相继推出超过200个栏目剧,其中比较知名的有2006年1月1日浙江电视台影视娱乐频道开设的《本塘第一剧》、2006年1月10日湖南卫视开设的《爱情魔方》、2006年5月8日无锡广播电视总台开设的《大话阿福》、2006年7月16日江苏广播电视总台影视频道开设的《百姓聊斋》、2006年11月13日广东电视台珠江频道开设的《夜倾情》、2006年12月4日杭州电视台西湖明珠频道开设的《济公说故事》、2006年12月25日杭州电视台影视频道开设的《风情剧会》、2007年1月1日上海文广新闻传媒集团综艺部开设的《百家心》、2007年7月18日广西电视台影视频道开设的《南国故事会》、2007年12月19日长春电视台娱乐频道开设的《左邻右舍》等。

2006—2010年,中国广播电视协会先后在苏州、济南、广州、福建、西安等地举行了5届全国电视栏目剧研讨会,观摩作品,交流经验,探索合作共赢的路径。其间,中国广播电视协会还于2008年10月22日在杭州举办了“见证30年·全国优秀电视栏目剧回顾展播暨发展论坛”,对电视栏目剧诞生以来的优秀作品进行总结回顾,就电视栏目剧发展的热点问题进行研讨。

除了中国广播电视协会外,中国电视艺术家协会也对电视栏目剧制作给予了关注。2008年8月初,中国电视艺术家协会与湖北广播电视总台联合举办了全国优秀电视栏目剧创作成果点评活动。活动共收到全国16个省、自治区、直辖市45家电视台选送的123部作品。经评委会认真观摩、反复讨论,评选出最佳作品10部、优秀作品16部、好作品17部。为了进一步促进电视栏目剧的创新发展,中国电视艺术家协会与湖北广播电视总台于2008年10月28日至29日在武汉举办了“全国优秀电视栏目剧制作者论坛”。

就是在这次论坛上,中国电视艺术家协会分党组书记、驻会副主席黎鸣在肯定栏目剧发展的同时,也谈到了栏目剧存在的问题:“同一区域、城市和频道间栏目剧的多重建设,以及它带来的节目同质化问题;从周播到日播显示出来的市场功利意识的强化,以及由此造成的粗制滥造、走偏与猎奇的问题;题材选择过度集中于城市生活,对部分题材过于倚重和偏颇的问题;在节目的价值判断上,如何处理迎合受众审美趣味与提升受众审美品位的关系等。”①

(四)转型期(2009—)

黎鸣对于栏目剧存在的问题的分析,可谓切中要害,并很快得到验证。因为从2009

① 刘原.探索规律思考未来:全国优秀电视栏目剧制作者论坛综述[J].当代电视,2008(12):14.

年开始,曾经遍地开花的电视栏目剧就迅速走过鼎盛时期,进入生命周期的下行通道。在此后召开的历届"由中国广播电视协会栏目剧委员会主办的年会上,创作人员谈的更多的是从业的困惑——题材枯竭、后劲不足、收视下滑等。与此同时,一些老牌的红极一时的栏目或偃旗息鼓停办,或是在收视下滑中找不到前行的方向"①。

经过一番优胜劣汰之后,那些题材陈旧、内容低俗、情节虚假、制作粗糙、广告泛滥的电视栏目剧退出荧屏,一小部分相对优质的电视栏目剧则在转型升级后幸存下来,同时一些以普法类和情感类题材为大宗的栏目剧也陆续涌现出来:2009 年 1 月 1 日,北京电视台的《经济法眼》改版播出,在由周播改为日播的同时,举案说法,所举案例全部来源于百姓的经济生活;2010 年 6 月 4 日,青海卫视推出《下一站幸福》,主打婚姻情感内容;2011 年 4 月 18 日,中央电视台推出《普法栏目剧》,综合运用真实再现、情景剧、系列剧等手法,在和全国普法办等部门充分合作的基础上广泛搜集素材,进行二度创作,生动普法,弘扬正气;2011 年 5 月 30 日,广西卫视推出《警戒线》,针对新近发生的重大案件和群众关心的法治热点问题,以影视剧叙事和主持人点评相结合的方式播出。

2016 年 8 月 10 日至 11 日,第十届全国影视短剧栏目剧评优年会在湖北恩施召开,对中国影视短剧栏目剧(2006—2016)进行了盘点,并制作了"十年影像志"VCR。

三、主要特征

(一)播出的栏目化

电视栏目剧的栏目化运作模式主要体现在以下三个方面:

时长方面,电视栏目剧以栏目时长为创作表现的尺度和边界,以栏目的形式编排和播出。固定的播出时间和时长,有利于培养观众的忠诚度,形成较为稳定的收视群体。

结构方面,电视栏目剧大多由主持人串联,介绍故事背景,链接故事情节,评议故事意义,在观众与剧情之间起到沟通和引导的作用。主持人成为节目的组成元素和标识,与节目融为一体,这也是电视栏目剧与其他剧情类电视节目形态的不同之处。

制播方面,电视栏目剧一般是由某一电视媒体独家制作的,以栏目形态播出,且与栏目品牌紧密结合,往往带有强烈的频道色彩。就这方面而言,电视栏目剧与制播分离背景下完全市场化的其他剧情类电视节目形态有着明显区别。

---

① 李荣胜.栏目剧核心优势探析[J].现代传播,2015(10):162.

(二)题材的民生化

电视栏目剧的题材大多来自本地民生新闻或符合本地文化趣味的民生事件和现象,题材的贴近性成为其有别于其他电视节目形态的基本特征之一。这也是电视栏目剧的差异化魅力所在——它演绎的故事主体大都来源于刚刚发生在百姓身边的真人真事,其贴近性与电视民生新闻节目的贴近性甚至有异曲同工之妙,因此有学者认为"栏目剧可以说是民生新闻在电视中的另一种存在形态和身份再现"①。

对于许多重大突发的民生事件,电视民生新闻节目往往无法在第一现场捕捉到。在这种情况下,电视栏目剧可以以一种迅速跟进的艺术真实再现当时的场景,在生活真实与艺术真实的张力空间里,满足观众对生活真实和艺术真实的双向审美需求。可以说,对贴近性的追求,保证了电视栏目剧的时效性、敏感性和鲜活性,电视栏目剧在这方面的优势是纯虚构类的电视剧节目形态不具备的。

(三)叙事的简约化

电视栏目剧叙事的简约化,主要表现为线索清晰、人物简单和场景变换较少等。由于时间所限,电视栏目剧的篇幅一般都比较短小,内容也比较单纯,通常每集都是一个独立的故事单元,时空跨度不大。多数电视栏目剧一次只讲述一个生活故事,展示一种生活图景,揭示一个社会问题,不枝不蔓,鲜活灵动。电视栏目剧的短小灵活使其可以迅捷地捕捉最新时事,抓住观众的诉求热点,具有很强的时效性和时宜性。

此外,在生活节奏日益加快的当下,电视栏目剧独立简洁和小巧明快的故事非常符合观众快餐式的收视习惯,因此吸引了更多的年轻观众,尤其是白领观众。

(四)情节的戏剧化

电视栏目剧之所以被称为"剧",是因为其故事情节紧凑、矛盾冲突明显,浓缩了戏剧的一些基本特征,具有"剧"的本质属性。从电视栏目剧的文本来看,多以平民故事为主,故事题材较为丰富,有社会题材、情感题材、涉案题材等。电视栏目剧最吸引人的地方,就在于其戏剧故事化与故事戏剧化的二位一体。它往往在短短的15—30分钟的时间里,通过设置悬念、渲染氛围等戏剧手法,将题材演绎得生动活泼,亮点纷呈。

电视栏目剧通过不断设置观众的兴趣元素与快节奏的叙事转换,使矛盾冲突集中化、故事人物传奇化、人物动作性格化,非常契合大众的文化消费要求。如湖南经济电视

① 张振华.求是与求不:广播电视散论[M].北京:中国国际广播出版社,2007:277.

台的《新闻故事会》特别注意突出和发掘新闻事件本身的特殊性、轰动性、奇异性，从《迷情陷阱》《小偷奇遇》《六百万征婚》等标题中就可见一斑。而山东电视台生活频道的《绝对故事》也明确规定“每集至少要有五个左右的兴奋点，其中要有一至两个兴奋点，能够给观众留下深刻的印象。兴奋点具体包括悬念点、幽默点和动情点”①。

（五）表达的本土化

电视栏目剧的受众主要是本土观众，所以非常注意表达的本土化。“民生故事，本色表达”成为电视栏目剧吸引本土观众的法宝。

新疆电视台影视频道 2007 年 4 月 16 日推出的栏目剧《新疆羊肉串》就有一些不成文的规矩，如剧中人都穿本地人爱穿的衣服，剧中必有本地的标志性建筑；剧中人吃的都是本地的大盘鸡和烤羊肉等特色小吃，因为这样才更像新疆人，更像新疆这个地方。

而在本土化诸元素中，最为核心的就是方言。一般来说，电视栏目剧往往以所在地区的中心城市的语音为标准音，混杂次级方言片或方言点的方音。如《经济麻辣烫》由著名方言剧演员或方言作家主持，以成都语音为标准音，并糅合四川各地的方言。《经视故事会》采用武汉方言，把武汉新近发生的新鲜事儿演绎得绘声绘色。这种用老百姓熟悉的方言讲述发生在老百姓身边的故事，没有居高临下的说教感，增强了栏目的亲和力，容易让观众找到心理上的沟通点。此外，采用方言也有效降低了群众演员的门槛，不用后期配音，从而降低了节目的制作成本。

（六）传受的互动性

电视栏目剧传受的互动性主要体现在两方面：一是向社会公开征集剧本，二是大量使用群众演员。这些做法使普通观众有机会真正参与到节目策划、制作、播出等环节中，圆了他们从屏幕前走进屏幕里的“明星梦”。这使得电视栏目短剧能在较短的时间内迅速赢得观众的青睐。此外，群众演员的口碑效应和亲朋好友之间关注的连锁效应，也非常有利于形成稳定的节目收视群体。

四川电视台的《经济麻辣烫》自开播以来，参加表演的群众演员数以千计，演员社交圈的朋友自然就成了栏目的忠实观众。

西安电视台白鸽都市频道的《狼人虎剧》的演员全部都是业余演员，让老百姓演绎自己的故事。一大批影视爱好者通过《狼人虎剧》走进了影视行业，有的甚至成为职业导演和演员。

---

① 王亚军，刘何雁．故事来自生活 绝对演绎人生：《绝对故事》节目形态浅议［J］．山东视听，2005（2）：28.

第八节　电视电影>>>

一、定义

电视电影是指采用电影故事片手法拍摄的类似电视单本剧升级版的剧情类电视节目形态。

在理解电视电影的定义时,要注意区分两组概念。第一组是电视电影、院线电影、网络电影、手机电影。这几种概念最大的区别在于它们的播映界面:电视电影通过电视屏幕播映,院线电影通过电影银幕播映,网络电影通过电脑屏幕播映,手机电影通过手机屏幕播映。换言之,电视电影、院线电影、网络电影和手机电影都不是类型概念,而是市场概念。

第二组是电视电影、数字电影、胶片电影。如前所述,电视电影是从播映界面的角度来界定的概念。而数字电影和胶片电影则是从拍摄技术的角度来界定的概念。所以从拍摄技术的角度来讲,电视电影既可以是数字电影,也可以是胶片电影。

参照电影类型划分方法,电视电影可分为以下几类:按照收视对象,可分为少儿电视电影、青年电视电影、中老年电视电影等;按照叙述语言,可分为普通话电视电影、方言电视电影等;按照戏剧类型,可分为喜剧类电视电影、悲剧类电视电影、正剧类电视电影等;按照内容规模,可分为单本电视电影、系列电视电影等。

二、源流

(一)导入期(1999—2000)

1944 年 4 月 10 日,美国全国广播公司播出了自己制作的影片《巡查艾瑟》,被认为是世界上第一部电视电影。“这种以电视播映为主要渠道的电影,越来越受到观众的喜爱和认同。它吸取了电视的便捷和经济,又减少了电视剧可能有的拖沓和粗糙。它既具有电影的严谨和品位,又避免了电影可能有的奢华和制作周期过长的问题。它表现出了‘混血儿’特有的生命力。”[①]基耶斯洛夫斯基的《十诫》、希区柯克的《惊魂记》等经典作品

① 本刊编辑部.要重视“电视电影”的特性研究[J].北京电影学院学报,1998(2):1.

其实都是电视电影。

中国的电视电影是随着中央电视台电影频道的开播应运而生的。1995 年 11 月 30 日，中央电视台电影频道（CCTV-6）试播成功；1996 年 1 月 1 日，中央电视台电影频道正式开播。

中央电视台电影频道的开播迅速吸引了全国亿万观众的目光，并逐渐培育起观众在电视上收看电影的习惯。一项调查显示，一部中等水平的影片在中央电视台电影频道播映的观影人次高达 2000 万，远远高于同等影片在电影院观看电影的人次。因此，中央电视台电影频道此举无疑是对传统意义上的电影观看方式和习惯的一次重大变革。

为了满足广大电视观众收看电影的需要，电影频道仅在 1995—1996 年的一年时间里，就购买了中华人民共和国成立后拍摄的约 3600 部国产影片总量的 61%——近 2200 部影片。虽然国内各电影制片厂每年都有不少新作，但与电影频道每天近 20 个小时的节目播出时间、日吞吐量约 10 部影片、年吞吐量 3600 余部影片的需求相比，无疑是杯水车薪。

为了解决片源危机，受一组登载在 1998 年第 2 期《北京电影学院学报》上关于国外电视电影介绍文章的启发，1998 年年初，中央电视台电影频道开始了对电视电影的探索创新。第一部拍摄完成的作品是《别了，冬天》，导演为杨亚洲，主演是牛振华、陶虹。第一部播出的作品是《岁岁平安》，导演为戚建，主演为雷恪生、杨立新、许娣、英壮、牛莉，客串为陈佩斯、朱时茂、侯耀文、李琦等，“影片播出获得了成功，观看该片的观众近 1700 万。当时媒体曾报道：‘巨星云集，开心贺岁！电影频道鼠年贺岁第一剧！’”①。

1999 年 4 月，中央电视台电影频道电视电影部成立。该部门的制作方式除自己投资 6000 余万元拍摄外，还包括制作方先期投资、电影频道购买等多种，这标志着中国电视电影进入规模化和规范化创作阶段。1999—2000 年电影频道创作播出了《劲舞苍穹》《大戏小戏》《杨守敬与吕贝卡》《公鸡打鸣母鸡下蛋》《王勃之死》《阿桃》《请你留下来》《上车，走吧！》《少奇专列》《第三条线》《网事情缘》《家园》《但愿人长久》《有你的冬天不冷》《礼尚往来》《山乡情话》《杨子荣》《信天游》《夜深人静》《爱得明白》《禧娃》等优秀作品。

需要说明的是，虽然中国电视电影创作生产不断取得进展，但有关概念术语尚未统一，除了“电视电影”这一称谓外，还有“电视电影片”和“电视故事片”等称谓。2000 年 1 月，首届电视电影研讨会在北京召开，专业人士在会上探讨规律，总结经验，谋划未来，同时也考察了相关英文、法文、德文的拼写、译义、定义，建议统一采用“电视电影”这一称谓。2000 年 3 月 16 日，国家广电总局电影频道节目制作中心将相关意见整理成文报呈

① 赵小青.中国内地电视电影的生发与“终结”[J].当代电影，2013(4)：70.

国家广电总局电影局。2000 年 3 月 30 日,电影局在《关于电视电影称谓问题的批复》中写道:“经研究决定,今后凡供电影频道播放的故事片(电影片、电视剧除外),其称谓可暂定为‘电视电影’。”

(二)成长期(2001—2011)

为了遵循电视节目的播出规律,培养观众的收视习惯,从 2001 年开始,以栏目化播出为特点的电视电影开始出现。在长达十年的成长期,电视电影出品总量达到 1427 部,在与电视剧的激烈竞争中赢得了一席之地。具体表现在以下三个方面:

一是收视率不断上升。收视率是电视电影的生存预警标志,这一阶段的电视电影收视率不断上升。就黄金时段播出分析,1999—2000 年的导入期只有 10%左右的作品收视率达到 2 个百分点,2002 年电视电影收视率出现明显上升,在播出的 110 部电视电影中,有 70%的作品收视率达到 2 个百分点,其中 17 部作品收视率达到 3 个百分点,3 部作品收视率达到 4 个百分点。还有些电视电影重播后收视率继续攀升,如《情不自禁》《生命列车》《大沙暴》首播时收视率在 2 个百分点左右,重播后上升为 3 个百分点以上。收视率不断攀升说明观众对电视电影的兴趣在上升,电视电影可以依赖的观众群开始形成。

二是制作工艺不断提高。电视电影最初使用标准清晰度数字磁带制作,后来发现这一技术不能满足电视电影对艺术与技术的质量要求,2000 年开始使用 16 毫米胶片制作。16 毫米胶片的使用的确使艺术质量有明显提高,但同时也有一些技术上的局限在国内现实情况下无法解决。于是,中央电视台电影频道在 2002 年又进行了更大的调整,从科技高速发展与电视电影发展的远景着眼,放弃使用 16 毫米胶片,改用高清晰度数字磁带制作,而且不断推进对这一技术的研究与开发。从电视电影的发展来看,这个决策及时、准确,适应了电视频道的发展。2003 年,为了使电视电影尽快全面向高清数字技术转型,完善高清数字电影的视听效果,并为高清播出及进军数字院线做准备,中央电视台电影频道建立了在全国领先的 5.1 声道音频系统工作室,从此开启了电视电影在声音制作上的新阶段。这一举措使《大汉风》和《共和国将军》系列电影及时受益,创造了令人震撼的声音效果,电视电影开始真正与世界电影技术接轨。2004 年,高清电视电影全面使用 5.1 环绕立体声技术。上述 4 次工艺技术的跨越对于电视电影发展的意义,远远超越了技术性领域,因为它们对电视电影的创作观念产生了强烈震荡。

三是在艺术上崭露头角。由于站在电影和电视两位巨人的肩膀上,中国电视电影涌现出一批艺术性较强的作品,如《上车走吧》《王勃之死》《阿桃》《杨守敬与吕贝卡》《法官老张轶事》《情归天尽头》《冬日细雨》《古玩》等。从 2000 年起,电视电影逐渐被中国电影金鸡奖、中国电影华表奖、上海电视节白玉兰奖、北京大学生电影节奖等著名电影节和电视节接纳。这些奖项的重要价值在于,中国电视电影拿到了艺术殿堂的准入证,有作品值得艺术家们品评了。

(三)转型期(2012—)

2012年1月1日,国家广电总局从管理体制和机制上把中央电视台电影频道生产的电视电影纳入电影故事片管理范围。2013年1月28日,中央电视台电影频道将电视电影部更名为电影创作部。对于政策主管部门来说,不再有电视电影这个称谓,但电视电影作为一种剧情类电视节目形态,仍然在中央电视台电影频道的创作生产实践中"名亡实存"和转型回归,并陆续推出了一批新作,如2012年的《国徽》《延安电影团》、2013年的《甘南情歌》《战将周希汉》、2014年的《诱狼》《妈妈去哪儿》、2015年的《告别》《都是为你好》、2016年的《我的上高》《血战漫川关》、2017年的《新港故事》《闽赣风云》、2018年的《黄昏中的鱼肚白》《布吉舞者》等。

三、主要特征

(一)题材的通俗性

电视是一种现代大众传媒,即使是电视电影也不能不在一定程度上受到即时传真这一传媒特征的制约。一部电视电影在商业上能否成功,主要取决于其在电视台中第一次播出时的收视率和收视份额,而在观众对其事先不了解的情况下,能吸引观众收看的因素,主要就是其题材内容与公众热点的契合度。所以,每一个热门话题几乎都能够引发一部甚至几部相关题材的电视电影。这类电视电影的制作周期比较短,往往能赶在热点还没有完全冷却时播放出来。譬如,中央电视台电影频道在全国最早播出以抗击"非典"为题材的《微笑》。再如,在中国足球队第一次参加世界杯的前夕,中央电视台电影频道播出了一部以中国球迷观看世界杯为题材的《世界杯"V"计划》。在电视电影中,即使是一些完全虚构的纯娱乐性故事,也常常会尽可能地同公众关注的热点联系起来,突出电视特有的即时性。从数量上看,电视电影中讲述浪漫故事和怪异故事,特别是惊险犯罪故事的纯虚构作品并不少,其中大都是从传记、小说、历史著作、报告文学改编而来的,但给人留下深刻印象的却是反映真实事件的纪实性作品。

(二)时长的固定性

为了适应电视节目栏目化播出的需要,电视电影在时长上是相对固定的,大都是两个小时左右。少量的电视电影以上下集甚至三集的形式出现,通常连续播出两三个晚上,每晚两个小时左右。电视电影由于是独立的,因而不像电视连续剧那样具有明显的栏目化特点,尽管许多电视频道还是把它们安排在固定时段的固定栏目中播出。

(三)叙事的晓畅性

在叙事方面,电视电影更为晓畅易懂,更依赖于语言本身的叙事功能,而且很注意提高视觉性叙事元素的清晰度。如对于一个有重要叙事作用的报纸新闻标题的特写镜头,电视电影可能会比影院电影多拍一两秒钟,以便电视机前的观众能看清其内容。在夜景场面中,电视电影通常会采用比影院电影亮得多的照明,用较强的轮廓光勾出主体内容的清晰形象,以适应电视收看环境对于光线的特殊要求。

(四)景别的局限性

虽然电视电影的镜头运用方式与影院电影没有本质区别,但为了更适合电视小屏幕播出的特点,电视电影逐渐形成了一套自己的镜头操作规范,其中最明显的是景别的运用。电视电影更倾向于使用近景和特写等近距离景别,而较少使用场面辽阔的全景特别是大全景。这一方面是因为在清晰度不是很高的电视屏幕上难以分辨特别细微的事物;另一方面是因为大全景在电视荧屏上的冲击力并没有在影院银幕上那样强烈。

(五)节奏的舒缓性

在剪辑节奏方面,电视电影总体上比影院电影慢一些,在同样时长的情况下,电视电影的镜头数量明显少于影院电影。这既是为了适应电视观众在日常环境中观赏的心理节奏,同时也是因为在电视屏幕上看片感受到的速度与影院有所不同。这正如丹尼艾尔·阿里洪在《电影语言的语法》一书中谈到的那样:"当你以正常速度拍摄一场戏,然后在一幅小银幕上放映时,银幕上再现的速度同拍摄这场戏时的速度是相符的。但同样是这部片子,放映在供大量观众观看的大银幕上时,那场戏的速度就慢下来了。"①

(六)成本的低廉性

一般来说,一部电视电影的投资规模以每小时节目的平均成本计算,要高出一般的电视剧一倍以上,但较之影院电影则要低廉得多。低成本制作以及电视不太清晰的小屏幕播放的限制,使得电视电影很少追求宏大的场面和壮观的视觉效果,也很少使用耗资

① 阿里洪.电影语言的语法[M].陈国铎,黎锡,译.北京:中国电影出版社,1981:164.

巨大的高科技特效，而是更注重叙事本身的趣味和台词语言的魅力。

有些电视电影建构了叙事期待，却因为资金原因拍不出相应的场面，观众自然会有意犹未尽之感。典型的例证就是电视电影《花腰新娘》。该片所有的叙事都把观众引向一个审美期待，即无论是作为叙事高潮还是视听高潮，最后都应该有一个舞龙的大场面。但是因为整个影片的投资只有四百万人民币，无法完成舞龙的大场面，《花腰新娘》没有满足观众的期待，留下了巨大的遗憾。

总体来讲，在中国万花筒般的诸多剧情类电视节目形态中，电视电影不论艺术品质还是思想内涵，都是比较出色的：它既吸收了电影的优势，从而在声画和叙事方面精巧别致，又适应了电视的特长，从而在内容和形式上自成一格。

第九节　电视动画片>>>

一、定义

电视动画片即为电视播放而制作的动画片。

动画是一门古老的艺术，在电视乃至电影出现之前就已存在。中国动画的雏形是利用光的直线传播原理发明的皮影戏，始于西汉，兴于唐朝，盛于清代，元代传至西亚和欧洲。而西方动画的雏形魔术幻灯则出现于 17 世纪，即将画在玻璃上的图案投影到墙上，并通过许多玻璃画片的依次旋转在墙上制造出运动幻象。无论是皮影戏还是魔术幻灯，两者都是名副其实的运动的图画艺术。

比皮影戏和魔术幻灯更进一步，真正的动画除了依据光的直线传播原理，还与电影和电视一样，利用了人眼的视觉暂留原理。现代医学证明，人眼具有视觉暂留的功能，就是说人的眼睛在看到一幅图画或一个物体后，在 1/24 秒内不会消失。利用这一原理，在一幅图画还没有消失前播放出下一幅画，就会给人造成一种流畅的视觉变化效果。因此，电影采用每秒 24 幅画面的速度拍摄播放，电视采用 PAL 制每秒 25 幅或 NSTC 制每秒 30 幅画面的速度拍摄播放。如果以每秒低于 24 幅画面的速度拍摄播放，就会出现停顿现象。需要指出的是，动画片本身并不是完全属于电影或电视的一种艺术类型或形态。因为动画片虽然在对光与人眼视觉暂留功能的运用方面，与电影和电视有基本相同的原理，但在摄影摄像与图画绘制方面又有明显不同，所以必须纠正动画片从属于电影或电视的观念，因为这一观念可能会消解动画片的独立性。动画片虽然不从属于电影和电视,却可以与电影和电视相结合,电影动画片和电视动画片就是这种结合的产物。

与电影动画片相比,电视动画片投资不高,制作相对简单,传播速度更快,受众面更广,影响力更大,资金周转更迅速。所以,在动漫产业链中,电视动画片占据着十分重要的地位。事实上,目前中国动画片的创作也明显以电视动画片为主。因此,电视动画片创作的成败得失,从某种程度上决定着中国动漫产业的未来发展。

一般来说,电视动画片主要有以下五种分类方法:

按照结构方式,可分为单本电视动画片、系列电视动画片、连续电视动画片等。

按照内容长度,可分为 30 分钟以上的长电视动画片、不到 30 分钟的短电视动画片等。

按照观众年龄,可分为少儿动画片、青少年动画片、成人动画片等。

按照艺术门类,可分为水彩电视动画片、水墨电视动画片、皮影电视动画片、剪纸电视动画片、木偶电视动画片、布偶电视动画片、泥偶电视动画片、电脑合成电视动画片等。

按照视觉效果,可分为平面电视动画片、立体电视动画片、电脑电视动画片等。

二、源流

(一)导入期(1984—1990)

随着 20 世纪 80 年代中国电视事业驶入发展快车道,中国电视动画片应运而生。1984 年 2 月 2 日,中国电视剧制作中心制作的中国第一部电视动画片《熊猫胖胖》在中央电视台播出。[①] 以此为发端,在 20 世纪 80 年代的余下几年中,《黑猫警长》《葫芦兄弟》《舒克和贝塔》《阿凡提的故事》等一批专门为电视播出量身打造的动画片陆续出现在中国电视屏幕上。

(二)成长期(1991—2011)

1991 年 1 月 12 日,中央电视台成立动画部,以此为标志,中国电视动画片进入快速发展时期,并走上了有别于传统动画片的创作之路。尤其是从 1995 年起,中国电影放映公司对动画片不再实行统购统销的计划经济政策,将动画业推向市场,改变了原有的生

① 有研究者认为,“中国电视动画片在 20 世纪 80 年代初问世,当时中央电视台社教部少儿组制作了一部 10 分钟的电视动画片《小黑驴和小花鹿》,标志着中国电视动画片的诞生”。参见赵化勇.中央电视台发展史(1998—2008)[M].北京:中国广播电视出版社,2008:190.

产状态及经营方式，逐步确立了社会效益和经济效益双赢的理念。在制作方面，国内电脑动画技术实力也明显增强，电脑绘制背景技术已较为普及。三维和二维电脑动画片发展迅猛，形成了从策划、创作、传播到系列产品开发的产业链条。

在上述背景下，一批有规模、有影响的电视动画片涌现出来，如《葫芦小金刚》(1991)、《蓝皮鼠与大脸猫》(1993)、《大头儿子和小头爸爸》(1995)、《小贝一家》(1996)、《1的旅程》(1997)、《学问猫教汉字》(1998)、《蓝猫淘气三千问》(1999)、《麦兜》(2001)等。

2004—2011年，中国电视动画片生产数量和出口数量快速增长。据国家广电总局统计，1993—2003年全国动画片总产量仅为4.6万分钟，而2005年一年的产量就达到4.37万分钟，2006年又比2005年翻了近一倍，超过8.1万分钟。按照年产作品部数计算，2006年全国制作完成国产电视动画片124部，2007年完成186部，2008年完成249部，2009年完成322部，2010年完成385部，2011年完成435部。国家统计局数据也显示，2008—2011年，国产电视动画片的出口数量逐年上升，分别达到38部、55部、84部、146部，其中《锋速战警》《小龙阿布》《梦幻镇》等多部作品被意大利等欧美国家所购。这期间的主要作品有2004年的《守护精灵》《大耳朵图图》、2005年的《天眼》《梦里人》、2006年的《快乐东西》《中华小子》、2007年《福娃》《豆儿》、2008年的《茗记》《乒乓旋风》、2009年的《三国演义》《小卓玛》、2010年的《美猴王》《中华五千年》、2011年的《电击小子》《世博总动员》等。

随着国产电视动画片数量的节节攀升，一批专业的动画频道也陆续开播：2004年4月29日，中国第一家专业动画卫星频道——湖南金鹰卡通频道开播；2004年9月10日，北京电视台动画频道BTV-10开播，三年后更名为北京卡酷动画卫视；2004年12月26日，上海炫动卡通频道上星播出；2006年9月16日，广东电视台嘉佳卡通频道开播，三年后更名为嘉佳卡通卫视上星播出；2009年11月27日，江苏电视台少儿频道更名为优漫卡通卫视上星播出。

(三)成熟期(2012—)

从2012年开始，国产电视动画片产量开始呈现下降趋势：2012年完成395部，2013年完成358部，2014年完成220部，2015年完成275部，2016年完成261部，2017年完成244部。这从一个侧面反映了国产电视动画片生产开始从数量增长型向质量提升型转变，步入了成熟期。

成熟期的代表作品有2012年的《淘》《蓝加》、2013年的《魁拔》《郑成功》、2014年的《小花仙》《戚继光》、2015年的《鸡毛信》《京剧猫》、2016年的《戏匣子》《小济公》、2017

年的《梦娃》《豆小鸭》、2018 年的《酷跑英雄》《口袋森森》等。总体来看,这一时期的中国电视动画片尽管质量上比较稳定,但仍有较大的提升空间。

三、主要特征

(一) 制作工艺的简约性

电视动画片制作工艺的简约性主要体现在以下三个方面:

一是动作设计的简约性。由于电视动画片大量运用停格、象征性动作符号以及静止画面加流线等方式来表现运动状态,因此省略了许多具体的动作表达。

二是背景制作的简约性。由于电视画面大量运用中景和近景来表现角色,环境的表现退居次要地位,因此电视动画片的制作不需要像电影动画片那样具体、细致地描写和表现环境,而代之以平涂、晕染、留白即可。

三是描线上色的随意性。既然动作设计和背景制作可以从简,那么描线上色也可以简略一些。此外,由于电视屏幕的频闪问题,不会像电影那样因为赛璐珞片上的一线之差而造成银幕上的一片错误,所以在电视动画片的制作中,烫印、断线轮廓、电子扫描等描线方法都可以运用,上色也往往只求鲜艳醒目,而不求逼真自然。

(二) 视听语言体系的独特性

由于既属于独立的艺术门类,又综合了其他艺术的元素,并与电视传媒相结合,因此电视动画片具有独特的视听语言体系与表现方式。电视动画片的视听语言体系由两大部分构成:

1.虚拟影像系统

电视动画片在镜头运用中,也需要考虑景别、焦距、运动、角度、视点等因素,同时还要充分利用声音进行表达,并对声音与画面的关系进行处理。镜头与镜头、镜头与声音、声音与声音的连接,乃至句子与句子、场面与场面、段落与段落的连接,都要运用各种蒙太奇手段。除此之外,光和色彩也是重要的修辞方式。总体上来说,电影和电视的影像系统在电视动画片中是完整存在的。但电视动画片的影像系统与一般的电影和电视剧又不完全相同,最大的区别是:电影和电视剧的镜头是实拍的,摄影机面对的是真实的人物和场景,而电视动画片的镜头是虚拟的,人物、场景都是绘制的,摄影机可能根本不存在。这种虚拟影像具有非常重要的意义:一方面,它使动画片脱离了原始动画片的幻灯形态,进入了影视艺术行列;另一方面,它又使动画片区别于一般的电影和电视作品,因为这些影像本体及其运动和表现形式都是虚拟的、模拟的，虽然不那么真实，却无所羁绊，可以超越人为表演的局限，不受客观场景的限制，没有镜头的死角，甚至没有摄影机不能跨越的轴线，可以自由地创造任何影像奇观。

2.动画语言系统

如果说虚拟影像系统使动画片能够融入电视传媒，成为剧情类电视节目形态之一，那么动画语言系统则使电视动画片获得了自己独立的本质特征。动画语言体系的核心是动画思维，这种思维主要通过以下方式获得和表达：

一是夸张和变形。夸张和变形一般有两个方向：一是将对象变得可爱，二是将对象变得怪异。但不论朝哪个方向变，结果都与该对象原来的形象有很大的区别，当然从中还是可以看到对象原来的影子，不会与其他对象混淆。正是这种差异，既划清了动画艺术世界与客观真实世界的界线，也划清了动画艺术与电影艺术和电视艺术的界线。从这个意义上讲，通过夸张和变形，动画艺术建立起了自己独特的艺术范畴，而这个独特的艺术范畴便是动画思维的原点，动画艺术的一系列具体的语言和表达也是从这里获得的。

二是超常规动作和身体肢解。正如万籁鸣早年总结的那样，动画片“要创造出出人意料、但又在情理之中的符合人物性格特征的动作”①。由于不是真人表演，所以动画片创作者可以给角色设计普通人无法完成的动作，通过超常规动作，甚至是身体肢解给观众带来独特的审美体验。

三是抽象具体化和具象符号化。抽象具体化是指运用绘制的方式将一些原本抽象的或不可见的东西，譬如思想、意识、情感等具体直观地呈现在观众面前。具像符号化在电视动画片中有两种用法：第一，具体事物被简化成某种符号，或具体事物被特定的符号所代替；第二，一些具体的事物被赋予某种含义，具有符号的性质和特征。这类动画语言在中央电视台《快乐驿站》栏目的小品、相声动画片中被大量运用。当然，电视动画片在将具体的事物简化成某种符号时，并不总是赋予其思想层面的含义，有时仅仅是以此代替烦琐的细部描写，既能减少工作量，又能突出重点。

（三）故事情节的重要性

所有电视节目都应以内容为王，电视动画片也不例外。在制作工艺简约化以后，电视动画片便主要靠内容吸引观众，而其内容又主要表现为故事情节。或者说，电影动画片的画面构图、动作设计、光效、色彩等可能会吸引观众的一部分注意力，而在观看不以制作取胜的电视动画片时，观众的注意力可能就集中在主要情节上，尽管故事情节必须

① 万籁鸣.我与孙悟空[M].太原：北岳文艺出版社，1986：112.

通过真正的动画语言来表现。因此,生动的故事和精彩的情节应该是电视动画片取得成功的重要元素。很多电视动画片制作很简单,但观众非常喜欢看,原因就在于它们内容丰富、故事生动、情节幽默。当然,注重内容和情节并不意味着对制作没有任何要求,电视动画片的制作工艺虽然可以简约化,但能够充分体现和表达内容的个性化形象设计却是必不可少的。富有创意的个性化人物造型不仅能够准确地传达作品的叙事内容,而且具有开发后期衍生产品的巨大潜力。因此,用真正的动画语言、极富创意的形象来讲述生动有趣的故事,是电视动画片成功的奥秘。

(四)叙事方式的连续性

电视节目传播的一个重要特征是栏目化。栏目的特点是时间、内容、风格相对固定,电视节目往往是根据其所属栏目的特点拍摄和制作的。作为一种剧情类电视节目形态,电视动画片的时间、内容、风格应该与特定的栏目保持一致。而电视栏目固定时间分期连续播放的特点,决定了电视动画片通常采用长篇连续性叙事方式。

电视动画片的长篇连续性叙事方式可以细分为独立纵向发展式、联合横向分布式、纵横交叉结合式三种。

所谓独立纵向发展式,即一部长篇电视连续动画片无论多少集,都统一于一个情节结构之中,主要角色贯穿始终,情节在各集中依次推进,向前发展,最后达到高潮。譬如中央电视台制作的大型电视连续动画片《哪吒传奇》就用52集的篇幅讲述了一个中国古老的传说:哪吒一出生便力大无穷,女娲因此选他作为人间正义与邪恶力量对抗的化身。作为邪恶力量代表的石矶一心想夺取哪吒身上的力量,并试图控制整个世界。哪吒在女娲与伙伴们的帮助下,同石矶展开了惊心动魄的斗争,最后战胜了石矶。由于是分集播放的,所以在这种独立结构的长篇电视连续动画片中,每一集的情节发展既要考虑全剧的整体性,也要顾及这一集故事的段落完整性,并留下一定的悬念,使观众产生继续看下去的兴趣和期待。

所谓联合横向分布式,是指作品由一系列各自独立的小故事平行构成,故事与故事之间没有必然的逻辑联系,也没有统领这些故事的整体结构。这种形态的电视动画片的连续性主要表现在主要角色的连贯性上。也就是说,所有这些故事虽然互不相关,但所有故事的主人公都基本相同,当然有的故事中也会随机出现一些新角色。从某种意义上说,这类电视动画片更符合电视栏目的特点,更能体现电视节目的传播优势。在长期的播放中,电视动画片中的主角会逐渐形成类似名牌栏目主持人的明星效应,从而能够有效地扩大作品的影响,并有助于电视动画片相关产品的开发。譬如采用联合横分布式叙事方式的电视系列动画片《宇宙护卫队》在这方面做了许多尝试,特别是围绕主要人物的衍生产品的开发取得了一定的成功。

所谓纵横交叉结合式，是指作品有一个总体的情节结构，所有的角色、事件都在这个统一的情节结构中被设计和推动。同时，它又不像独立纵向发展式那样各集之中只有全剧的段落元素，而是像联合横向分布式那样存在着一些相对完整的故事。或者说，它是用一个一个的故事推动情节向前发展。中央电视台制作的大型电视动画片《西游记》的叙事方式便是典型的纵横交叉结构式。在这部52集的电视动画片中，唐僧师徒去西天取经是贯穿始终的情节，而且这一情节的发展有时间由始至终的推进、空间由东向西的转换、事件由开始到结束的演变，这种叙事方式就是独立纵向发展式。但与一般的独立纵向发展式不同的是，《西游记》的纵向结构中又包含着一系列联合横向分布式的小故事，如“孙悟空大闹天宫”“孙悟空三打白骨精”等，这些小故事既是全片总的情节结构的有机组成部分，推动着总体情节向前发展，又各自有独立、完整的情节结构：开端——发展——高潮——结局。因此，这种纵横交叉结合式电视动画片就像一个巨大的宝库，具有极大的故事开发潜力，可以通过抽取或加入新的元素进一步演绎出新的故事，从而有效地建立起同一题材的系列作品，犹如独木成林。借助于电视栏目相对固定和连续播放的特点，电视动画片不仅可以大力开发“独木成林式”的系列作品，而且可以利用这些相互关联的作品激发观众的审美经验，从而达到吸引观众连续、固定收看的目的，这反过来对于电视动画栏目的建设也有积极的推动作用。

（五）目标观众的多样性

电视动画片是人类在文学、美术、音乐、戏剧、电影、电视的综合基础上创造的一种新的艺术地把握客观世界、审美地表达主观情感的剧情类电视节目形态。这就决定了电视动画片不是只有未成年人喜欢，电视动画片的目标观众不能仅仅局限于少年儿童。

在电视动画片生产方面走在世界前列的美国和日本，其目标观众的年龄定位是0至80岁。正如美国迪斯尼公司的创始人沃尔特·迪斯尼所言：“我不是主要为孩子们制作电影，而是为了我们所有人心中的童真（不论他是6岁还是60岁）制作电影，最糟糕的不是我们没有童真，而是它们可能被深深掩埋了。”①

从某种意义上说，中国电视动画片生产的困境与单一的少儿化目标观众定位不无关系。这样的目标观众定位不仅会失去成人观众，也会令电视动画片难以进入主流传播平台。如果不能进入主流传播平台，扩大电视动画片的影响力也就无从谈起，而作品影响力的大小，又直接关系着电视动画片产业未来的发展。

---

① 徐坤.浅谈美国电视动画的艺术特点[J].中国电视，2015(5)：97.

结　语

全媒体时代与中国电视节目形态创新

从人类文明发展史来考察，每个时代的媒体都不是单一的，而是由多种媒体构成的一个全媒体生态系统。从这个角度而言，每一时代都是广义的全媒体时代。随着计算机和互联网的发明，广义的全媒体时代进入最新的演进阶段，即涵盖报刊、广播、电视、网络等媒体的全媒体时代。无论是广义的全媒体时代，还是狭义的全媒体时代，新兴媒体的诞生并不意味着传统媒体的消逝，也不会出现一种将传统媒体一网打尽的终极版的单一媒体。[①] 同样，与报刊、广播、网络一样，内涵与外延不断拓展的电视媒体及其呈现方式——电视节目形态是不会真正走进历史的。从这个意义上讲，无论是回溯广义的全媒体时代的电视节目形态，还是探究狭义的全媒体时代的电视节目形态，不仅是有价值的，而且是有必要的。

第一节　概念界定>>>

进入 21 世纪以来，“媒体融合”逐渐成为业界和学界探讨的一个热词。其实，这并非一个新概念，随着计算机和互联网等信息传播技术的进步，美国麻省理工学院媒体实验室创始人和荣誉主席尼古拉斯 · 尼葛洛庞蒂在 1978 年第一次提出了媒体融合（Media Convergence）的概念并畅想了其发展图景。他用三个圆圈来描述计算机、印刷、广播三者之间的技术边界，预言三个圆圈的叠加之处必将成为成长最快和创新最多的领域，并且认为这三个圆圈的叠加甚至重合的趋势不可逆转。1983 年，美国麻省理工大学政治学教授伊契尔 · 普尔提出模态融合（The Convergence of Modes）概念，用以说明各种媒体呈现

① 洛根.理解新媒介——延伸麦克卢汉［M］.何道宽，译.上海：复旦大学出版社，2012：51.

出的多功能一体化的趋向。进入20世纪90年代后，国内学界和业界开始探讨三网融合和媒体融合的相关话题。从2010年开始，三网融合和媒体融合开始作为国家政策相继被纳入议事日程。

一、三网融合

2010年1月13日召开的国务院常务会议审议通过《推进三网融合的总体方案》，决定尽快推进广电网与电信网和互联网的融合。2010年1月21日，国务院向各省、自治区、直辖市人民政府以及国务院各部委和直属机构印发了《推进三网融合的总体方案》，明确了中国三网融合的发展思路与发展目标。这预示着中国全媒体时代即将到来。

2011年10月18日召开的中共十七届六中全会审议通过《中共中央关于深化文化体制改革、推动社会主义文化大发展大繁荣若干重大问题的决定》，指出“要提高舆论引导及时性、权威性、公信力、影响力……保障人民知情权、参与权、表达权、监督权；打造国际一流媒体，提高新闻信息原创率、首发率、落地率；推进电信网、广电网、互联网三网融合，建设国家级新媒体集成播控平台，创新业务形态，发挥各类信息网络设施的文化传播作用，实现互联互通、有序运行”。

2012年2月16日，中共中央办公厅、国务院办公厅印发《国家“十二五”时期文化改革发展规划纲要》，要求“积极推进下一代广播电视网、新一代移动通信网络、宽带光纤接入网络等网络基础设施建设，推进三网融合，创新业务形态，发挥各类信息网络设施文化传播作用，实现互联互通、有序运行。在确保播出安全前提下，广电播出机构和电信企业可探索多种合资、合作经营模式。整合全国的有线电视网络，基本实现全程全网，跨部门集成各种文化资源、产品、服务”。

二、媒体融合

2013年5月15日，新华社发布《崛起的中国新兴媒体：中国新兴媒体发展报告(2012—2013)》，这是作为国家通讯社的新华社首次发布新兴媒体产业报告。报告建议国内各级主流媒体加大创新力度，努力探索移动化传播，不断研发顺应时代发展潮流的新型传播模式。2013年8月19日，习近平在全国宣传思想工作会议上第一次公开谈到媒体融合的概念和理念，提出“要适应社会信息化持续推进的新情况，加快传统媒体与新兴媒体融合发展，充分运用新技术新应用创新媒体传播方式，占领信息传播制高点”。

2014年7月22日，新华社发布《中国新兴媒体融合发展报告(2013—2014)》。2014

年8月18日,中共中央全面深化改革领导小组第四次会议审议通过了《关于推动传统媒体与新兴媒体融合发展的指导意见》,习近平在这次会议中强调,“新型主流媒体要一手抓融合,一手抓管理,确保融合发展沿着正确方向推进”。指导意见的出台“使媒体融合发展上升至国家战略层面”。

2015年7月30日,新华社发布《中国新兴媒体融合发展报告(2014—2015)》。2015年8月25日,国务院办公厅下发《关于印发三网融合推广方案的通知》,要求“加快全面推进三网融合,推动信息网络基础设施互联互通和资源共享,促进消费升级、产业转型与民生改善”。

2016年2月19日,习近平在党的新闻舆论工作座谈会上指出,“融合发展关键在融为一体、合而为一”,要“尽快从相‘加’阶段迈向相‘融’阶段,从‘你是你、我是我’变成‘你中有我、我中有你’,进而变成‘你就是我、我就是你’,着力打造一批新型主流媒体”。

2016年3月29日,国家新闻出版广电总局发布《电视台融合媒体平台建设技术白皮书》,从硬件平台建设方面为全媒体时代中国电视节目创新提供了行业技术指导规范。2016年7月28日,中办国办印发《国家信息化发展战略纲要》,要求“推动传统媒体与新兴媒体融合发展,有效整合各种媒介资源与生产要素”,建构现代文化传播体系。2016年7月18日,国家新闻出版广电总局发布《关于进一步加快广播电视媒体和新兴媒体融合发展的意见》,指出建设融合性节目体系已经是电视媒体融合发展的当务之急。

2017年2月19日,时任中共中央宣传部部长刘奇葆到中央电视台调研时强调,要“推动媒体深度融合取得突破性进展,打造一批形态多样、手段先进、竞争力强的新型主流媒体”。2017年5月7日,中共中央办公厅、国务院办公厅印发《国家“十三五”时期文化发展改革规划纲要》,再次提出推动媒体融合发展的任务,要求尽快形成从相加迈向相融的新型传播模式,“统筹推进媒体结构调整和融合发展,打造一批新型主流媒体和媒体集团”。

2019年1月25日,中共中央政治局就全媒体时代和媒体融合发展举行第十二次集体学习,习近平指出:“推动媒体融合发展、建设全媒体成为我们面临的一项紧迫课题。”这里所讲的全媒体,应是统筹报刊、广播、电视等传统媒体和网络等新兴媒体的“全程媒体、全息媒体、全员媒体、全效媒体”。

第二节　内容创新>>>

内容是媒体最大的资源优势,但在全媒体时代,最不稀缺的就是一般意义上的内容,最稀缺的则是真正无法替代的内容。因而,全媒体时代中国电视节目形态创新,最重要的就是内容创新,具体表现在以下三个方面。

一、坚持正面引领

法国哲学家丹纳曾说:“社会把特征印在艺术家身上,艺术家把特征印在作品上。”[①]在当代中国的语境下,坚持正面引领,是电视节目形态创新的必要前提和刚性边界。因为“如果出了导向问题,所有创新都将化为泡影”[②]。

2012 年以来,“正能量”悄然成为一个流行词,“这说明社会上正义力量仍是主流,人们愿意通过媒体看到真、善、美;中华民族扬善抑恶的传统不仅是群众的共同心愿,也是媒体义不容辞的社会责任”[③]。例如,中央电视台从 2012 年以来陆续推出了“你幸福吗”“爱国让你想起什么”“家风是什么”“时间都去哪了”等海采系列报道,主题虽各不相同,但都属于社会主义核心价值观的宣传。也是从 2012 年开始,中央电视台陆续推出寻找“最美乡村教师”“最美乡村医生”“最美孝心少年”“最美‘村官’”“最美司机”“最美战士”“最美消防员”等典型人物系列报道,于平凡中发现感动,于朴素中发现最美,润物细无声地传播了社会主义核心价值观。

中共十八届五中全会将“倡导全民阅读”列为“十三五”时期重点工作之一,并将“建设书香社会”写入 2015 年政府工作报告。为响应这一国家发展战略,2017 年 2 月 18 日中央电视台推出文化情感类节目《朗读者》,让观众重新感受、体验阅读:“朗读是传播文字,而人是展现生命,将值得尊重之生命与值得关注之文字完美结合,就是《朗读者》。”[④]而在中央电视台 2018 年 3 月 9 日推出的《信 · 中国》中,主持人更直接点明:“‘信’不单纯是信件,也是信仰、信念、诚信、信任,闪耀的是党性、人性的光芒。”[⑤]

2018 年 10 月 31 日发布的《国家广播电视总局关于进一步加强广播电视和网络视听文艺节目管理的通知》,要求各节目制作和传播机构要始终坚持把社会效益放在首位,力争社会效益与经济效益统一,当二者发生冲突时,经济效益要无条件服从社会效益。

---

① 丹纳.艺术哲学[M].傅雷,译.北京:人民文学出版社,1983:36.
② 胡占凡.电视节目创新的实践与思考[J].中国广播电视学刊,2016(7):12.
③ 高长力.盘点与展望:广播电视节目向何处去[J].传媒,2013(1):24.
④ 杨晶.《朗读者》:文化类电视节目的创新[J].中国广播电视学刊,2017(4):39.
⑤ 郎昆.央视综艺:引领文化综艺新潮流[J].电视研究,2018(2):5.

二、重视文化传承

正如黑格尔指出的:“每种艺术作品都属于它的时代和它的民族,各有特殊环境,依存于特殊的、历史的和其他的观念和目的。”[①]进入全媒体时代以来,一批融合了中华民族优秀传统文化元素,彰显文化自觉、自尊、自信的优秀原创电视节目形态,不仅得到观众的积极呼应,而且实现了社会效益和经济效益的双赢。

中央电视台纪录频道 2012 年 5 月 14 日开始陆续播出的美食纪录片《舌尖上的中国》之所以在国内外热播,是因为其聚焦于中华传统美食文化,呈现了美食背后的历史、人物、故事、情感、风俗、习惯等,成为跨文化传播的有效载体。湖北卫视 2012 年 3 月 18 日开播的明星互动综艺节目《我爱我的祖国》,以中国各地的历史、文化、民俗特色呈现为经线,以东西南北中的地理方位为纬线,着重突出“国家感动”这一核心要素,在轻松愉快和温暖温馨的氛围中传达爱祖国、爱家乡的主题。东方卫视 2014 年 3 月 1 日开播的音乐励志类综艺节目《不朽之名曲》,通过演绎改革开放以来中国音乐史上具有里程碑意义的传奇歌手的经典作品,引导观众树立正确的价值观和人生理念。中央电视台综艺频道 2015 年 3 月 1 日推出的戏曲类综艺节目《叮咯咙咚呛》,把京剧、越剧、川剧作为节目核心竞技元素,通过真实记录明星的学艺过程来吸引不同年龄层的观众。

2013 年以来,中央电视台的《中国汉字听写大会》《中国谜语大会》《中国成语大会》《中国诗词大会》《中国民歌大会》《国家宝藏》《朗读者》、黑龙江卫视的《见字如面》、北京卫视的《中国故事大会》《非凡匠心》《念念不忘》、河北卫视的《中国好诗词》、山西卫视的《走进大戏台》、山东卫视的《国学小名士》、河南卫视的《汉字英雄》、安徽卫视的《少年国学派》《中华百家姓》、江苏卫视的《阅读 · 阅美》《一本好书》《匠心传奇》《歌声的翅膀》、浙江卫视的《汉字风云会》、上海东方卫视的《诗书中华》《喝彩中华》、湖南卫视的《百心百匠》《儿行千里》、四川卫视的《诗歌之王》、新疆卫视的《青春激扬中国梦 · 读书大会》《好大一个家》、福建东南卫视的《天籁之声》、广东卫视的《我是讲书人》、深圳卫视的《诗意中国》《一路书香》等节目,以“寻文化基因,品生活之美”为宗旨,通过汉字达人、谜语达人、成语达人、诗词达人、故事达人、戏曲达人之间紧张激烈、高潮迭起的现场实况知识竞赛,寓教于乐地引导电视观众重温文化经典,润物细无声地弘扬和传承曾被认为曲高和寡的中华优秀传统文化。这表明“电视作为一个特定的社会领

---

① 黑格尔.美学(第一卷)[M].朱光潜,译.北京:商务印书馆,1979:19.

域，集中突出了国家主义的特定议题”①。

三、强化公共服务

节目形态创新，最理想的效果是社会效益与经济效益高度统一，从而实现公共服务效果的最大化。但电视媒体作为国家公共资源和平台，永远要把社会效益放在首位。在节目形态创新中，要防止为增加市场份额，什么模式吸金就推什么，什么内容有市场就炒什么，因为这无异于饮鸩止渴。

进入全媒体时代以来，在个别电视节目形态中一度出现了以所谓“搞笑文化、奇观文化、狂欢文化”②为特点的过度娱乐化倾向。但经过对跟风扎堆、过度商业化等弊端进行政策引导和自我修正后，电视节目形态日益自觉地回归服务公众的正确轨道。譬如中央电视台的《中国汉字听写大会》等文化类节目可能不会有特别高的收视率和广告收入，但各大电视节目制作机构之所以动用大量人力物力坚持年年做，而且放到优质频道和黄金时段播出，最大的考虑就是扩大其公共服务范围，提高公共服务效果。

进入全媒体时代以来，国内各大电视节目制作机构还推出了一批以公益和慈善为核心元素的重量级节目。譬如：中央电视台综合频道 2011 年 11 月 12 日推出的大型电视公益节目《梦想合唱团》以“以娱乐形式唤醒和引领公益”为宗旨，宣传各类公益项目，在比赛的同时募集公益基金。湖南卫视 2012 年 3 月 30 日推出的音乐挑战类大型公益节目《天声一队》，分为明星队和草根队，用歌声募集善款，以募得善款的多少作为衡量胜负的标准。中央电视台综合频道 2014 年 4 月 5 日推出的大型公益寻人节目《等着我》，聚合民政部、公安部等国家部委以及明星、专家、志愿者、观众群等寻人力量，搭建了一个全方位、全媒体的公益寻人平台，做到了“以情动人，以爱感人，在仿佛不经意间弘扬了真善美，传递了正能量”③。

第三节　形式创新>>>

除了内容方面的与时俱进，全媒体时代的中国电视节目形态创新还表现在制作和传播等形式创新上。

---

① 克兰.文化生产：媒体与都市艺术[M].赵国新，译.南京：译林出版社，2012：42-49.

② 叔翼健.我国当代电视综艺节目娱乐文化现象解读[J].新闻界，2013(15)：31.

③ 周梦蝶.电视节目创新与继承传统——基于《等着我》等节目的分析与思考[J].中国电视，2016(8)：92.

一、从单屏传播到跨屏传播

随着全媒体时代的到来,从电视屏的单屏传播走向电视屏、电脑屏、手机屏的跨屏传播,成为电视节目形态创新的基本策略之一,这正如麦克卢汉预言的那样:“无论下一种媒介是什么,它都会把电视当作自己的内容。”[①]中国电视节目的接收终端已呈现多屏化。2013 年央视市场调查网的数据显示,75%左右的受众通过电视屏收看节目,97%左右的受众通过电脑屏收看节目,69%左右的受众通过手机屏收看节目。2013 年中国互联网络信息中心(CNNIC)的调查表明,中国网民的电视收视行为正在悄然发生变化:26.3%的网民基本不看电视,而 43.2%的网民收看电视时间显著减少。截至 2018 年 12 月,中国网民规模达到 8.29 亿,手机网民规模达 8.17 亿,互联网普及率为 59.6%,网民通过手机接入互联网的比例高达 98.6%。[②]

可以说,能否有效实现跨屏传播,成为电视节目生死存亡的关键。2013 年 4 月 1 日,“央视新闻”官方微信正式上线,实现了微博、微信、客户端多通道传播格局。2013 年 10 月 11 日湖南卫视推出的《爸爸去哪儿》在开播伊始就开通手机客户端,并在开播前就通过官网、微博等社交网络平台不断制造话题,吸引受众眼球。[③]

2014 年 2 月 11 日至 13 日(农历正月十二至十四)中央电视台综合频道播出的依托正月十五元宵节猜灯谜传统习俗而量身打造的大型文化益智类节目《中国谜语大会》,“在策划阶段就考虑如何与新媒体融合,加强与观众实时互动,并为此采用了直播的形式”,从而“达成了电视观众与场上选手同步猜谜、电视大屏与手机小屏双屏实时互动,联通了电视观众与新媒体用户两大用户群,形成了传统媒体与新媒体两大舆论场”,“三场直播共有 206 万人实时在线参与竞猜互动,创下除春晚外,央视节目实时双屏互动的最高纪录”。[④]

2015 年 2 月 18 日,从中央电视台春晚开播的 20 时到结束的 2 月 19 日 0 时 48 分,微信摇一摇互动总量达 11 亿次,春晚微信祝福在 185 个国家和地区传递了约 3 万亿公里,相当于在地球与月球间往返 370 亿次。[⑤] 2015 年 2 月 19 日至 2 月 21 日,北京电视台春晚网络视频传播再创佳绩,在腾讯、搜狐、乐视、爱奇艺、土豆、优酷等六大视频网站的播

---

① 麦克卢汉,秦格龙.麦克卢汉精粹[M].何道宽,译,南京:南京大学出版社,2000:444.

② 李政葳.第 43 次《中国互联网络发展状况统计报告》发布[N].光明日报,2019-3-1.

③ 湖南卫视《爸爸去哪儿》节目组.爸爸去哪儿[M].长沙:湖南文艺出版社,2014:222.

④ 创新节目模式 传承传统文化——《中国谜语大会》研讨会纪要[J].电视研究,2014(3):8.

⑤ 曹慎慎.互动与融合:全球化视野下的中国电视与网络媒体[M].北京:中国社会科学出版社,2015:7.

放量达 2964 万次。①

2015 年 6 月 29 日，东方卫视与腾讯视频联合推出户外生活节目《我们 15 个》。腾讯视频对 15 名参赛选手的生活情形进行 360 度 24 小时的全程直播，东方卫视则每期剪辑 30 分钟精华版在电视屏播出，跨屏传播成为贯穿该节目制播流程的基本理念。②

2016 年 6 月 7 日，上海广播电视台成立融媒体中心，实现“一屏生产转为多屏生产”③，以适合全媒体时代电视节目制播需要。

2018 年 4 月 28 日至 5 月 3 日，中央电视台新闻频道在连续六天推出大型特别报道《直播长江》的同时，充分利用中央人民广播电台、中国国际广播电台多语种播报，中央电视台电视画面呈现的优势，精心制作推出了《多语种朗诵古今长江诗词，心醉了！》《长江·大自然之歌》等新媒体视频作品，“形成了电视大屏与新媒体小屏融合传播、齐声共振和相得益彰的良好态势”④。

2018 年 12 月 31 日，习近平主席发表 2019 年新年贺词，除《新闻联播》以外，中央电视台新媒体平台也对新年贺词进行直播推送，并制作了微视频和图文特稿等全网推送，实现了多样化和实时化传播。

截至 2018 年年底，中央电视台综艺频道和大型节目中心已经形成“两微一端”（微博、微信、央视综艺春晚客户端）、移动直播、第三方平台入驻账号矩阵等多层面共同发展的生态格局，“先网后台、媒体融合已经成为各栏目组的广泛共识，并渗透到频道日常节目生产和播出的方方面面”⑤。

二、从中国制造到中国创造

2013 年中央电视台科教频道推出的《中国汉字听写大会》的节目模式创意始于 2007 年，设计完成于 2009 年，2011 年在国家版权局完成相关内容的版权注册，之后进行了为期两年的模式论证。节目正式立项后，节目组又花了两个月的时间编写了一本内容详尽的执行手册。

在引进海外电视节目模式的同时，中国也开始逆向输出原创模式。譬如，2013 年江

① 戴元初.融媒体时代传媒跨界生态营造的核心突破——北京电视台 2015“春晚”新媒体创新价值初探[J].电视研究，2015(4)：66.

② 叶思诗，周晶.中国电视节目跨屏融合创新态势[J].中国广播电视学刊，2016(6)：72.

③ 朱咏雷.上海媒体融合全记录(2014)[M].上海：上海三联书店，2016：289-290.

④ 孙金岭，于慧丽.拓展重大时政新闻报道新模式：以央视《直播长江》为例[J].电视研究，2018(8)：81.

⑤ 郎昆.人民是根 电视是树 融合是魂：坚持以人民为中心，促进综艺节目发展[J].电视研究，2019(1)：5.

苏卫视的《全能星战》与以色列 Armoza Formats 公司签约,成为中国首个模式输出的音乐节目①。在 2014 年法国戛纳国际电视节上,中国原创电视节目《汉字英雄》在专业杂志上亮相,而《中国好歌曲》和《我不是明星》则正式进入国际电视模式交易市场,其中《中国好歌曲》模式版权被英国 ITV Studios Global Entertainment 公司订购并负责其国际发行权和英国播出权。②

2013 年 10 月 12 日,国家新闻出版广电总局下发被业界称为"加强版限娱令"的《关于做好 2014 年电视上星综合频道节目编排与备案工作的通知》,明确规定各电视上星综合频道当年播出新引进境外版权的电视模式节目不得超过一档,而且不许安排在 19 时 30 分至 22 时的黄金时段播出。国内各大卫视和制作公司随即开始反省过度依赖境外引进模式的思维和做法,中央电视台、北京卫视、湖南卫视、东方卫视、江苏卫视、浙江卫视等电视媒体和一些电视节目制作公司开始集中力量推动"以中国传统文化为基本元素"③的本土原创节目研发。

2015 年 8 月 2 日,中央电视台综合频道推出大型励志挑战节目《挑战不可能》。节目选择中外 8 个左右选手,挑战技能、体能、脑力等多个项目。节目在展示这些选手挑战各种不可能的任务和故事的同时,重点展现"挑战自我"和"认识自我"的心路历程。

2016 年 6 月 20 日,国家新闻出版广电总局下发《关于大力推动广播电视节目自主创新工作的通知》,要求各级广电部门"大力推动广播电视节目自主创新,不断研发生产拥有自主知识产权、体现中华文化特色的优质节目",这成为促进中国电视节目模式进一步从中国制造迈向中国创造的又一重大政策利好。

2019 年 4 月 7 日,湖南卫视与美国 Vainglirious 公司在法国戛纳国际电视节上就湖南卫视原创美声题材节目模式《声入人心》北美地区发行合作达成协议。

三、从独立研发到联合研发

经过多年的不懈努力,作为文化创意产业重要组成部分的电视文化产业正在快速地从量变迈向质变,而在这一进程中,将越来越多的能够生动反映和有效传播中国精神的优秀电视节目介绍给世界,已经成为全社会的共识。在这种背景下,从早前面向国内受众的独立研发到面向国内外受众的以我为主的联合研发成为电视节目形态创新的新趋势。

---

① 王言虎.原创节目登陆戛纳,创新才有国际影响力[N].光明日报,2018-4-26.

② 唐苗.国际传播内容的"逆流"与文化权力的迁移:解读英国真人秀节目模式在中国的兴衰[J].湖南大学学报(社会科学版),2016(3):159.

③ 杨洪涛.电视节目同质化之痛[N].光明日报,2015-6-29.

2014 年以来，中央电视台和一些省级卫视与英国、韩国、土耳其、以色列、罗马尼亚、乌克兰等国家联合研发了《出彩中国人》《了不起的挑战》等几十个原创电视节目形态，一举打破了早前歌唱类和选秀类电视节目形态一枝独秀的不平衡状况，喜剧类、科技类、医疗类等节目形态也异军突起，渐成荧屏常客。如深圳卫视播出的将人们的日常应用与科技产品有机融合的《一键启动》、浙江卫视推出的用悬疑的情节设置来探讨都市人群身心健康话题的《健康 007》、旅游卫视制作的利用具体医学案例进行悬疑逻辑推演的《神探医生》等节目。

可以预见，在全媒体时代，中国电视节目形态创新将打破“引进”的思维惯性，在坚持以我为主的前提下，全面接轨国际电视市场，“借助寻求合作的方式，共同探索新的电视节目模式”①，应对国内外节目共同面临的同质化问题，实现“1+1>2”的联合研发。

在全媒体时代，电视节目形态虽因其视听文图兼备的特性而具有较方便地拓展媒体边界的相对优势，但如果故步自封，不能自觉主动地拓展创新，势必无法跟上时代潮流，自然也会丧失节目形态赖以生存和发展的传播力、引导力、影响力、公信力。

---

① 黄楚新，彭韵佳.我国电视节目模式发展的现状与创新[J].新闻与写作，2016(9)：35.

图书在版编目(CIP)数据

电视节目概论 / 孙宝国著. -- 2 版. -- 北京：中国传媒大学出版社，2021.4
影视传媒类专业“十四五”规划教材 21 世纪广播电视专业实用教材
ISBN 978-7-5657-2816-7

Ⅰ. ①电… Ⅱ. ①孙… Ⅲ. ①电视节目制作—高等学校—教材 Ⅳ. ①G222.3

中国版本图书馆 CIP 数据核字(2020)第 225863 号

电视节目概论(第二版)
DIANSHI JIEMU GAILUN(DI-ER BAN)

著　　者　孙宝国
策划编辑　赵　欣
责任编辑　张　笛
特约编辑　高卓毓
责任印制　阳金洲
封面设计　拓美设计

出版发行　中国传媒大学出版社
社　　址　北京市朝阳区定福庄东街 1 号　　邮　　编　100024
电　　话　86-10-65450528　65450532　　传　　真　65779405
网　　址　http://cucp.cuc.edu.cn
经　　销　全国新华书店

印　　刷　北京中科印刷有限公司
开　　本　787mm×1092mm　1/16
印　　张　14
字　　数　290 千字
版　　次　2021 年 4 月第 2 版
印　　次　2021 年 4 月第 1 次印刷

书　　号　ISBN 978-7-5657-2816-7/G · 2816　　定　　价　48.00 元

本社法律顾问：北京李伟斌律师事务所　郭建平